# 西洋の名建築がわかる七つの鑑賞術

中島智章
（工学院大学教授）

X-Knowledge

# 『西洋の名建築がわかる七つの鑑賞術』を読むにあたって

ヨーロッパの町をめぐるとき、旅人は何を見、何を感じるのでしょうか。各地の「テロワール」(terroir)に根ざした食や酒は有力候補です。「テロワール」は、とくにワインの世界で使われるフランス語で、「領域」(territoire)などと同じく「大地」(terre)に由来する言葉です。ワインにはそれを産み出す「大地」ならではの味わいがあるということでしょう。

ヨーロッパにも国により地方により様々な特徴があって、その独特の風土が食やワインの文化として現れ、それを楽しむのが旅の醍醐味の一つであることは疑いない事実です。

一方で、グローバル化が進み、とくにわが国では世界各地の食と酒を楽しめるようになっています。近年は東京がミシュランの星の数世界一と称される都市となりました。

してみると、ヨーロッパの町をめぐるとき、そこでしか見て感じることができないのは、その町そのもの、具体的には町を構成する一つ一つの建築物と都市空間ではないでしょうか。そして、それらの建築物と都市空間にも「テロワール」はあるといえましょう。

建築物や都市空間の「テロワール」といったとき、そこには風土などの自然条件だけでなく、その土地の「記憶」、すなわち、「歴史」も含まれるでしょう。建築物は、それが誕生し経てきた時代の生き証人であり、時代を最も雄弁に語るメディアの一つなのです。

しかし、町や地方、さらに国などがそれぞれに抱える「歴史」は同時にハードルにもなりえます。わが国の教育では世界史、日本史などにはそれほど重点が置かれているわけではなく、そう感じられる方も少なくないでしょう。とくに、建築を学ぶ学生にとっては、わが国の建築教育が工学教育の中に位置づけられていて、高校時点で理系に振り分けられるため、この傾向が強いと思われます。

それでも、長い時を経てきた建築物には、それ自体が発する力と魅力があります。そこで本書では、名建築誕生の背景となる「歴史」が重要なのは重々承知しながらも、「建築物」という「もの」自体から発想することにしました。一般的な旅行ガイドでは建築物の来歴には触れていても、建築物自体の特徴が解説されることはあまりありません。

第一に、建築物をどのように組み立てるのかという構法の視点があるでしょう。大まかに分けると柱で屋根等を支える方法と、壁で空間を囲って屋根等を支える方法があります。第二に、どのような材料で柱なり壁なりを作るのかという視点があるでしょう。伝統的によく用いられたのは木と石（煉瓦等も含む）です。第三に、じつは西洋建築の歴史は、構法と材料が微妙に噛み合っていないところから始まっているという視点もあります。すなわち、古代の神殿建築の外観のことです。

第四に、建築作品が誕生した背景ではなく、その後、どのような歴史を経て今に伝わってきたのかという視点があります。また、第五に、建築物そのものではなく建築デザインが「様式」（style）として固有の力をもって後世の建築を作っていったという視点もあるでしょう。

西洋建築の様式は、大きく分けて古典主義建築系と中世建築系があり、第六の視点として、それぞれのデザインの展開していく方向性が異なっていて、前者は横へ、後者は縦へという対照的なものであるということも挙げられます。第七に、建築物を彩る絵画や彫刻も含めて、建築作品は一種の総合芸術であるという視点も挙げられるでしょう。

「七」という数字は西洋では大きな意味を持つこともあり、建築書の世界でもたびたび現れます。古くは、16世紀のイタリアの建築家セバスティアーノ・セルリオ（Sebastiano SERLIO, 1475–1554）の『建築大全』（*Tutte l'opere d'architettura et prospetiva*, 1537–75）があり、19世紀英国の代表的なゴシック主義者ジョン・ラスキン（John RUSKIN, 1819–1900）も『建築の七灯』（*The Seven Lamps of Architecture*, 1849）を著しました。

前者が古代ギリシア・ローマ建築に由来する古典主義建築の建築論であるのに対して、後者は中世主義、ロマン主義の建築論の代表例でしょう。わが国でも後者に着想を得て鈴木博之（1945–2014）先生が『建築の七つの力』（1984）を著しました。

本書は以上のような偉大な建築論に倣おうというう高尚な試みというつもりはありませんが、学生時代に触れた鈴木先生の著作タイトルが、ちらりと頭をよぎらなかったかといえば、じつはそんなこともありません。

さて、建築物という「もの」自体から発想する場合、そちらにはそちらのハードルが存在します。建築の世界では普通に用いられていても、建築を学んだことがなければ一生耳にすることもない建築用語は結構あります（「ファサード」とか「ヴォールト」とか……）。専門用語があるということは、その用語で表すべき概念が存在するということです。

「パルテノン神殿の正面ファサードは八柱式、平面形式は周翼式、コラムとエンタブレチュアの様式はドリス式である」という解説を、専門用語をまったく使わずに述べるなら「パルテノン神殿の正面には8本の太くて堂々とした円柱が並んでいて、周りにも同じ柱が並んでいる」となりますが、そのような、写真を見ればわかる、とつっこまれそうな説明には意味がないでしょう。

このような説明では、専門用語が表す概念が存在することは隠蔽され、読者に分かったような気にさせるだけです。専門家の立場としては、迂遠なようでも、専門用語の意味を都度理解してもらい、それらを用いて解説するのが誠実な態度であるように思われます。そこで、「西洋建築をよみとくためのキーワード」という項目を設けて、主な用語を簡単に解説することにしました。

また、本書で登場する建築作品について、それぞれの位置を確認するよう心がけてみて下さい。インターネット上の地図情報にアクセスするのは隔靴掻痒《かっかそうよう》（靴の上から足をかく）の感を免れませんが、場所をある程度イメージすることは大事だと思います。

そういえば、インターネットが普及する前の私の学生時代、鈴木先生には必ず地図帳で建築作品の位置を確認するよう指導されたことが思い出されます。当時はこれが結構大変な作業でしたが、今はスマートホンで簡単に検索できる時代です。

そして、実際に現地に赴いて西洋の名建築を鑑賞するとき、さきほど挙げた本書の七つの視点（それぞれが「一の書」〜「七の書」に対応しています）が一助となることを願っています。さらにまた、この七つの「もの」への視点が、建築の「テロワール」や「歴史」への興味を誘い、「もの」の「味わい」も深く増していく、そんなきっかけにもなればと思っています。

2022年3月　建築史家　中島　智章

もくじ

## 二の書 木の建築と石の建築 ―石や煉瓦でできた建築物も火事になったら燃えてしまいます

## 五の書 建築様式の誕生

――「原点回帰」は創造力の源です

# 七の書

# 建築とインテリア

## ——美術と手を携えて空間を彩り広げましょう




編集 ecrimage

ブックデザイン 米倉英弘（細山田デザイン事務所）

DTP 竹下隆雄（TKクリエイト）

印刷 シナノ書籍印刷

序

# ウィトルウィウスと『建築十書』

——私たちにとっても西洋建築史を学ぶことは他人事ではありません

ユリウス・カエサルやアウグストゥス帝に軍事技術者として仕えたというウィトルウィウスは、古代ギリシア・ローマの唯一の現存する建築書を残しました。当時の一流の建築家ではなかったかもしれませんが、その著書『建築十書』には、当時の工学大系ともいえるものが体系的にまとまっていて、中世を通じて読み継がれ写本が作られていきました。１４８６年に初めて書籍として刊行され、古代ローマ建築のバイブルとしてルネサンスの建築家たちに大きな影響を与えていったのです。

# 1 「建築」という言葉はそんなに古くありません

建築の世界で建築物を建てる際に心がけるべきこととして「強用美」という言葉があります。建築物は強くて機能的で美しくあるべきだという意味です。

このフレーズの元ネタは紀元前30年代から紀元前20年代に活動したといわれる古代ローマ人ウィトルウィウス（Vitruvius, ?–?）の著作『建築について』（*De architectura*）です［column1］。十書（libri decem）からなるので、日本では『建築十書』とよばれることもあります（本書でのウィトルウィウスの引用は森田慶一訳による）。

ここで「アルキテクトゥーラ」（architectura）の語が使われていることに注目してみましょう。フランス語や英語《architecture》、その他のヨーロッパ言語、とくにラテン系言語の同様の言葉は、このラテン語の「アルキテクトゥーラ」に由来しています。

その語源はさらに古代ギリシア語にさかのぼり、「アルキテクトン」（architecton）の術の意だといいます。「アルキテクトン」は、「頭」を意味する古代ギリシア語「アルケ」と優れた技術をもった「匠」を意味する「テクトン」の合成語です。わが国では、この「アルキテクトンの術」、「アルキテクトゥーラ」を「建築」と訳しています。

つまり、「建築」は翻訳語であり［column2］、私たちが学び実践している「建築」の源流は古代ギリシア・ローマ文明にあります。だからこそ、古代ギリシア・ローマ以来のヨーロッパにおける建築の歴史は、私たちが「建築」という営みに関わり

### column 1

**ウィトルウィウス？**
**ヴィトルヴィウス？**

《Vitruvius》は古典ラテン語では《VITRVVIVS》と綴る。古代ローマ時代には小文字はなかったし、アルファベット《U》も存在しなかった。《V》は母音［u］か半母音［w］であり、後世、母音が独立して《U》が誕生した。半母音としては濁らなかったといわれているので、カタカナ表記では「ウィトルウィウス」、長母音を反映させるなら「ウィトルーウィウス」となる。邦訳としては、ウィトルウィウス：『ウィトルーウィウス建築書』、森田慶一（訳）、東海大学出版会、1979がある。本文中でのウィトルウィウスの引用はこれによる。

続ける以上、決して私たちとは関係のないどこか遠くの他人事ではないのです。

## 2 大事なことは五つ、まずは建築家の心得から学びましょう

「建築」という概念を生み出した古代ギリシア・ローマの人々は「建築」についてどのように考えていたのでしょうか。それを今に伝えてくれるのがウィトルウィウスの『建築十書』です。「建築」についての基本的な考え方は第一書前半にまとめて記述されていて、全部で五つの要点が挙げられています。

第一に、建築家たるもの、「多くの学問と種々の教養」を修めていなければならないと説きます。すなわち「そして願わくば、建築家は文章の学を解し、描画に熟達し、幾何学に精通し、多くの歴史を知り、努めて哲学者に聞き、音楽を理解し、医術に無知でなく、法律家の所論を知り、星学あるいは天空理論の知識をもちたいものである」と。

古代ギリシア・ローマ時代の他人事だと思うなかれ、これは現在にも通用する普遍性を持った指摘です。現代でも、自らの設計案を人に伝えるコミュニケーション力、プレゼンテーション力が大切だといわれていますし、自らのデザインがよってたつところを認識するためにも歴史を知る必要があります。

第二に、「建築」は「制作と理論から成立つ。制作とは絶えず錬磨して実技を考究することであり、それは造形の意図に適うあらゆる材料を用いて手によって達成される。一方、理論とは巧みにつくられた作品を比例の理によって証明し説明しうる

### column 2 「建築」と「造家」

幕末から明治20年代まで、「アルキテクトゥーラ」の訳語として「建築」のほか、「造家」の語が用いられていた。１８８６年に創設された建築関係者の学会名称は「造家学会」、その機関紙は『建築雑誌』であり、双方が併用されていた。「造家」は学術・教育関係でよく使われていたが、帝国大学造家学科で教鞭をとっていた伊東忠太の提言（伊東忠太：「『アーキテクチュール』の本義を論して其譯字を撰定し我か造家學會の改名を望む」、『建築雑誌』８（90）pp.195–197, 1894.6）をきっかけとして右記学会名は「建築学会」となり、「アルキテクトゥーラ」の訳語は徐々に「建築」に一本化されていった。

もののことである」と述べます。

もっと平たくいえば、「制作」(fabrica, opus)とは「つくること」、「理論」(ratiocinatio)とは「考えること」であり、ウィトルウィウスは、制作は理論によって意味を与えられ、理論は制作に意味を与えるといっています。この両者が手を携えなければならないのであり、どちらか片方に偏ってはならないということです（日本では「つくること」にますます偏っていっているような気がしますが……）。

## 3 建築設計にとって大事な点は二つあります

第三の要点として、いよいよ、彼の設計論が登場します。ウィトルウィウスはそのために六つの概念を挙げています［column3］。オルディナティオ、ディスポシティオ、エウリュトミア、シュンメトリア、デコル、ディストリブティオです。

ここでそれらの一つ一つについて詳しく述べることはやめておきましょう。ウィトルウィウスの主張を簡単にまとめると、建築物を設計するにあたっては、美しく正しい比例を用いること、および、様々な条件に合致するようにすることの2点に集約されるでしょう。

とくに正しい比例の適用は重要だと考えられていて、建築物の「壮麗さ」は「建築主の力量」、「仕事の繊細さ」は「職人頭の腕」に帰されるのに対し、「配列」が「美と比例とシュンメトリアで権威を得ている」ことは「建築家の誇り」であると述べられています（第六書第八章）。

### column 3
**ウィトルウィウスの設計論**

ウィトルウィウスが建築を設計する上で重要な六原理として挙げているのは次の通り。

1) ordinatio《オルディナティオ》 (taxis) ＝量的秩序
正しいシュンメトリアを採用したときに達成される

2) dispositio《ディスポシティオ》 (diathesis) ＝質的

# 4 「建築」は3種類、「建築物」は2種類あります

第四の要点は「ビルディングタイプ論」、すなわち、「建築」の種類についてです。ウィトルウィウスは、まず、「アルキテクトゥーラ」を、建築物を建てること（aedificatio）、日時計を作ること（gnomonice）、器械を作ること（machinatio）という3分野に分類します。

つまり、当時の「アルキテクトゥーラ」が示す範囲は現在の「建築」よりも広く、当時の工学大系全体を指すといってもよいでしょう。もっとも、彼も「アルキテクトゥーラ」の中で建築物を建てることが最重要だと認識していたようで、「建築物」の分類はさらに続きます。

まず、「建築物」を「公共建築物」と「私的住宅」に分類します。「公」と「私」の二元論です。公共建築物はさらに軍事建築物、宗教建築物、世俗民生（「世俗」と「民生」は「宗教」と「軍事」に対する語）建築物に分類しました。第一書では住宅の方はこれ以上分類されませんが、第六書で都市住宅と農村住宅に分けて論じています。

じつは、『建築十書』はこのようなビルディングタイプ論に基づいて構成されています。すなわち、第一書後半で都市築城、第三、四書で神殿建築物、第五書で世俗民生建築物、第六、七書で住宅、第九書で日時計、第十書で器械について取り上げられているのです。

秩序　平面図＋立面図＋スカエノグラフィア（透視図法のようなものといわれている）で表現される

3) eurythmia《エウリュトミア》＝外観の美しさ　正しいシュンメトリアを採用したときに達成される

4) symmetria《シュンメトリア》＝比例　正しいシュンメトリアが採用されたときに1)と3)が達成される

5) decor《デコル》＝ふさわしさ　社会的存在として、様々な外部環境・条件に適応する建築

「デコルとは、建物が是認された事柄によって権威をもって構成され、欠点なく見えることである」

①定則のデコル＝神殿建立の際、どの神にはどういう形式でどのオーダーがふさわしいか、②慣習のデコル＝内部と外部の調和、円柱の装飾の組み合わせの慣習、③自然のデコル＝自然や環境に即して立地や平面などを定めること

6) distributio《ディストリブティオ》（oikonomia）＝ふさわしい配分

①ふさわしい材料の配分、②施主にふさわしい設計

# 5 「用強美」ではなく「強用美」です

そして、第五の要点こそ、冒頭に述べた「強用美」です。これについてはウィトルウィウスの記述を引用しながら解説しましょう。ウィトルウィウスは『建築十書』を献呈した相手であるアウグストゥス帝にこう述べます。

「これら（建築物）は、また、強さと用と美の理が保たれるようになさるべきである。強さの理は、基礎が堅固な地盤まで掘り下げられ、材料の中から惜しげなく十分な量が注意深く選ばれている場合に保たれ、用の理は、場が欠陥なく使用上支障なく配置され、その場がそれぞれの種類に応じて方位に叶い工合よく配分されている場合に保たれ、美の理は、実に、建物の外観が好ましく優雅であり、かつ肢体の寸法関係が正しいシュムメトリアの理論をもっている場合に保たれるであろう」

このようにウィトルウィウスは強、用、美の順に述べています。用、強、美の順に「用強美」といわれることも多いのですが、オリジナルはあくまで「強用美」です（「用」が先に立つのは、世界の建築界をいまだにしばっているモダン・ムーヴメントの建築の機能主義が影響しているとみるのは気のせいでしょうか……［column4］）。

ウィトルウィウスが最初に触れた「強」については、基礎、および、建築材料の質と量を吟味した上での堅固さを達成することが肝要であると述べられています。

もちろん、現在でもこれは重要で、先年、「材料を惜しんで不十分な量が注意深く選

**column 4**

**「近代建築」か「現代建築」か？**

《modern》は、本来、現在を含む形での近過去以降の時代を指す形容詞であり、「現代の」と訳しうる。フランス語では《moderne》といい、フランス史上最初に登場したフュルティエールの国語辞典（FURETIÈRE, Antoine: *Dictionaire universel, Contenant généralement tous les mots françois tant vieux que modernes, et les termes de toutes les sciences et des arts, Tome second.* F-O, La Haye et Rotterdam, 1690, p.646）では、「古代ではなく、最近の世紀以降を指す場合にしか使われない」（Qui n'est pas ancien, qui n'est en usage depuis les derniers siècles）

ばれている場合」があったのは大変嘆かわしいことでした。それゆえ、大学における建築教育の場でも、建築の構造、構法、材料を学ぶことは必須なのでしょう。

「用」で指摘されているのは、現在の建築計画分野に近いものです。ウィトルウィウス自身の設計論では、自然条件に合致した設計をしなければならないと説いた「自然のデコル」が意識されています。このような観点は、もちろん、現在も引き継がれています。さらに、このような建築計画的な面だけでなく、空調設備や給排水設備などの建築環境分野も「用」の理を満たすのに必要でしょう。

「美」については、ウィトルウィウスの設計論でいう「エウリュトミア」(外観の美しさ)と「シュンメトリア」(比例)が関わってきます。彼にとっての「美」とは全体と細部が織りなす美しく正しい比例関係のことなのでしょう。

以上が、日本における一般的な「強用美」の理解です。しかし、「強」については、建築物が堅固であることを超えて、もう一つのフェーズを指摘しておかなければならないでしょう。

第一書前半では建築物の「強」について、その構造と材料の分野における堅固さのみが言及されています。そこで言及されているのは「強」を実現する手段だけです。しかし、じつは彼は第六書で「強」の目指す目的に触れています。それは建築物自体が永続することです。

つまり、建築物の真の強さとは、単に構造的に堅固であるだけではなく、その結果として建築物が長く持続し、建築遺産として後世に伝えられていくことまで指しているのです。このような見方をするなら、現在、日本で営まれている建築物の多くは、数十年後の建て直しを想定している以上、真に強い、とはいえないのかもしれません。

と定義され、《ancien》の対義語と位置付けられている。現代の例では、*Oxford Advanced Learner's Dictionary*, 8th edition (app edition), Version 3.53.381, Oxford University Press, 2015で、「現在、あるいは最近の」(of the present time or recent times)と定義され、同義語として"contemporary"が挙げられている。一方、《modern》を「近代」と訳す場合は、現在を含まない形での近過去を指すことになる。通常、19世紀末以降の《modern architecture》は「近代建築」と訳されるが、現代人の視点からならそれでよいとして、当事者の立場に立つなら「現代建築」の意味であり、CIAM(Congrès International d'Arcitecture Moderne)は「現代建築国際会議」、《modern movement in architecture》は「現代建築運動」となるだろう。わが国ではこれを「モダニズム建築」とよぶことが多いが、本書では用いない。

ウィトルウィウスはコリント式コラムの柱頭の装飾について、若くして亡くなった少女の墓の上に置かれた、愛用品を収めた籠と、その真下にたまたま植わっていたアカンサスが発芽して茂った蔓と葉を、たまたま通りがかった石工カリマコスが図案化したものというエピソードを伝えている。

一の書

# 柱の建築と壁の建築

## ──多くの西洋建築はじつは看板建築です

西洋建築の歴史の中で、また、現代においてもなお、古代ギリシア・ローマの神殿建築は建築の一つの理想形と考えられてきました。単純な長方形平面、円柱と横架材のみからなる立面に切妻屋根が載るその形態は、高貴な簡素さによりルネサンスやバロック、新古典主義の建築家たちの目指す理想だったのです。

もっとも、元々は木の建築に由来するこれらの神殿建築のあり方は、石の建築となっても一つの形として受け継がれましたが、石という材料に適していたかと問われるならば、否と答えるしかないでしょう。

そもそも、神殿建築の外観をなす円柱と横架《おうか》材（コラムとエンタブレチュア）からなる構法を「軸組《じくぐみ》構法」、または「柱梁《はしらばり》式」といいます。この構法は木造

建築に向いています。建築部材にかかる最も基本的な力に圧縮力、引張り力、剪断《せんだん》力があり、木材は圧縮力には弱いものの剪断力には比較的耐える性質を持っているからです。

一方、石材は圧縮力には比較的強いのに対し、剪断力は木材よりも劣ります。それゆえ、石材に向く構法は軸組ではなく、石材や煉瓦を下から積み上げて壁体を作り上げていく組積造《そせきぞう》なのです。この構法を「壁式」といいます。

石造建築で軸組構法を採るならば、木造建築よりもコラム間寸法が密に詰まることになるでしょう。西洋建築ではこのコラム間寸法のことを「インターコラムニエーション」(intercolumniation) といい、古代ギリシア・ローマの神殿建築ではそれが立面形式を決めています[i]。

# 1 古代ギリシア・ローマの円柱のデザインは「オーダー」とよばれるようになりました

ある程度の大きさの神殿建築の四周の外観は、コラムの列とその上に載るエンタブレチュアからなっています。このコラムとエンタブレチュアの全体と細部が織りなす比例体系を備えたデザインを、16世紀半ば以降、「オーダー」とよぶようになりました。

エンタブレチュアは上からコーニス（cornice）、フリーズ（frieze）、アーキトレーヴ（architrave）、コラムは上から柱頭またはキャピタル（capital）、柱身またはシャフト（shaft）、柱礎またはベース（base）で構成されています。

コーニスは軒の部分に当たり、エンタブレチュアの最上部の最も外側に突出した部分です。ウィトルウィウスはコローナ（corona）とよびました。コローナとは「冠」、あるいは「花冠」のことで、ウィトルウィウスを邦訳した森田慶一は「頂冠帯《ちょうかんたい》」と訳しています。

フリーズはエンタブレチュアの中間部分で、その中で最も引っ込んだ部分です。ウィトルウィウスはゾーフォルス（zophorus）とよびました。森田は単に「中間帯」と訳しましたが、ギリシア語由来のラテン語で、「ゾー」は動物、「フォルス」は抱えるの意味であり、「動物を抱えた部分」という意味を持ちます。これはフリーズに動物などの装飾が施されることもあったことに由来するものと思われます。

アーキトレーヴはエンタブレチュアの最下部であり、コラムの上に直接載る部分なのでウィトルウィウスはエピステューリウム（epistylium）とよびました。これもギリシア語由来の用語で、森田は直訳して「柱上帯《ちゅうじょうたい》」と邦訳しています。

柱頭はコラムの最上部の装飾部分で、通常、オーダーの種類はここで見分けられます。柱

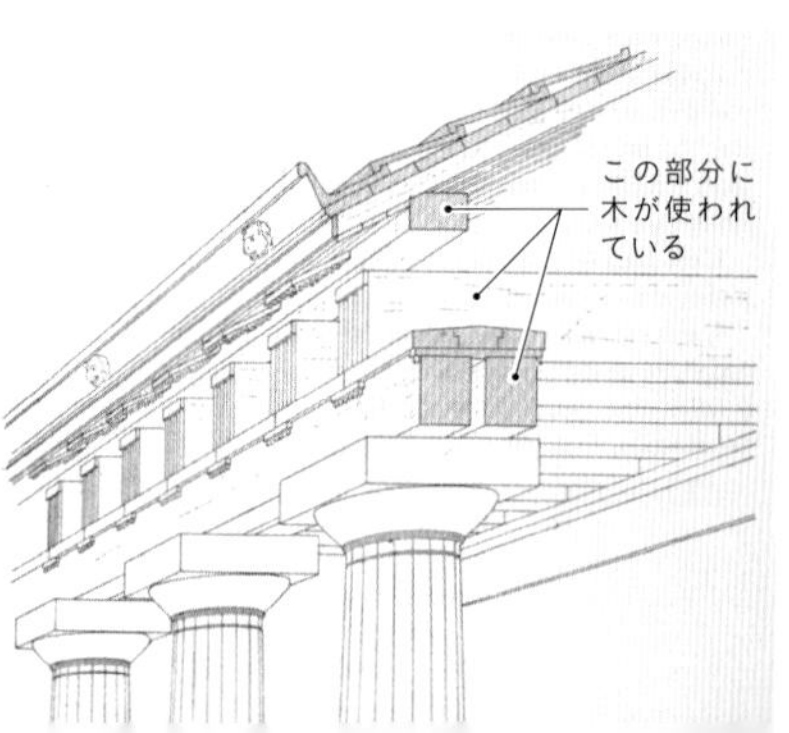


オーダーが木造起源であることを示す図

次頁：ヴィニョーラの『建築の5種類のオーダーの規則』(1562)によって「オーダー」という用語が一般化した。1種類のオーダーの全体と各部の比例値を最低5枚の図版で網羅している。

## イオニア式のオーダーの部位名

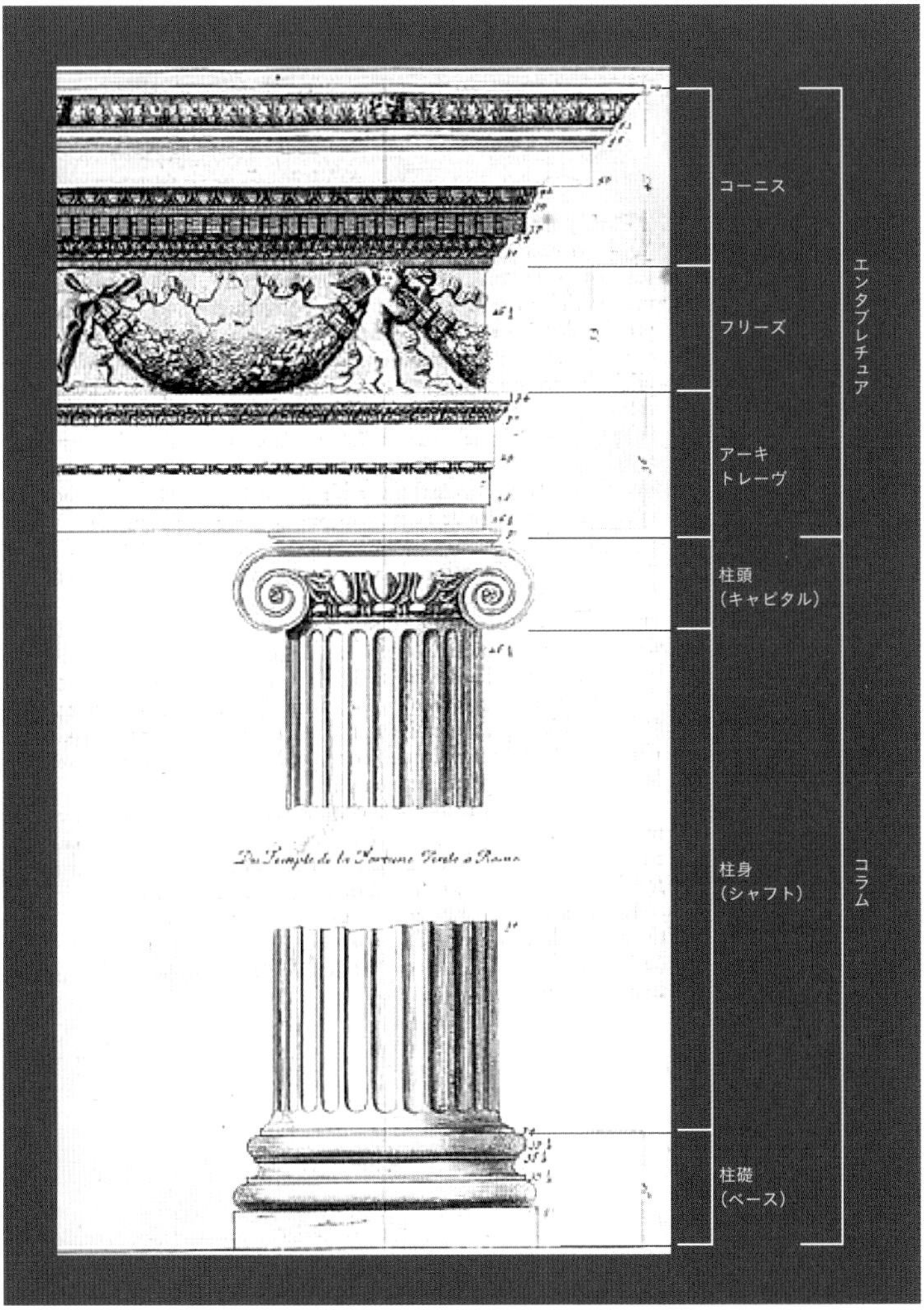


フォルトゥーナ・ウィーリス神殿（ローマ）の詳細図。『古代建築と現代建築の比較』（1650）より

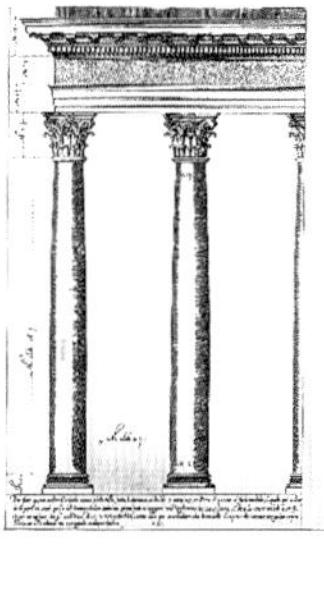

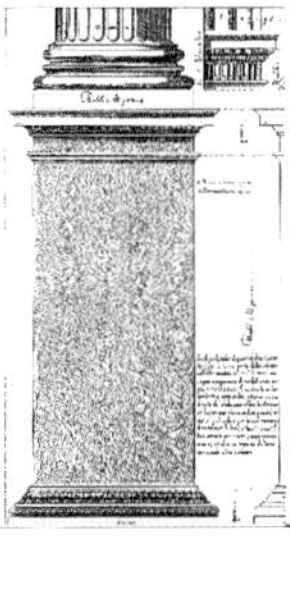

身がコラムの本体であり、柱礎《ちゅうそ》はコラム最下部の凹凸のある装飾部分のことです。一つ一つの凹部や凸部を「刳形《くりかた》」(moulding)といい、柱礎だけでなく建築物のさまざまな部分で用いられている水平部材です。コーニスもさまざまな刳形が重なって形成されています。

オーダー関連用語については、これ以外にももっと細かい部材名がウィトルウィウスによって伝えられていますが、ここでは差し当たってこのくらいの紹介でよいでしょう。

なお、「オーダー」という用語が、このような意味で用いられるようになったは、16世紀半ば以降なので、古代建築の話に「オーダー」という用語を用いるのは、時系列を無視していることになります。しかし、ウィトルウィウスが単に「種類」(genus)としかよばなかったii、このデザイン体系を指す適切な用語として、これに勝るものはないでしょう。

古代ギリシア建築のオーダーにはドリス式(Doric order)、イオニア式(Ionic order)、コリント式(Corinthian order)の3種類があります。これらの用語は古代ギリシアの民族名、すなわち、ドリス人、イオニア人、コリントス人に由来しiii、当初はそれぞれの民族性を表していると考えられていましたiv。

しかし、ウィトルウィウスはプロポーションの違いとして記述しており、ドリス式は男性、イオニア式は女性、コリント式は乙女の身体比例を表していると述べていますv。この考え方がルネサンスの建築家たちのオーダー理解の基礎となっており、その比例体系が精緻に整備されていきました。

オーダーの違いの本質はプロポーションの違いにありますが、柱頭の装飾もそれぞれ異なっています。通常、オーダーの種類は柱頭の装飾によって判別します。

ドリス式の柱頭は、アーキトレーヴを直接受ける正方形の板「アバクス」とそれを受ける丸みのある「エキノス」からなります。

イオニア式の柱頭には「ヴォリュート」とよばれる渦巻装飾が両側に付いています。その

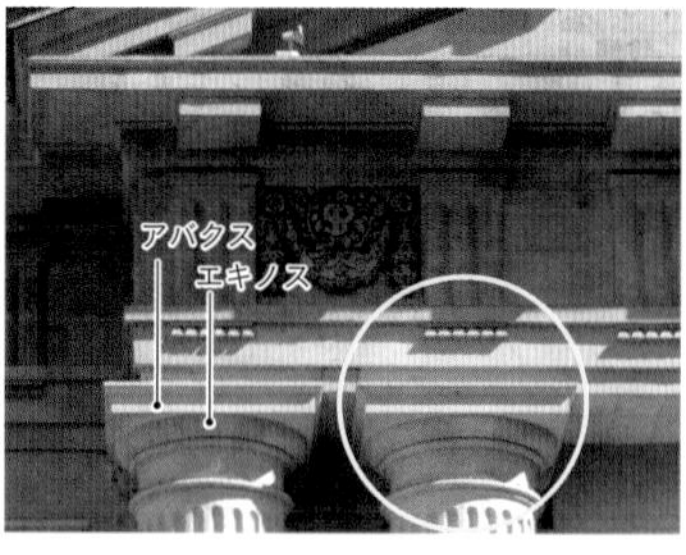

ドリス式の柱頭。アーキトレーブと柱身の間にアバクスとエキノスがある

イオニア式の柱頭。「ヴォリュート」と呼ばれる渦巻装飾が付いている

間には「エッグズ・アンド・ダーツ」とよばれる、卵形装飾と鏃《やじり》形装飾が交互に連なった装飾帯が施されています。

コリント式の柱頭が、これら3種類のオーダーの柱頭の中で最も華やかでしょう。釣鐘《つりがね》を逆さにした本体の表面に、アカンサスという植物の葉と蔓の装飾があしらわれています。

16世紀にはドリス式よりも太いトスカナ式（Tuscan order）、および、コリント式と同じ細さながら装飾がさらに華やかなコンポジット式（Composite order）が加わりました。

トスカナ式とドリス式の柱頭は同じですが、トスカナ式のフリーズにはトリグリフ（triglyph）とメトープ（metope）（60頁）がありません。これらを省略したドリス式もあるので、その場合、両者を見分けるのは困難になりますが……。

コンポジット式とは「複合式」という意味です。その柱頭は、上部三分の一程度がイオニア式のヴォリュートとエッグズ・アンド・ダーツ、下部三分の二程度がコリント式のアカンサス装飾になっていて、イオニア式とコリント式の柱頭が複合されているので、そういいます。

コリント式の柱頭。アカンサスの葉と蔓の装飾があしらわれている

## 2 パルテノン神殿は柱によっても壁によっても支えられています

外観が軸組構法のようにみえるからといって、石造建築物である神殿の構造体のすべてが円柱と横架材だけによって構成されているわけではありません。神像を安置するナオス（naos）と呼ばれる区画は組積造の壁体によって囲まれ、その上に木造の小屋組みと屋根が載る形式です。

石造である以上、すべてを軸組で構成することはできず、また、神像を安置するという機能上も強固な壁体に囲われていることが必要でした。ナオスには神宝などの宝物庫も設けられることが多かったのです[vi]。

つまり、西洋古代の神殿建築は、構造上はハイブリッド建築物でした。古代ギリシア・ローマの神殿建築の平面形式は、このナオスとコラム列との関係によって決まります。

ウィトルウィウスによると、イン・アンティス（in antis）、プロステュロス（prostylos）＝前柱式、アンフィプロステュロス（amphiprostylos）＝両前柱式、ペリプテロス（peripteros）＝周翼式、ディプテロス（dipteros）＝二重周翼式、プセウドディプテロス（pseudodipteros）＝擬二重周翼式、ナオスに屋根が架かっていない露天式の7種があるといいますが、露天式の例は知られていません。

イン・アンティス式は、ナオスの側壁が前方まで延び、「アンタ」（anta）とよばれる角柱形の壁体端部の間に円柱が2本配された平面形式、前柱式はナオスの前にコラムが並んだ形式、両前柱式はナオスの前方と背後にコラムが並んだ形式、周翼式はナオスの四周にコラムが並んだ形式、二重周翼式はナオスの四周にコラムが2列並んだ形式、擬二重周翼式は二重周翼式の内側のコラム列が省略された形式です。

なお、ナオスの壁面と外縁の列柱で区切られた空間を、後世、イタリア語で「ポルティコ」（portico）とよぶようになりました。

神殿の平面形式は、おおよそ、この順番で神殿の平面規模が増していきます。すなわち、中小規模の神殿では四柱式の前柱式や両前柱式、大規模神殿では六柱式か八柱式の周翼式などが用いられました。

周翼式の大規模神殿の代表例が古代ギリシアの代表的な神殿建築であるアテネのパルテノン神殿（Parthenon, Athenai）です。八柱式で側面には17本、すなわち、外周に46本のコラムが

トスカナ式オーダー。フリーズにメトープとトリグリフがない

コンポジット式の柱頭。イオニア式とコリント式が複合している

## 古代ギリシア・ローマの神殿の平面形式

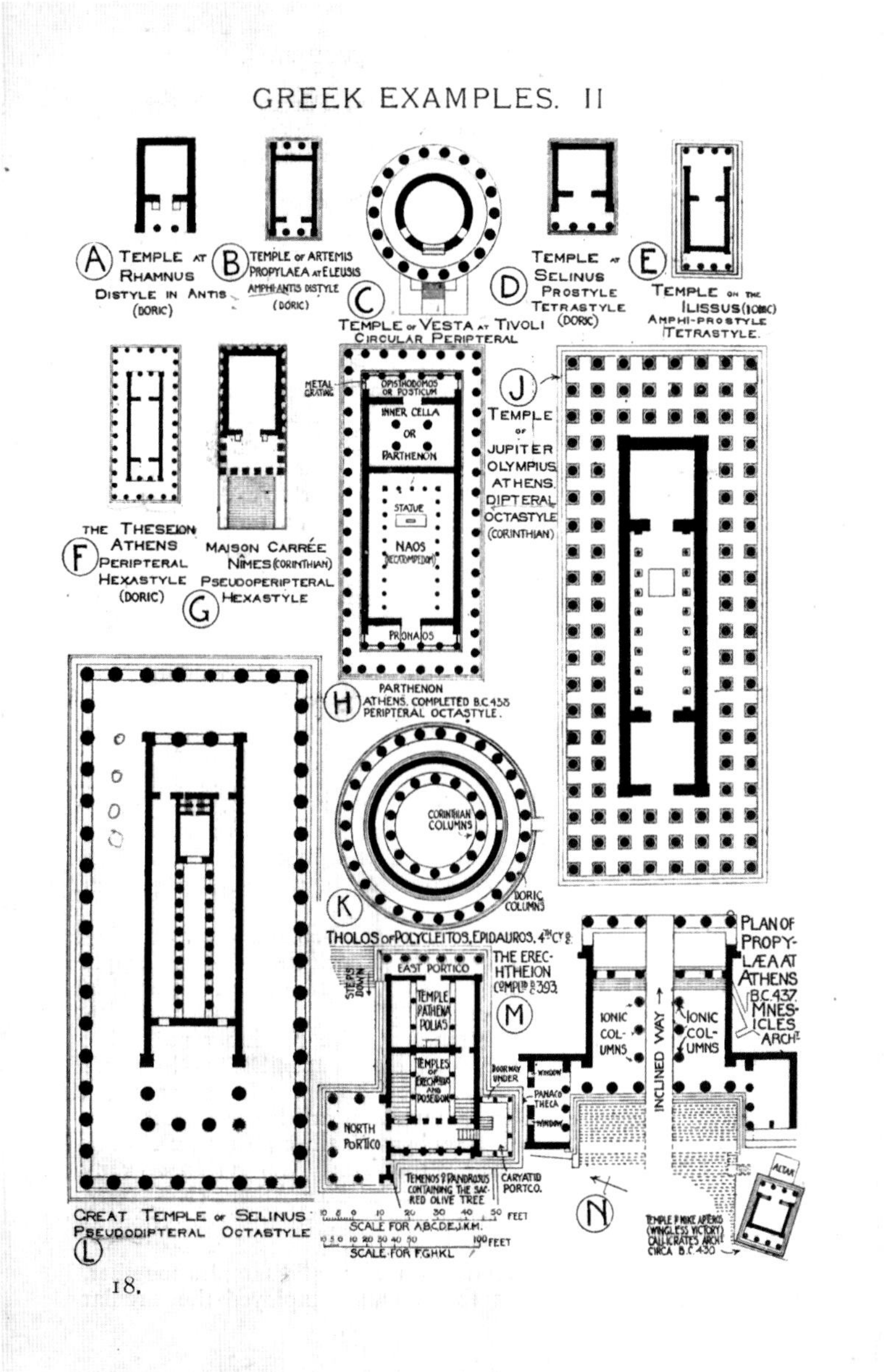


A・B：イン・アンティス。C・K：円形神殿。D：前柱式。E：両前柱式。F・H：周翼式。G：擬周翼式。
J：二重周翼式。L：擬二重周翼式。M：エレクテイオン（アテネ）。N：プロピュライア（アテネ）

並ぶ壮大な大規模建築物です。平面規模は30・88メートル×69・5メートル、ドリス式コラムは高さ10・4メートル、最下部直径は1・9メートルです。

幅に対して奥行が長い、壁体で囲われた部分の平面構成は、通常の神殿よりも複雑で、「ヘカトンペドン」(hekatompedon) とよばれるナオスの後ろに「パルテノン」があります。ヘカトンペドンとは「100フィート」という意味で、現存するパルテノン神殿の前身の神殿がそう呼ばれていたといいます。

一方、パルテノン神殿という名称は、その後ろの部屋の名称に由来します。「パルテノン」とは「処女神の間」という意味です。それぞれの部屋には六柱式の玄関廊が付属し、それぞれ、プロナオス (pronaos) =ナオス前室、オピストドモス (opisthodomos) =後室といいます。

## 3 神殿はカラフルな多くの彫刻や装飾で飾られていました

パルテノン神殿の正面は東側です。アクロポリスの門は西側なので、アクロポリスに入場した人々が最初に目にするのはパルテノン神殿の背面でした。

屋根の形式は切妻《きりづま》屋根です。切妻屋根とは、山折りになった屋根のことで、屋根の頂部となっている折れ線の部分を「棟《むね》」、山形が現れた屋根の両端のことを「けらば」、「けらば」の下の壁のことを「妻壁《つまかべ》」といいます。

西洋古代の神殿建築の場合、けらばとエンタブレチュアのコーニス、それらで囲われた三角形の部分のことを「ペディメント」(pediment) といい、その妻壁の部分に豊かな彫刻やレリーフが刻まれることが多かったのでした。

## パルテノンの各種図面と平面の部位名

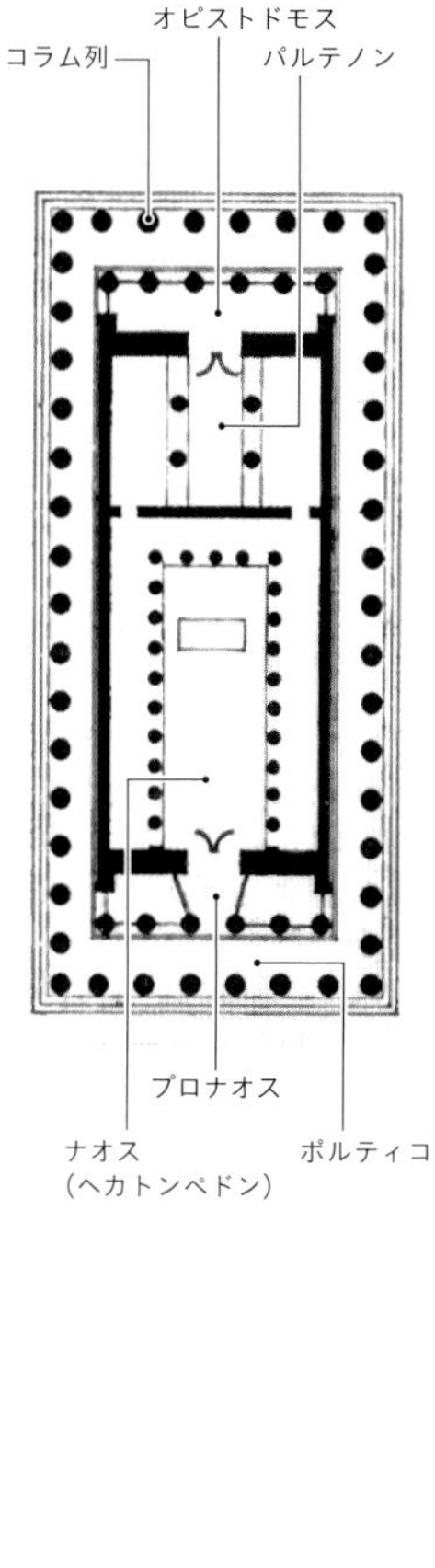


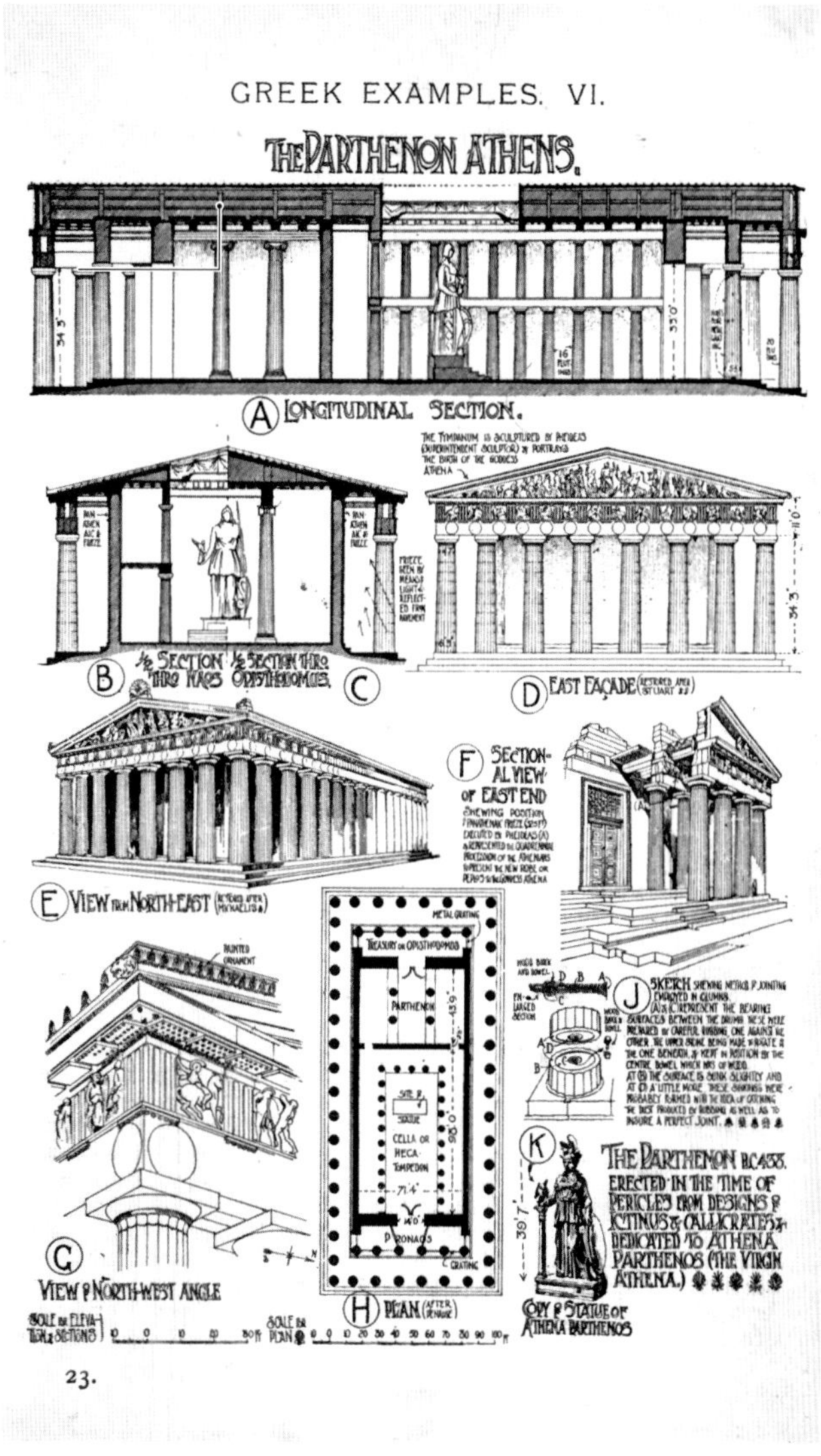


A：長手方向断面。B：ナオス部分の断面。C：オピストドモス部分の断面。D：東立面。E：北西側から見る。F：東端部分の断面。G：北西コーナー部分。H：平面。J：ドリス式円柱の内部構造。K：ナオスに置かれていた女神アテナの彫像の模刻

パルテノン神殿の場合、正面である東側のペディメントには、祭神の女神アテナの誕生の場面を描いたレリーフが配され、メトープの一枚一枚に神々と巨人の争いの諸場面のレリーフが彫られました。背面の西面ペディメントには、アテナとポセイドンのアッティカの土地争い、各メトープにはアマゾネスの戦いのレリーフが置かれました。

側面に当たる南面のメトープ群にはラピタイ族とケンタウロスの戦い、北面にはトロイア戦争の諸場面が彫られており、全体としてフリーズのレリーフは「戦い」の主題が採られていて、戦女神であるアテナにふさわしいものでした。さらにナオスの外壁の上部にはパナテナイア祭を描いた約１６０メートルに及ぶ装飾帯が施されました。

現存するパルテノン神殿が建立される以前のアテネの主神殿としては、ヘカトンペドン神殿とよばれるものの他、未完成に終わった「前身神殿」が知られています。

ヘカトンペドン神殿は、第一次ペルシア戦争の勝利により、さらに大規模な神殿を建立するため、紀元前４９０年に取り壊され、現在のエレクテイオン（Erechtheion）の南側に新たな神殿の建立が計画されました。

しかし、紀元前４７９年、第二次ペルシア戦争時にペルシア人の攻撃で喪失し、紀元前４４７年から同４３８年にかけて、付近のペンテリコン山で産出される大理石を用いて現存するパルテノン神殿が建立されたのでした。

古代ローマ時代の歴史家プルタルコス（Plutarchus, 46/48頃–127頃）によるとこの事業を導いたのは、偉大な彫刻家・建築家フェイディアス（Pheidias, BC490頃–BC430頃）で、祭神である女神アテナの黄金の巨像も制作したといいます[vii]。この現存しないアテナ立像の右手のひらの上には勝利の女神ニケ（Nike）の立像が乗り、左手は神盾《しんじゅん》「アイギス」（Aigis）に添えられていました。

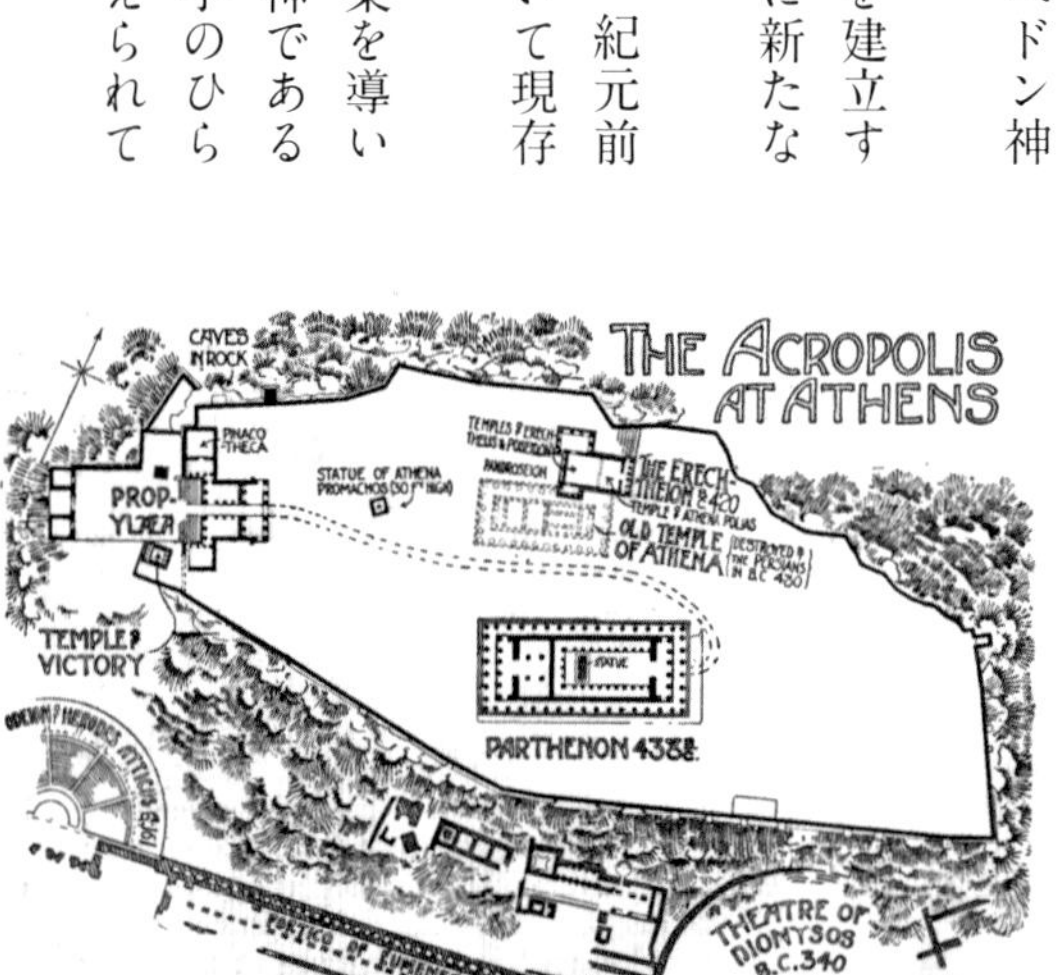


アテネのアクロポリスの配置図。中央近くにパルテノン、その上にエレクテイオン

## パルテノンとエレクテイオン

上：パルテノン。正面のペディメントには女神アテナの誕生場面を描いたレリーフが、メトープには神々と巨人の争いの場面を描いたレリーフが配された
下：エレクテイオン。コーナー部分を6体のカリアティッド（女身像）が支えている

# 4 ニームの「メゾン・カレ」ではオーダーが柱ではなく壁の一部になりました

古代ギリシアの神殿建築の軸組構法に由来する立面形式は、古代ローマ建築にも受け継がれました。そのような古代ローマの神殿建築のほぼ完全な形で現存する代表例がフランス・プロヴァンス地方の都市ニーム（Nîmes）の通称「メゾン・カレ」（Maison carrée）です。フランス語で「四角い家」という意味で、長方形平面ゆえにそうよばれるようになりました。

プロヴァンス地方（Provence）は古くからのローマの一属州プローウィンキア（provincia）であり、これが地方名の由来です[viii]。現在のナルボンヌ、ニース、アルル、ニーム、オランジュなどは古代ローマ都市が元となっています。

メゾン・カレはこの内のニーム市内に帝政初期の紀元1世紀初頭に建築された神殿建築です。元々は、若くして亡くなったガイウス・カエサル（アウグストゥス帝の孫）とルキウス・カエサル（同帝の養子）に捧げられた神殿でした。

正面にコリント式の円柱が6本並ぶ六柱式神殿で、平面形式は前柱式です。ケッラ（cella）（ラテン語で「ナオス」のこと）側面と背面の外壁面にもコラムの形が浮き彫りにされていて、いわばプセウドペリプテロス＝擬周翼式ともいえる外観となっています。

すなわち、外見上は合計30本のコラムがあるようにみえますが、その内、構造体としての役割を負っている本物の独立円柱は前方の10本のみです。残りの20本は、壁体の表面にくっついた装飾要素であり、何かを支えている本当の柱ではありません。

本来、石造建築には軸組構法は向いていません。しかし、古代ローマ人は古代ギリシア文化に傾倒し憧れたこともあって、その神殿建築も古代ギリシア人の影響を受けました。自分

## ニームのメゾン・カレ

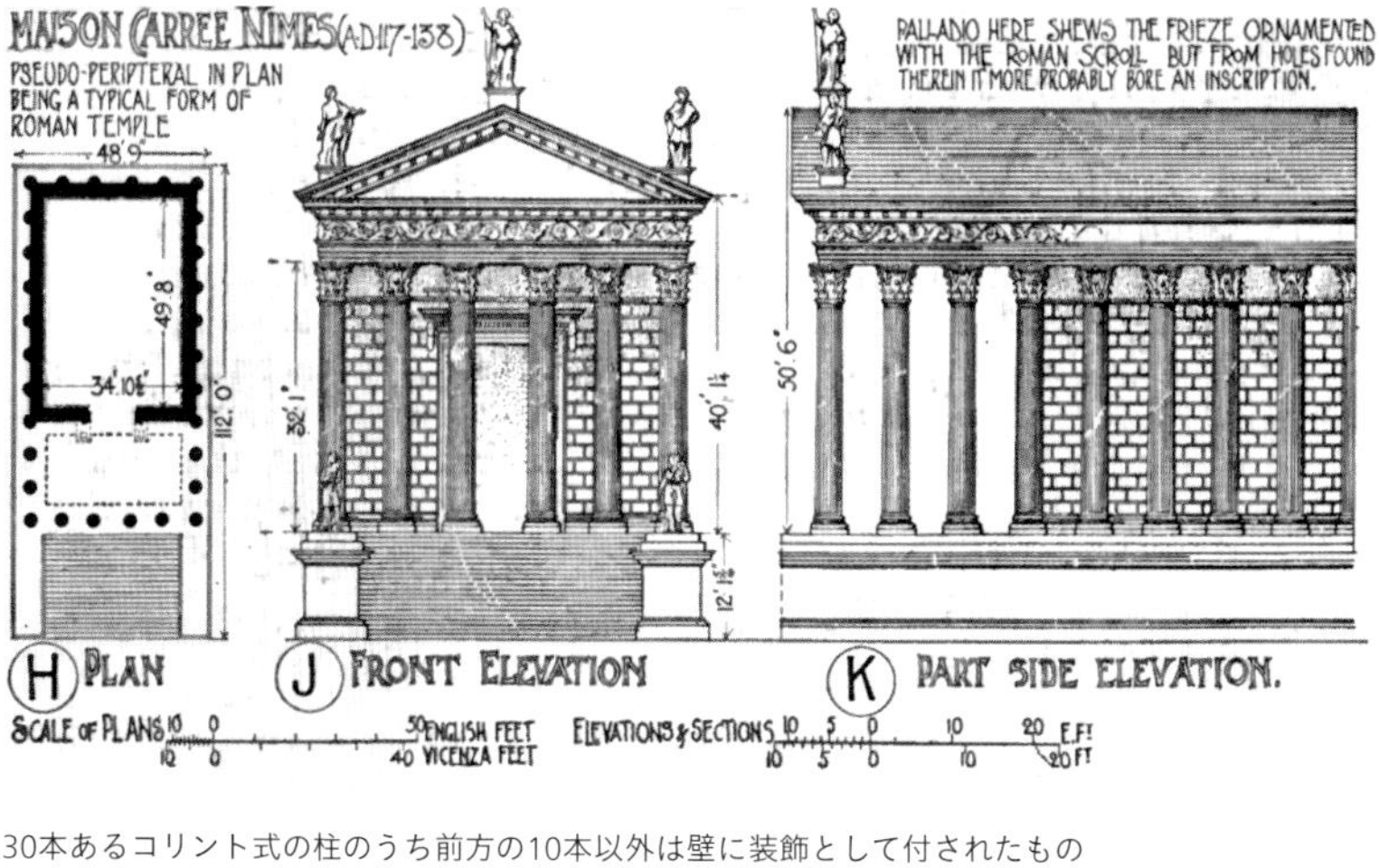


上：30本あるコリント式の柱のうち前方の10本以外は壁に装飾として付されたもの
下：平面と正面・側面の立面

たちの神殿建築を建立するときに、オーダーのデザインを導入したのは当然の流れだったのです。

一方で構法と建築材料の間に横たわる矛盾をも無視しませんでした。それゆえ、構造体としての壁体の表面にコラムとエンタブレチュアの形をレリーフのように浮き立たせて装飾とし、構造上の役割を持った本当の柱と横架材にはしなかったのかもしれません。

この手法について、古代ローマ建築には主に次の3種類がみられました。最も立体感の薄い手法がピラスター（pilaster）で、壁面に角柱が薄く浮き出た形のコラムが特徴です。メゾン・カレの側面と背面でみられるのは、壁面から円柱が半分だけ浮き出たようなハーフ・コラム（half column）です。これらは壁中コラム（engaged column）の一種です。最も立体感がある手法は壁前コラム（detached column）で、記念門などによくみられます。

古代ローマの神殿建築には、古代ギリシアだけでなく古代エトルリアの影響もみられるといいます。メゾン・カレの正面に15段からなる高い階段が設けられている点がそうです。これは高い基壇（ポディウム）上に神殿の床面があるからなのです。

古代ギリシアの主な神殿建築はアクロポリスに建立されたので、地上の人間たちの生きる地平とは、そもそも異なる高みにありました。それに対して、古代ローマの神殿建築は、フォルム・ロマヌム（Forum Romanum）のような、都市の中に建立されることも多く、人の地平と神の地平を隔てる必要があったのでしょう。

メゾン・カレのように前柱式平面をとることが多いのも、都市の中に屹立するにふさわしい正面性を与えるためだと思われます。

## コンスタンティヌスの記念門とフォルム・ロマヌム

上：コンスタンティヌスの記念門。壁前コラムの例。右端に見えるのはコロッセウム
下：フォルム・ロマヌム（フォロ・ロマーノ）。各種神殿や帝国の公共建築物がひしめき合うように立っていた

# 5 ブルネレスキがオーダーを復活させました

古代末期になると、古代ギリシア・ローマの神殿建築外観の軸組に由来するオーダーの比例・装飾体系の伝統に揺らぎがみえてきます。それはラヴェンナの初期キリスト教建築のディテールにみられる通りです。

中世の人々もオーダーのデザインの存在を知っていましたが、中世には中世の石工の伝統と意匠があり、彼らがそれを用いるには古代建築の遺構からそのまま持ってくる方が手取り早かったのです。このようにして再利用された古代建築の部材を「スポリア」といいます。

新築の建築物のデザインとしてのオーダーの復活はフィリッポ・ブルネレスキ（Filippo BRUNELLESCHI, 1377–1446）の登場を待たなければならないでしょう。彼が建築家として活動し始めるのは、１４１８年、フィレンツェのサンタ・マリア・デル・フィオーレ司教座聖堂（cattedrale di Santa Maria del Fiore）（１４２１年以降は大司教座聖堂）のドーム架構事業の構法コンペ以降です。

彼が施工を手掛けたこのドームはルネサンス建築の始まりといわれることがあります。しかし、そのデザインは、１３６６年にフランチェスコ・タレンティ（Francesco TALENTI, 1300?–70?）が計画したものといわれており、ドームそれ自体はゴシック建築といった方が良いでしょう。

ブルネレスキが手掛けた建築物の中で、最初のルネサンス建築といえるのはオスペダーレ・デリ・インノチェンティ（Ospedale degli Innocenti, 1419–27）です。

そもそも、ルネサンス建築とは何を指しているのでしょうか。ルネサンス（Renaissance）の

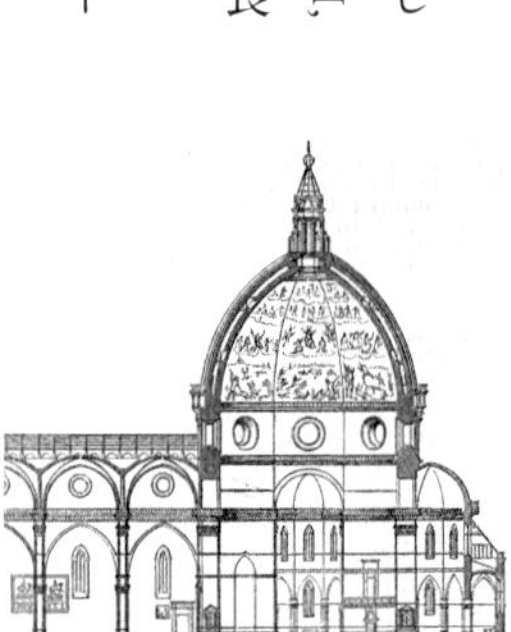
サンタ・マリア・デル・フィオーレ大司教座聖堂東西断面図

## サンタ・マリア・デル・フィオーレ大司教座聖堂

ドームは1418年に行われた構法コンペで選ばれたブルネレスキ案をもとに構築された

語義は「再生」であり、建築以外の分野でも用いられる概念です。何が再生するのでしょう。ルネサンスとは何かについては各分野で議論されていますが、建築の世界では「古典古代の復興」のことです。具体的には、古代ローマ建築のデザイン、とりわけ、オーダーを復活させることでした。このような建築を「古典主義建築」(Classical Architecture)といいますix。ルネサンス建築はその嚆矢《こうし》といえるでしょう。

# 6 アルベルティにとって建築物は壁と屋根でできていました

このようなルネサンス建築の理論を書籍という形で世に問うたのがレオン・バッティスタ・アルベルティ(Leon Battista ALBERTI, 1404–72)です。フィレンツェの都市貴族という出自もあって、ラテン語のみならず古代ギリシア語にも通じた教養人であり、ローマ教皇ニコラウス5世(Nicholaus V, 1397–1455)とも交流のあったディレッタント的建築家でした。様々な著作があり、「万能の人」(uomo universale)とは彼のような人物のことをいうのでしょう。

主著は『建築論』(*De re aedificatoria*)でix、ラテン語で執筆されています。ウィトルウィウスの『建築十書』に倣い全10書からなっていて、書名もウィトルウィウスのいう「建築」の3分類の筆頭に挙げられている「建築物を作ること」(aedificatio)に因みます。

しかし、構成はかなり異なっていました。アルベルティは第1書の初めに、建築を「構造」と「リネアメントゥム」(lineamentum)に分類しており、第2書から第5書までは構造体としての建築物について、第6書から第9書までは装飾について論じています。

オスペダーレ・デリ・インノチェンティ(捨子養育院)。ブルネレスキによるこの施設は最初のルネサンス建築といわれる

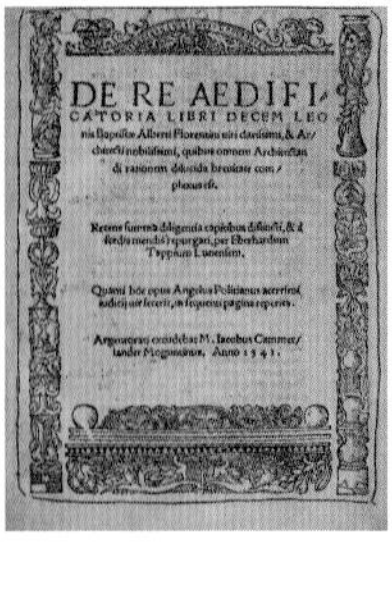


アルベルティ『建築論』の表紙

この指摘は西洋建築の構法的なあり方を捉えるにあたって非常に示唆に富むでしょう。アルベルティの述べる「リネアメントゥム」が何を指しているのかについては様々な議論がありますがx、これを広く「線で表現されるもの」と捉えるなら、装飾物も含む建築物の「デザイン」を指しているといえないでしょうか。そうすると第6書から第9書までは「リネアメントゥム」について取り上げたということになるかもしれません。

また、第1書では建築物の6要素として、1)地域と敷地、2)床面、3)分割、4)壁体、5)覆い、6)開口部を挙げており、柱と横架材のような軸組を構成する要素は含まれていないことも注目に値します。ここで挙げられた諸要素、とりわけ4)と6)は、あくまで組積造建築物を前提としているのです。

もちろん、アルベルティも古代の神殿建築に建築の理想をみていて、その外観は軸組によって構成されているのですが、彼は円柱が並んだ列柱（colonnade）すら壁体の一種とみなします。この場合、円柱と円柱の間の空間が開口部ということになります。

これらの6要素は建築物の構築の順番も示しており、先に述べた構造とデザインを分けて考えることと組積造建築物のモデルを提示したことも含めて、アルベルティの『建築論』は、洋の東西を問わぬ普遍性よりも西洋建築の伝統的なあり方に根ざしたものといってよいでしょう。ウィトルウィウスのような「建築はかくあるべし」という普遍性ではなく、西洋において「建築はかくある」ということを示しているように思われます。

フィレンツェのパラッツォ・ルチェッライ（Palazzo Rucellai）のファサードでは、アルベルティの以上の考え方がよくうかがえます（アルベルティの作品であるとする明確な証拠はありませんが）。各階にそれぞれピラスターとエンタブレチュアを備えたこのファサードのコンセプトを一言でいえば、3階建ての建築物が3階建てにみえる、ということになるでしょう。

何を当たり前のことを、と思われるかもしれませんが、前述の通り、ピラスターとエンタ

アルベルティによるテンピオ・マラテスティアーノ

パラッツォ・ルチェッライ。3階建ての建築物がそのまま3階建てとして見えるファサード

ブレチュアは実際の柱と横架材ではなく、構造的な役割を担っていません。それらはあくまで、外壁面上に施されたレリーフである以上、構造的には律儀に階毎に施す必要はないのです。

そもそも「ファサード」(façade)という考え方そのものが組積造建築物のあり方に根ざしています。組積造建築物は壁体が構造体そのものなので、当然ながら外壁も重要な構造体です。この外壁の外表面はほぼ鉛直面を形成することになるでしょう。

この外壁面こそが「ファサード」とよばれるのであり、ファサードとは立面がほぼ鉛直面になっていることを前提とした概念なのです。したがって、日本の社寺建築のように立面が鉛直面と一致しない場合にはファサードという概念は用いられません。

# 7 マニエリスムの建築家たちはオーダーのコラムはレリーフだと割りきりました

ルネサンス建築の時代は、通常、前期(1420年代─)、中期(1480年代─)、後期(1520年代─1580年代)の三期に分けます。イタリアで後期ルネサンス建築の時代にさしかかるとフランス等のヨーロッパ諸国に広まっていきました。

後期ルネサンスは「マニエリスム」(Maniérisme)ともいいます。その名の由来はオーダーに関わるさまざまな手法(manière)が開発されたところにあります。代表的な手法としては、双子柱(paired columns, coupled columns)と大オーダー(giant order, colossal order)があります。

双子柱とは、コラムを2本一組にして並べ、異なる2種のインターコラムニエーション(コラム間寸法)を交互に用いる手法であり、これによってファサードに動きがもたらされます。

オーダーが古代の神殿建築の外観を構成する軸組を由来とする以上、原則としてインターコラムニエーションは均一であるようにデザインされていましたが、これによって「ルール」は軽やかに乗り越えられたのです。

最初期の事例として、ローマの建築家バルダッサーレ・ペルッツィ（Baldassare PERUZZI, 1481–1536）のパラッツォ・マッシモ（Palazzo Massimo, 1532–）の1階ファサードが挙げられます。

一方、大オーダーはミケランジェロ（Michelangelo BUONARROTI, 1475–1564）が発明したといわれています。カンピドリオ広場（Piazza del Campidoglio）の南側を占めるパラッツォ・デイ・コンセルヴァトーリ（Palazzo dei Conservatori）の１５３０年代以降のファサードが最初期の作例です。

このパラッツォの広場側正面は2階建てですが、オーダーを2段積み重ねるのではなく、1階と2階を貫く大きなコリント式ピラスターがそれに見合った高さを持つエンタブレチュアを支えているようにみえるデザインがなされました。

そもそも、古代の神殿建築以外の多くの西洋建築では、オーダーのコラムとエンタブレチュアは構造上の役割を負った柱と横架材ではありません。ゆえに前期・中期ルネサンス建築のように各階にコラムとエンタブレチュアを施す構造上の理由はないのです。あくまでもオーダーの由来に敬意を表したデザインだといえるでしょう。

そういうわけで、大オーダーの技法にも「ルール」からの逸脱がみられます。一方で、これによって大オーダーを施された建築物に1棟の神殿建築の如き荘厳さをもたらすことができたのです。

以上のような2種類の手法ほど大々的なものではありませんが、このような「ルール」からの逸脱は様々にみられました。たとえば、窓をエンタブレチュアの下部をなすアーキトレーヴを貫いてフリーズ下端にまで拡張する手法もそうです。

パラッツォ・マッシモ。1階エントランス部分に双子柱が使われている

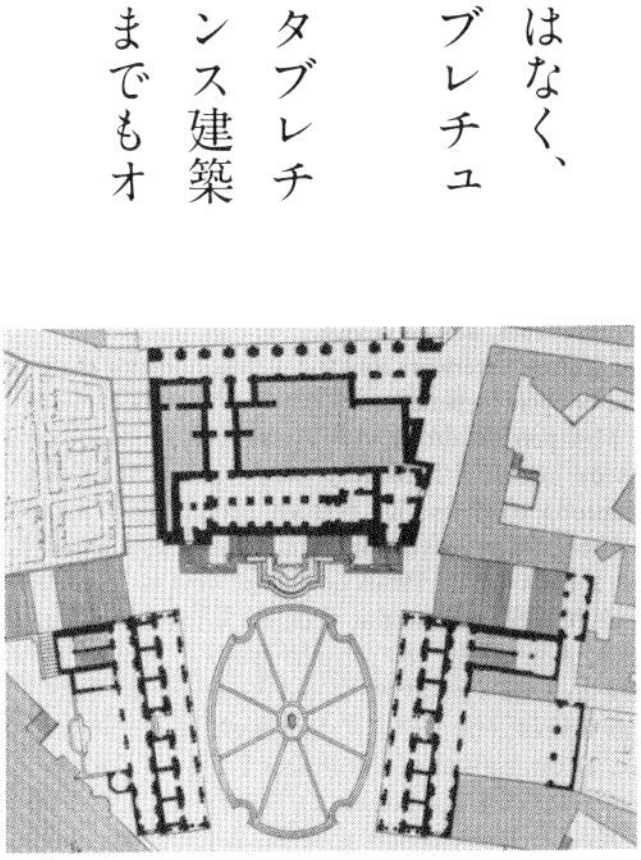
カンピドリオ広場配置図。右下がパラッツォ・デイ・コンセルヴァトーリ

エンタブレチュアが構造材としての横架材なら、このような処理はありえません。エンタブレチュアが外壁表面の装飾だからこそ可能なのですが、みる人には構造体が損なわれているような不安な感じを与えるかもしれません。

マニエリスムの教会建築として挙げられるジャコモ・バロッツィ・ダ・ヴィニョーラ（Giacomo BAROZZI da Vignola, 1507–73）によるイル・ジェズ教会堂（chiesa del Gesù, Roma）のファサード（47頁）もマニエリスム建築の考え方の延長線上に考えることができるでしょう。

そのファサードは、ロマネスクのサン・ミニアート教会堂（basilica di San Miniato, Firenze）やアルベルティのサンタ・マリア・ノヴェッラ教会堂（basilica di Santa Maria Novella, Firenze）の影響を受けたともいわれますが、平屋の身廊のファサードを2層のオーダーで構成し、2階建てにみえるようにデザインしたともいえます。

## 8 最も看板建築度が高いのはバロック建築です

この形式は、バロック（Baroque）建築家第一世代にあたるカルロ・マデルノ（Carlo MADERNO, 1556–1629）によるサンタ・スザンナ教会堂（chiesa di Santa Susanna, Roma）のファサード（1597–1603）（49頁）においてバロック化しました。

ローマ・バロック建築のファサードの特徴はダイナミックで立体的な造形であり、このファサードにおいては次の特徴がそれを演出しています。これらの特徴はマデルノが後に手掛けたサン・ピエトロ使徒座聖堂（basilica papale di San Pietro）の増築事業（1607–15）における新ファサード（49頁）にも、大オーダーと共に適用されました。

ロッジア・デル・カピタニャート。煉瓦造のコンポジット式大オーダー

サンタ・マリア・ノヴェッラ教会堂。アルベルティが手掛けたのはファサード（下部の尖頭アーチ部分を除く）。中央部は2層の建築物にみえるがこのファサードの後ろにあるのは平屋の身廊

## カンピドリオ広場のパラッツォ・デイ・コンセルヴァトーリ

上：2階分の高さをもつコリント式のピラスター。下：左がパラッツォ・デイ・コンセルヴァトーリ。古代にはこの裏手にユピテル神殿があった

1）インターコラムニエーションが一定ではない。
2）端部から中央にいくに従ってコラムの立体感が増していく。
3）コラムとエンタブレチュアが端部から中央にいくに従って前方に迫り出していく。

イル・ジェズ教会堂の形式のファサードはイタリアのみならず、17世紀以降は全ヨーロッパに広まりました。ここではフランスの事例として、サロモン・ド・ブロス（Salomon de BROSSE, 1571–1626）によるサン・ジェルヴェ・エ・サン・プロテ教会堂（église Saint-Gervais et Saint-Protée, Paris）ファサード（1616–21）（49頁）を挙げておきます（フランス語の«-»は邦語では「=」と表記される場合が多いが、本書ではこだわらない）。

16世紀に建立されたこの教会堂本体はゴシック建築ですが、後に建てられたファサードはルネサンス建築のデザインです。それはイル・ジェズ教会堂ファサードを縦方向に拡張したもので、中央の身廊ファサードは3層構成、側廊ファサードは2層構成となっています。中央ファサードは両側からやや突出しています。これを「パヴィリオン」（avant-corps）といいます。このパヴィリオンは2組の双子柱が枠取っていて、16世紀後半の城館建築で城館の門のファサードをなすパヴィリオンに似ています。

このファサード・デザインの源は、イタリア・ルネサンスの教会建築だけではなく、そこにも求められるかもしれません。いずれにせよ、このファサードは一種の「看板建築」で、身廊ファサード3層目は身廊の小屋組と屋根、側廊ファサード2層目は側廊の小屋組、屋根、フライング・バットレスを正面から隠しています。

このような「看板建築」的なあり方は、バロック建築の基本的な設計手法として根付いていきます。これは構造とデザインを分離させた西洋建築の設計手法が必然的に行き着くとこ

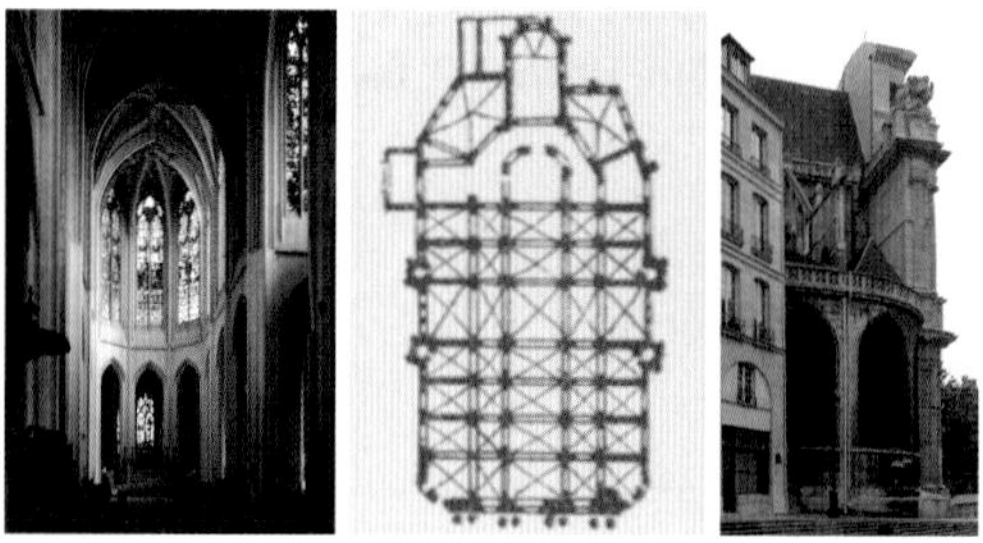

サン・ジェルヴェ・エ・サン・プロテ教会堂。右から側面から見たファサード、平面、内観

## イル・ジェズ教会堂

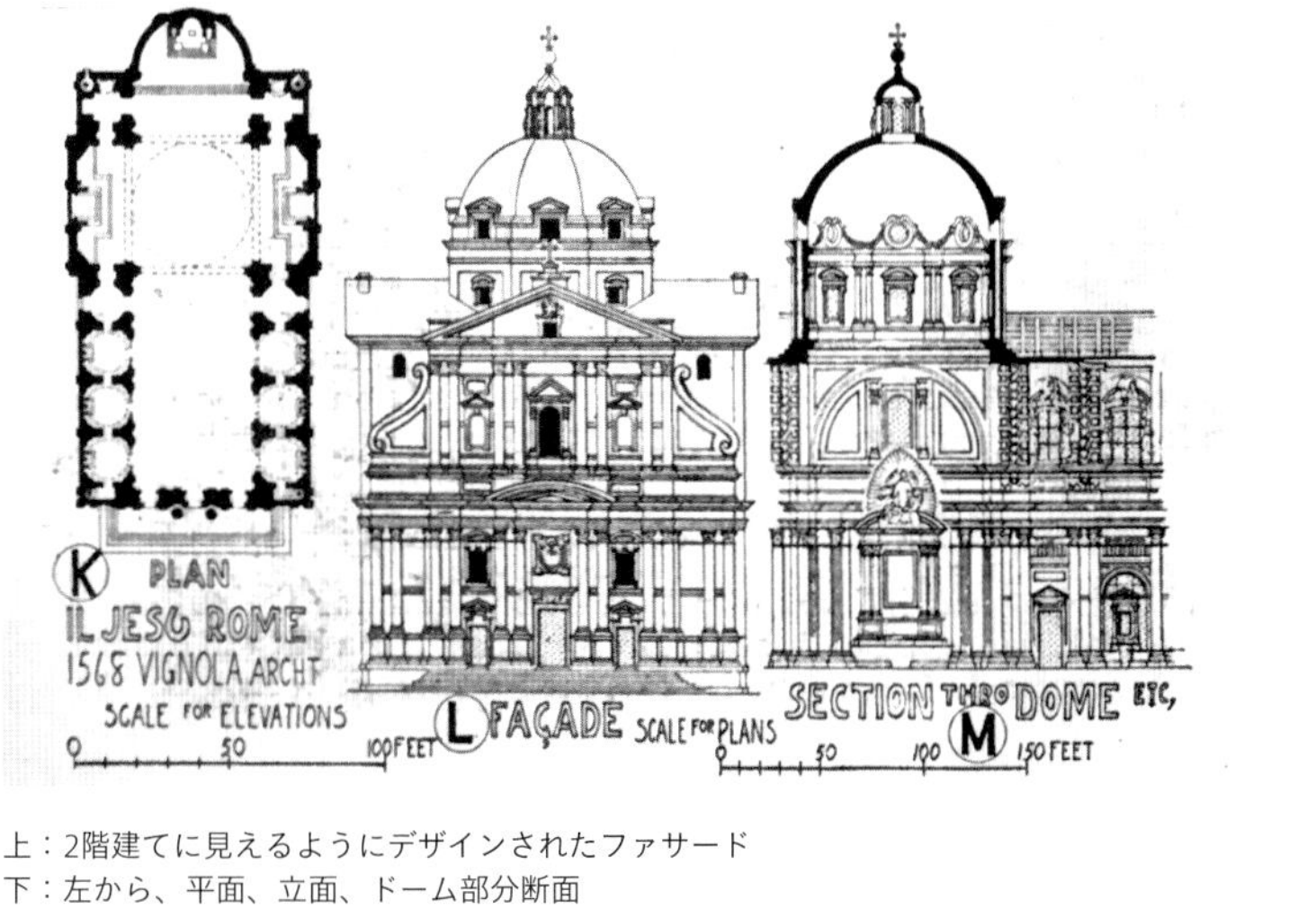


上：2階建てに見えるようにデザインされたファサード
下：左から、平面、立面、ドーム部分断面

ろです。

17世紀末から18世紀前半にかけてオーストリアで活躍した建築家ヨーハン・ベルンハルト・フィッシャー＝フォン＝エルラッハ（Johann Bernhard FISCHER VON ERLACH, 1656–1723）のシェーンブルン城館（Schloss Schönbrunn, Wien）では、エンタブレチュアの隅部直下にコラムが配されないデザイン処理すらみられます（50頁）。コラムが構造柱ではないからこそ可能なのですが、これもみる人には不安を醸し出すデザインでしょう。

シェーンブルン城館はヴィーン（ウィーン）近郊に建つ皇帝の夏の離宮で、１６９０年代半ばに構想された当初は、ヴェルサイユ城館（château de Versailles）をも超えるような丘を覆う壮大な計画でした。しかし、結局、丘の北麓に庭園を設け、そのさらに北側に現実的な規模の城館が建築されました。

1階が神殿基壇風仕上げ、2階と3階に大オーダーが施されたファサードです。大オーダーは北を向いた入口側正面ファサード中央のみコンポジット式で、その他はイオニア式です。

どちらもコラム直径は同じで、イオニア式よりもコンポジット式の方が、プロポーションが細いため、コラムが高くなっており、エンタブレチュアの位置が異なっています。こうすることで正面ファサードの中央パヴィリオンが強調されています。この手法は部分的に迎賓館赤坂離宮の入口側正面ファサードの左右の翼棟のパヴィリオンにもみられます。

「看板建築」的な設計手法がさらに極端にみられる作例としては、ミュンヘンのザンクト・ヨーハン・ネポムーク教会堂（Asamkirche, München, 1733–46）（53頁）があります。もともと、この教会堂はアザム兄弟の手で自邸の横に自らの資金と設計で建築された個人的なものでしたが、評判を呼び、公開せざるをえなくなったといいます。

画家であり建築家だった兄コスマス・ダミアン・アザム（Cosmas Damian ASAM, 1686–1739）、

## ローマ・バロックとフランス・ルネサンスのファサード

上：サン・ピエトロ使徒座聖堂。ファサードはコラムが2層分を貫く大オーダーが採用されている
下左：サンタ・スザンナ教会堂。「看板」的な薄さに注目。下右：サン・ジェルヴェ・エ・サン・プロテ教会堂。中央部分が左右よりもやや前に出ている

彫刻とスタッコ装飾を生業としていた弟エーギッド・クヴィリン・アザム（Egid Querin ASAM, 1692–1750）がそれぞれの技能を生かして作り上げた後期ドイツ・バロックを代表する教会建築です。

聖ヨーハン・ネポムークとは、チェコの聖人ネポムークのヤン（Svatý Jan Nepomucký, 1340頃–93）のことで、彼が1729年に聖人に列せられた直後といってもいい時期に建立されたことになります。

ミュンヘンの歴史的中心市街地の町並みの中に突然姿を現すそのファサードは多色彩で華やかです。その表面は、聖人の彫像やカメオ形装飾、リボンのような装飾など、様々な装飾物で飾られています。

それらの装飾物は建築物の外観というよりはインテリアによくみられるものであり、ファサード全面が彩色されていることとあわせて、アザム兄弟の、建築家というよりインテリア・デザイナーとしての資質がよくうかがえます。

ファサードには色大理石が用いられているようにみえますが、これは絵筆の力によるものです。ドイツ語圏のバロック建築では、ブリュールに建てられたケルン大司教（ケルン選帝侯）のアウグストゥスブルク城館（Schloss Augustusburg, Brühl）のような諸侯の資力を背景とした建築物でもよくみられる手法です。

それ以外のインテリアの語彙によってファサードが装飾される点も、ドイツ語圏のバロック建築の特徴ですが、この教会堂ではことの他強調されています。

次に、一歩、歩みを進めて正面向かって右側にある路地に入り、同じ建築物を北側側面と西側背面からみてみましょう。前述の華やかな装飾は完全に姿を消し、教会堂のヴォリュームだけが外部の形態を形成しています。

みられることが想定されない面に対する割り切りの良さが感じられます。ファサード、イ

シェーンブルン城館。エンタブレチュア隅部直下にコラムがない

迎賓館赤坂離宮。入口側正面ファサードの翼棟のコンポジット式柱頭

## シェーンブルン城館

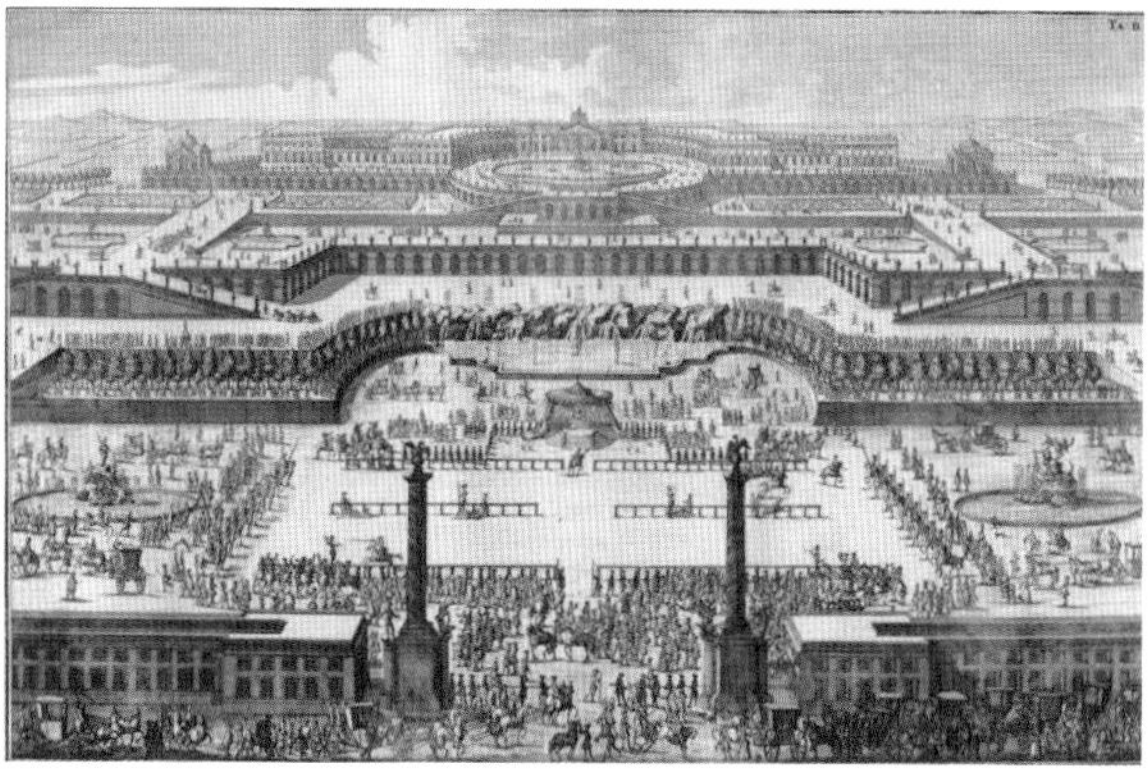

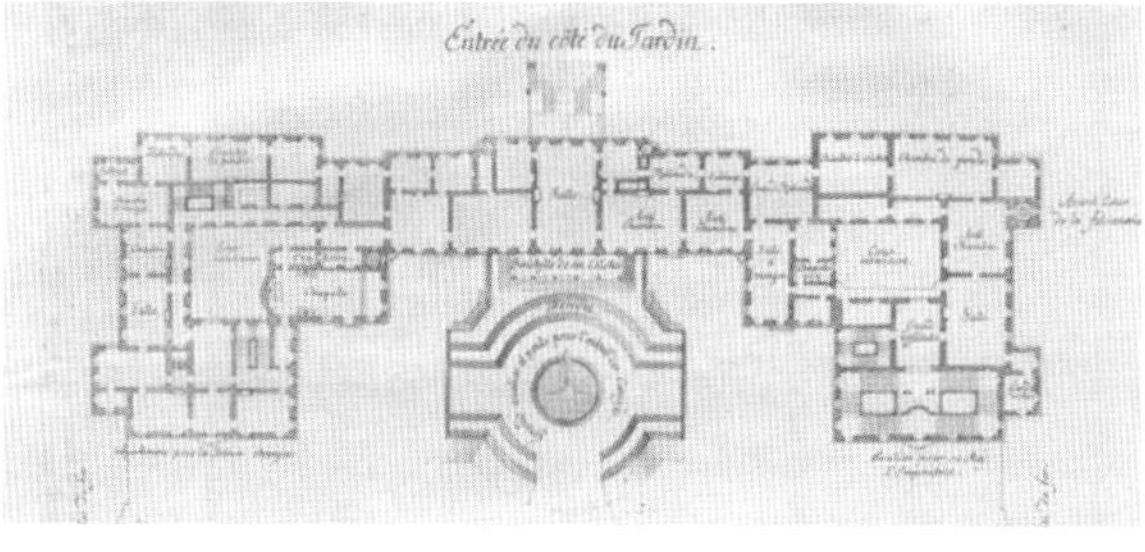


上：正面側ファサード。中央パヴィリオンがコンポジット式オーダーにより両側より高くなっている。中：当初案図面。下：実施案1階平面

ンテリアの華やかさと側面、背面のそっけなさが両立されているのは、組積造の厚い壁体の懐の深さゆえのことなのでしょう。

註

i　ウィトルウィウスによると、神殿建築の立面形式は5種類あり、それはインターコラムニエーションの違いに基づく。最も密に詰まったのが密柱式で円柱の下部直径の1・5倍、次が集柱式でその値が2倍、中庸を得ているのが正柱式で2・25倍、広めに柱間を空けたのが隔柱式で3倍、特定の倍率は定められていないが、さらにそれよりも柱間を空けたのが疎柱式という。

ii　森田は“genus”の訳語として「様式」を当てているが、第四書第二章冒頭では「種類」と訳している。元々、“genus”とは人の出自のことで、物に適用した場合は「種類」の方が近いと思われる。

iii　ドリス式のことを、わが国では「ドーリア式」と呼ぶこともあるが、これはドリス人を意味する英語ドーリアン（Dorian）から来ているものと思われる。

iv　オナイアンズ、ジョン：『建築オーダーの意味—古代・中世・ルネサンスの古典オーダー』、日高健一郎、吉沢京子、河辺泰宏（翻訳）、中央公論美術出版、2004の第1章「古代ギリシャ」を参照。

v　ウィトルウィウスは、コリント式をイオニア式の亜種とみなしている節がある。コリント式の各部の比例関係は、柱頭を除いてイオニア式と同一として記述を省いており、コリント式の柱頭がイオニア式の柱頭よりも高くなることから、コラム全体の比例もコリント式がイオニア式よりも細くなるという説明の仕方である。

vi　わが国でも寝殿造の貴族住宅の平面中央付近に「塗籠《ぬりごめ》」と呼ばれる壁面で囲われた部屋が設けられ、貴人の寝室や倉庫として用いられていた。

vii　プルータルコス：『プルターク英雄伝』（三）、河野与一（訳）、岩波書店、1953, p.24, p.26

viii　フランス語には固有名詞のプロヴァンスの他、一般名詞で「地方」を意味する用語“province”もある。

ix　サマーソン、ジョン：『古典主義建築の系譜』、鈴木博之（訳）、中央公論美術出版、1989、また、Leon Battista ALBERTI: *De re aedificatoria,* 1452（献呈）、1485（出版）。アルベルティ、レオン・バッティスタ：『建築論』、相川浩（訳）、中央公論美術出版、1982として邦訳されている。

x　相川はリネアメントゥムを「輪郭線」と邦訳している。

ザンクト・ヨーハン・ネポムーク教会堂正面ファサード（右）とその内部の壁に取り付けられた天使の像。童の顔と翼のみの表現はセラフィムとケルビムの特徴（左）

ザンクト・ヨーハン・ネポムーク教会堂の北側側面と西側背面。正面ファサードとは対照的に壁面にはまったく装飾が施されていない

## ザンクト・ヨーハン・ネポムーク教会堂

上：最奥部のオレンジ色のステンドグラスには聖霊を表す白鳩は描かれていないが、聖霊の降臨を思わせる。下：ファサードは聖人の彫像など様々な装飾物で華やかに飾られている

人類が建築物を構築するようになって以来、それぞれの自然環境に合わせて様々な材料が用いられてきました。手近に手に入る材料としては土やそこから作られる煉瓦があります。一般的に、産業革命が進展した19世紀以降に大量に用いられはじめたといわれる鉄とガラスも、建築材料としてのその歴史は案外古いです（「大量に」という点を外さなければこの一般認識は誤りではないのですが……）。

とはいえ、建築材料としてまず挙げられるのは木材と石材でしょう。可燃性があり、腐りやすいという性質上、木造建築物の方が石造建築物よりも残りにくいのは確かです。古代エジプト文明の所産として、古王国時代（BC2686頃–BC2181頃）を中心としたピラミッド群や新王国時代（BC1567頃–BC1085頃）

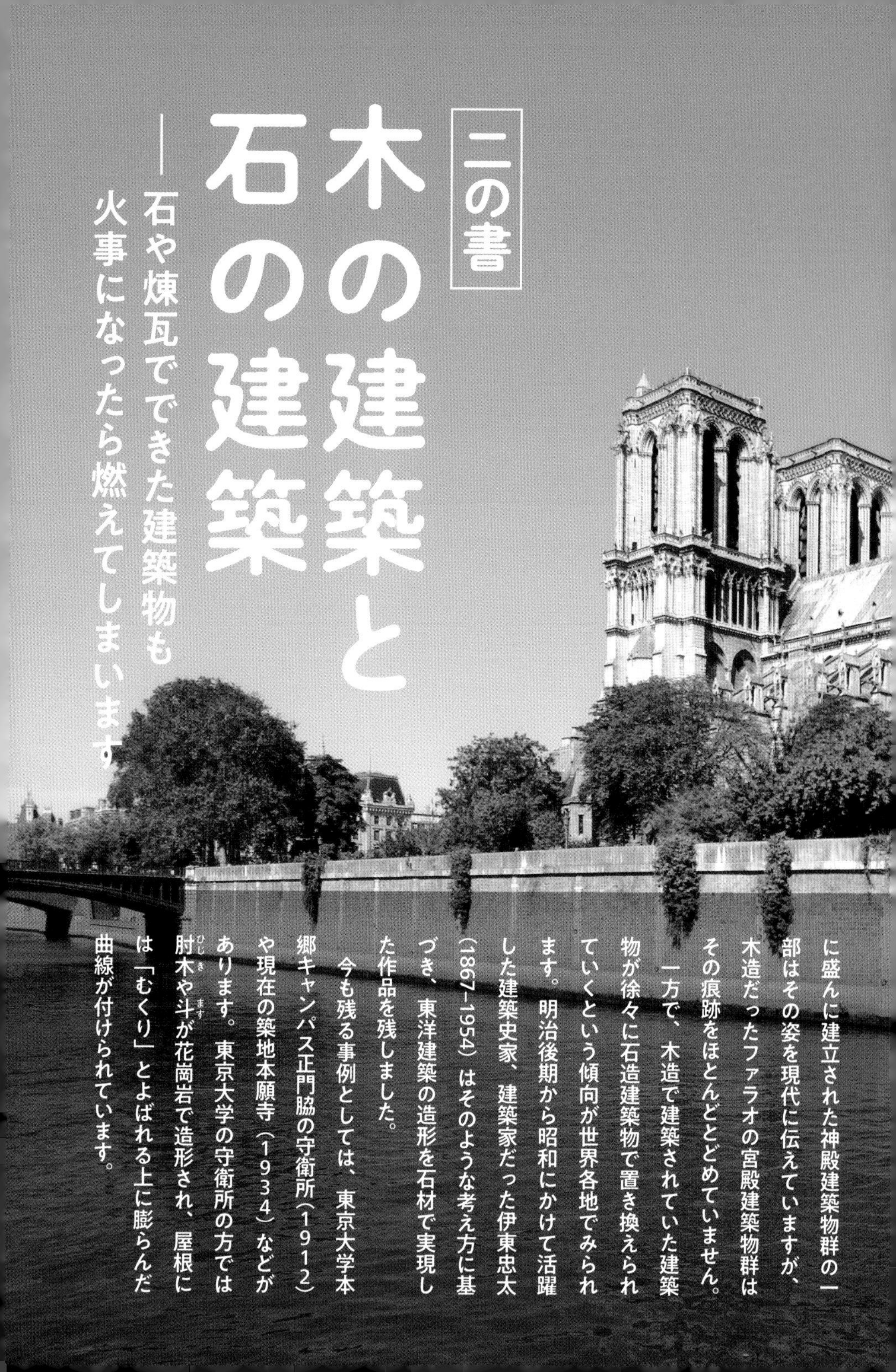

二の書

# 木の建築と石の建築

——石や煉瓦でできた建築物も火事になったら燃えてしまいます

に盛んに建立された神殿建築物群の一部はその姿を現代に伝えていますが、木造だったファラオの宮殿建築物群はその痕跡をほとんどとどめていません。

一方で、木造で建築されていた建築物が徐々に石造建築物で置き換えられていくという傾向が世界各地でみられます。明治後期から昭和にかけて活躍した建築史家、建築家だった伊東忠太（1867-1954）はそのような考え方に基づき、東洋建築の造形を石材で実現した作品を残しました。

今も残る事例としては、東京大学本郷キャンパス正門脇の守衛所（１９１２）や現在の築地本願寺（１９３４）などがあります。東京大学の守衛所の方では肘木《ひじき》や斗《ます》が花崗岩で造形され、屋根には「むくり」とよばれる上に膨らんだ曲線が付けられています。

# 1 古代ギリシア・ローマ建築の円柱は木造建築の名残ですか？

ヨーロッパにおいては古代ギリシアの神殿建築が例として挙げられます。

古代ギリシア建築の歴史は一般的な西洋史の時代区分に従って、アルカイック期（紀元前8世紀―紀元前6世紀）、古典期（紀元前5世紀―紀元前３３０年代）、ヘレニズム期（紀元前３３０年代―紀元前1世紀）というように時代区分され、アルカイック期には神殿建築は木造だったといわれています。

現存する古代ギリシアの神殿建築物の中で最古級のものは、だいたい紀元前6世紀の建立で、パエストゥムのヘラ第一神殿（Tempio di Era I, Paestum）（59頁）が代表的な作例でしょう。パエストゥムはギリシア本土ではなく南イタリアにあり、紀元前６００年頃に創設されたといわれるギリシア人の植民都市です。

古代ギリシア人は地中海各地に進出し、多くの植民都市を創設しました。とりわけ、シチリア島を含む南イタリアには数多く、古代ローマ人が「大ギリシア」(Magna Graecia) と呼んだほどです。ナポリも、当時、ネアポリス（「新都市」の意）という名のギリシア人の植民都市でした。

このナポリの南に位置するパエストゥムは、当初、海の神ポセイドンにちなんで「ポセイドニア」といいましたが、紀元前3世紀にローマ人が攻略し、それ以降、「パエストゥム」という名になりました。

ヘラ第一神殿は紀元前6世紀半ばに建立されたといわれていて、パエストゥム市域内の南側に整備されたアクロポリス（acropolis）に建っています。アクロポリスとは「高きところの

都市」という意味で、この場合は神々の都市、すなわち、神域のことを指します。通常はその名のごとく、丘上などの高所に営まれますが、パエストゥムのアクロポリスは都市と同じ地平面の平地に設けられました。

このアクロポリスには、ヘラ第一神殿の他、紀元前5世紀半ばにヘラ第二神殿（Tempio di Era II）も建立されました。かつて、ヘラ第二神殿はアポロン神殿ともポセイドン神殿ともよばれていましたが、アクロポリスの2棟の神殿建築付近から女神ヘラに関連する遺物が発掘されたことから、現在はともにヘラ神殿といわれています。

保存状態としては、外縁の列柱と横架材だけしか残っていないヘラ第一神殿よりもヘラ第二神殿の方がよいでしょう。「コラム」（column）とよばれる円柱の列、「エンタブレチュア」（entablature）とよばれる横架材、「ペディメント」（pediment）とよばれる三角形の妻壁とけらば等で構成された部分、神像を安置する「ナオス」（naos）とよばれる神室の壁体と列柱も残っています。

じつは、ヘラ第一神殿は18世紀半ばに発掘された時には神殿建築とはみなされておらず、「バシリカ」とよばれていました。バシリカとは古代ローマにおける人々が集まるためのホール建築物のことです。この神殿が世俗建築物と解釈されたのは、正面と背面に9本の円柱が配されたためでしょう。

中央の扉の前は円柱で塞がないというのが古代ギリシア・ローマ神殿建築の平面のルールだと考えられていました。たしかに古典期以降の神殿の形式として、四柱式（tetrastyle）、六柱式（hexastyle）、八柱式（octastyle）があり、それぞれ正面に円柱が4本、6本、8本並ぶ形式を指します。いずれも円柱の数は偶数であり、中央軸線上に開口部が設けられることになります。

# 2 神殿の円柱の膨らみは法隆寺の円柱の膨らみへと伝わっていったわけではありません

ヘラ第一神殿、第二神殿とも、外観はドリス式オーダー（Doric order）とよばれる様式です。古代ギリシアのオーダーの様式には3種類ありましたが、アルカイック期にはドリス式以外の様式は登場していません。

ドリス式オーダーの特徴は、柱礎を持たない太いコラム、および、フリーズに施されたトリグリフ（trigryph）とメトープ（metope）です。トリグリフとは、幅の1・5倍の高さを持つ長方形の板に縦溝が刻まれたもの、メトープとはトリグリフの間に挿入された正方形の板の部分のことです。

トリグリフは木造建築の梁端部の表現であると、ウィトルウィウスの時代には考えられていたようです。ウィトルウィウスは、トリグリフの上に取り付けられたムトゥルスとよばれる部分も「垂木の突出部の模倣」と指摘しています。

石造建築物における木造部材の形の継承について、ウィトルウィウスは次のように述べました。「工匠たちは、これらの細部を使ったこの木部の組立て方から、石造または大理石造の聖殿堂を建立するにあたってその配置を彫刻で模倣した。そしてこの発明を維持すべきであると考えた」と。しかし、ウィトルウィウスは、なぜ「維持すべき」なのか、その理由には言及していません。一方、この記述からは「大理石」は「石」とは区別されていたことがうかがえます。

古代ギリシア・ローマ神殿建築のコラムの特徴として、他に「エンタシス」（entasis）があります。通常、柱身の輪郭線は膨らんでいて、その立面は細長い樽形のシルエットを描きます。

ヘラ第一神殿（右）とヘラ第二神殿（左）のコーナー部分

## パエストゥムのヘラ第一神殿と第二神殿

上：ヘラ第一神殿。この写真は背面
下：ヘラ第二神殿。エンタブレチュア、ペディメントのほか、ナオスの壁と柱も残っている

この曲線がエンタシスです。アルカイック期の神殿建築ではエンタシスがかなり極端に施されましたが、古典期以降はもっとさりげないものとなっていきます。
なお、日本の建築史学の創始者といわれる伊東忠太は、このエンタシスがシルクロードを経て日本に伝わり、法隆寺などの円柱に生かされているという説を唱えました。それを証明するためにシルクロードに旅立ったのですが、結局、証明することはできませんでした……。

## 3 大理石は遠くから調達することもありました

人類が作るものとして、建築物は橋梁《きょうりょう》、水道橋やトンネルなどの土木構築物に次ぐ規模を誇ります。それゆえ、それらの材料は原則としてなるべく近いところで調達される傾向がありました。この傾向はヨーロッパで鉄道輸送が本格化する19世紀半ばまで大きく変わることはありません。それまでの大量輸送手段の王道は、海、河川や運河などを介した水運だったのです。

アドリア海の奥に位置するイタリア半島北東部の都市ラヴェンナのサンタポリナーレ・イン・クラッセ教会堂では、アドリア海を隔てたギリシアの大理石が用いられました。一見、遠いと思われるかもしれません。しかし、石材の中でも大理石だけは一種のブランド・ストーンであり、高品質なものを求めて遠くから調達されることもあったのです。

先ほどのウィトルウィウスの引用からわかる通り、西洋建築において石材は2種類しかないともいえます。つまり、地元の石と大理石です。大理石については遠くから運んでくることに理由があり、海路を用いて良質な大理石を輸送することには合理性があったといえます。

# 初期キリスト教建築の各種形態

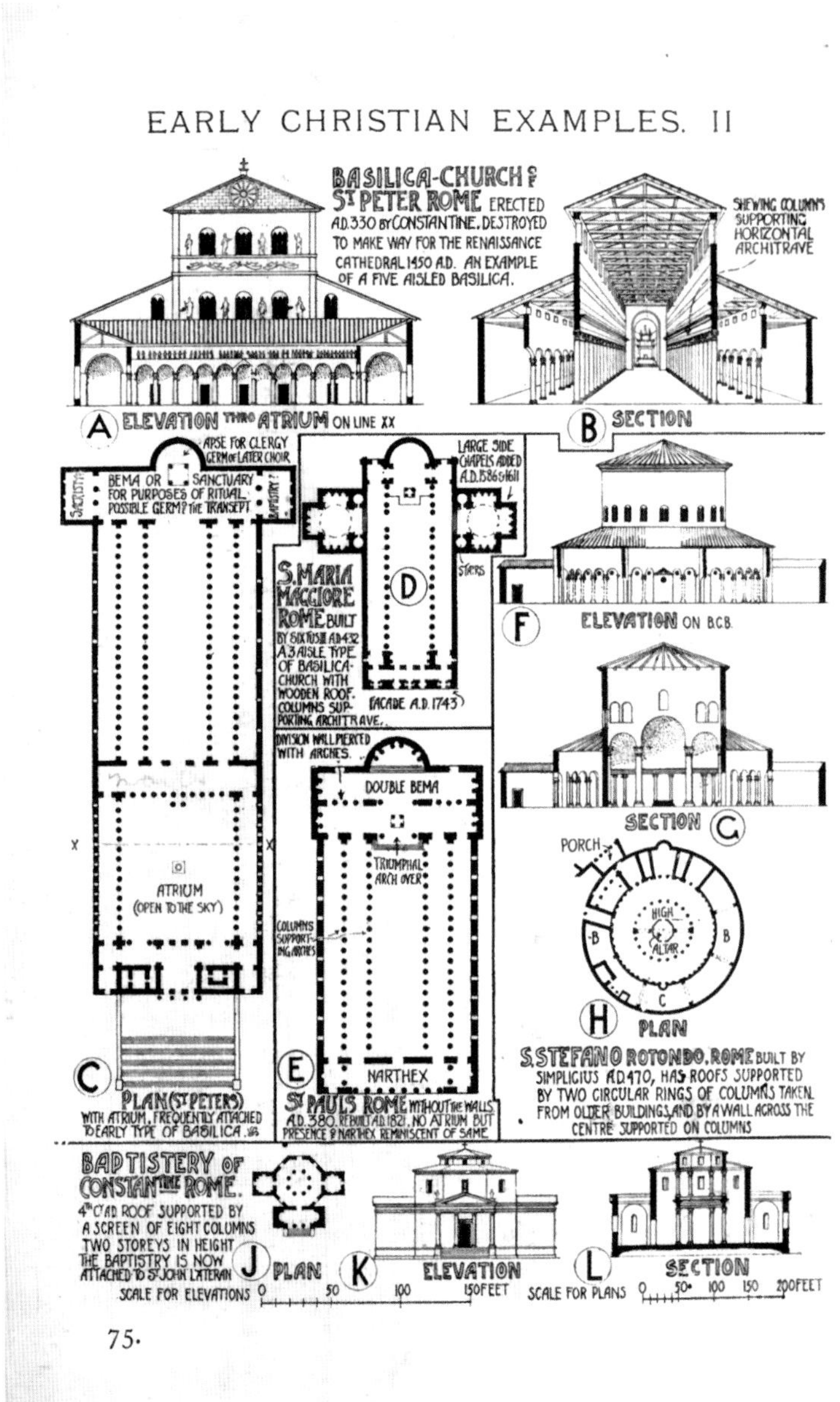


A：サン・ピエトロ教会堂正面立面図。B：同、断面透視図。C：同、平面図。D：サンタ・マリア・マッジョーレ教会堂平面図。E：サン・パオロ・フオーリ・レ・ムーラ教会堂平面図。F：サント・ステファノ・ロトンド教会堂（ローマ）立面図。G：同、断面図。H：同、平面図。J：ラテラーノ洗礼堂（ローマ）平面図。K：同、立面図。L：同、断面図

これらの大理石は身廊（nave）と側廊（aisle）を隔てる円柱に用いられました。

## 4 ここで教会堂の基本的な構成を説明しておきましょう

身廊と側廊とは何でしょうか。これらはまとめて「外陣《げじん》」(naves)ともよばれ、聖職者ではない在俗信徒たちが集う場です。教会堂の手前の方に配置されます。

その奥には主祭壇（high alter）を中心とした「内陣《ないじん》」(chancel, choir)があります。近代までは聖職者しか立ち入ることができなかった場所です。「禁域」(sanctuary)ともよばれます。

初期キリスト教建築の場合、内陣は横方向に長い長方形平面で、奥の壁面の中央には半円形平面の突出部「アプス」(apse)があります。このような内陣を「ベーマ」(bema)といいます。

そもそも、「外陣」も「内陣」も仏教建築用語です。「内陣」とは、須弥山《しゅみせん》を表す須弥壇が配され、その上に仏像が配置された場所をいいます。

主祭壇はミサの際に「最後の晩餐」の食卓となるもので、聖餐、すなわち、キリストの血と肉たるワインとパンが配されます。ミサとはキリストの「最後の晩餐」を挙行する典礼であり、カトリック教会ではワインとパンが人の口に入るとキリストの血と肉に変化するという「全実体変化」という考え方をします。教会堂（church）とは、すなわち、ミサを挙行するための建築物なのです。

このように、教会堂は聖職者のための空間である内陣と在俗信徒たちの空間である外陣に二分されます。外陣が、屋根の高い奥行き方向に長い中央の身廊と、その両脇の、屋根の低

## 初期キリスト教建築(バシリカ形式)の各部名称

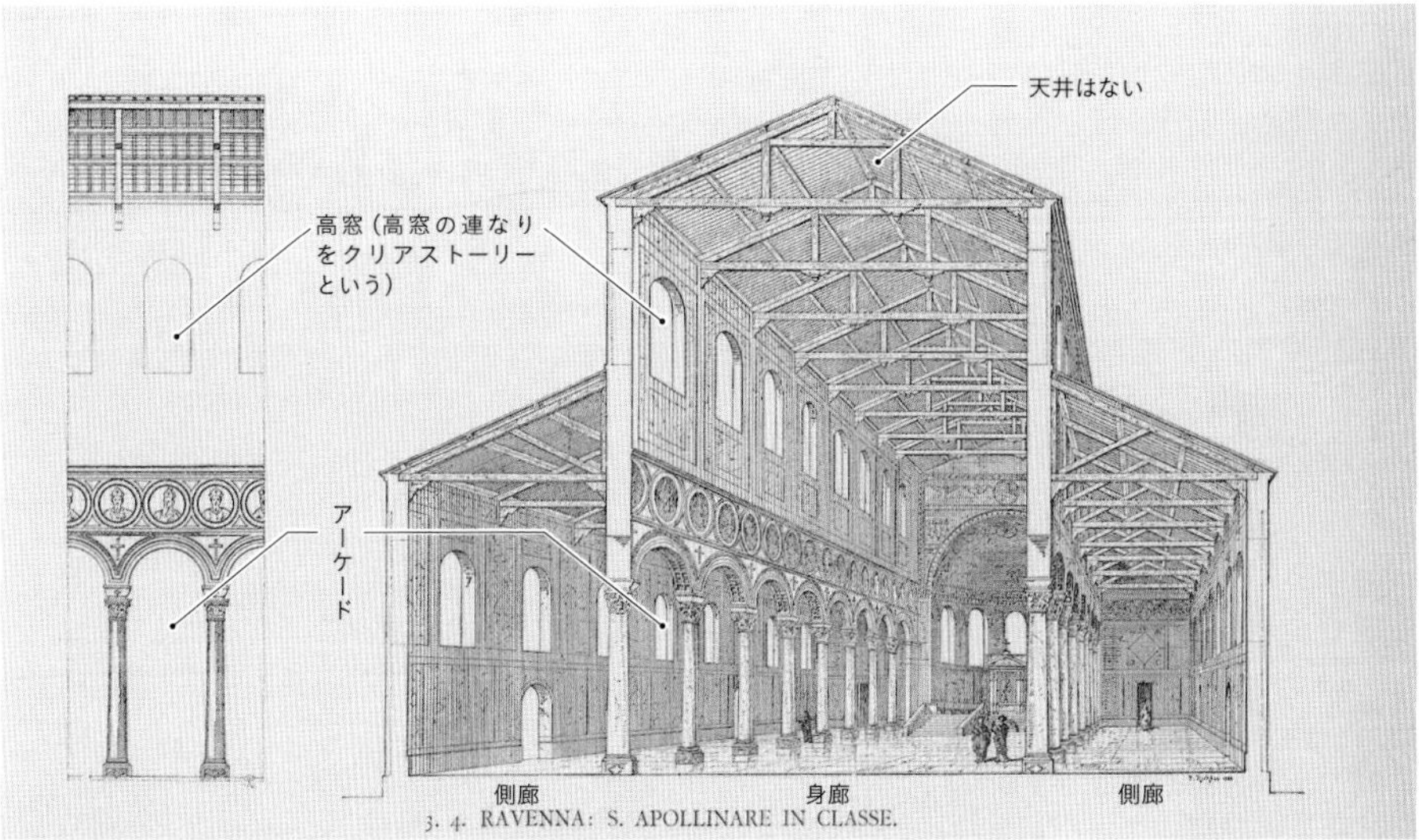


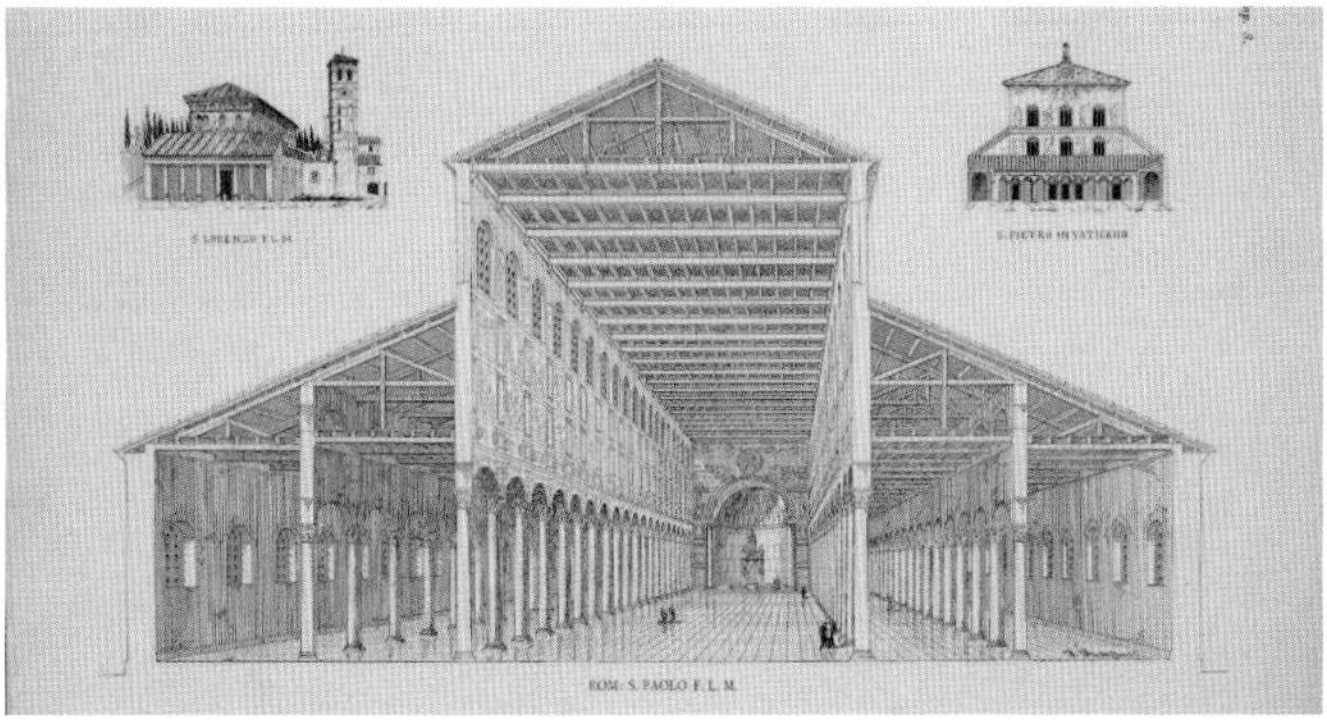


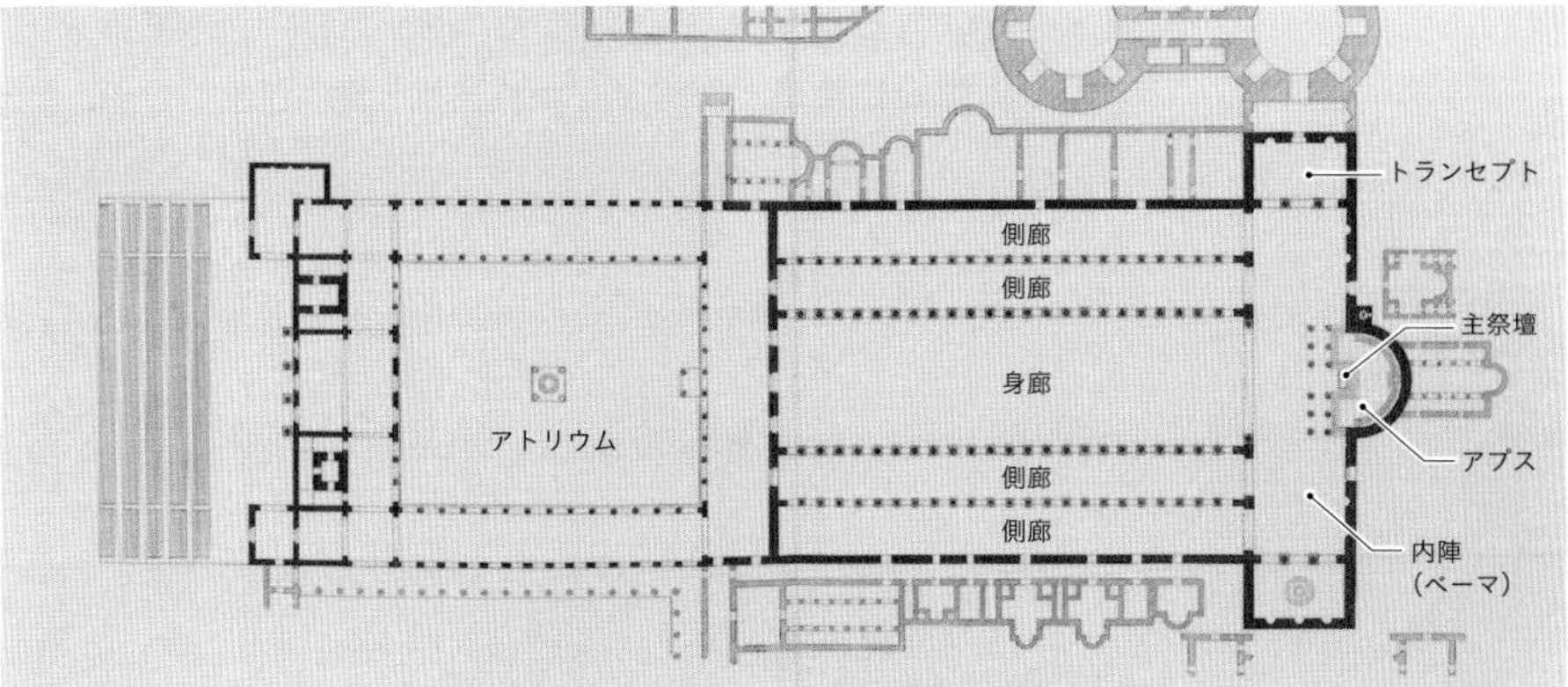


上:三廊式のサンタポリナーレ・イン・クラッセ教会堂。中:五廊式のサン・パオロ・フオーリ・レ・ムーラ教会堂。下:旧サン・ピエトロ・イン・ヴァティカーノ教会堂の平面図(五廊式)

い廊下状の側廊からなるものをバシリカ形式といいます。バシリカ形式には、側廊が身廊の両側に1本ずつ配された三廊形式、2本ずつ配された五廊形式、身廊のみからなる単廊形式があります。

## 5 キリスト教が認められたので教会建築が誕生しました

教会堂というビルディング・タイプ誕生のきっかけは「いわゆるミラノ勅令」でしょう。313年、西帝国正帝コンスタンティヌスと東帝国正帝リキニウスがミラノで会談し、キリスト教を公認したのです。

コンスタンティヌス自身がキリスト教信徒だった文書的証拠はありませんが、その治世下で、サン・ピエトロ・イン・ヴァティカーノ教会堂（現サン・ピエトロ使徒座聖堂）、サン・パオロ・フオーリ・レ・ムーラ教会堂、救世主使徒座聖堂（現サン・ジョヴァンニ・イン・ラテラーノ教会堂）のような奥行き100メートルを超える大規模教会堂が建立されていきました。

当時はローマ教皇の座る使徒座は救世主使徒座聖堂に置かれていましたが、14世紀末にサン・ピエトロ教会堂に置かれるようになって現在に至ります。これら3棟の教会堂は5世紀に建立されたサンタ・マリア・マッジョーレ教会堂とあわせローマの四大教会堂とよばれており、サン・ピエトロ使徒座聖堂以外の3棟はイタリア領内であるにもかかわらず、現在でもローマ教皇の特別な権利が認められている場です。

もっとも、これらのローマの教会堂は後世のリノベーションが繰り返されていて、初期キリスト教時代の様相をそのまま伝えてはいません。その点、サンタポリナーレ・イン・クラ

## ローマの四大教会堂の身廊部分

上：サン・ジョヴァンニ・イン・ラテラーノ教会堂。下左：サン・ピエトロ使徒座聖堂。下右上：サン・パオロ・フオーリ・レ・ムーラ教会堂。下右下：サンタ・マリア・マッジョーレ教会堂

ッセ教会堂（67頁）などのラヴェンナの事例では、初期キリスト教時代の様相が比較的残っていて、1996年に8棟まとめて世界遺産一覧表に記載されました。

ラヴェンナは402年以来、西ローマ帝国の首都であり、476年に西ローマ帝国が滅んで、東ゴート王国支配下、次いで東ローマ帝国支配下でもイタリアの中心都市として栄えました。先ほど取り上げたサンタポリナーレ・イン・クラッセ教会堂（basilica di Sant'Apollinare in Classe）はラヴェンナでも最大級の教会堂です。

## 6 ラヴェンナの教会堂群には初期キリスト教時代の息吹が感じられます

サンタポリナーレ・イン・クラッセ教会堂は東ゴート王国のテオドリクス大王時代（493–526）におおむね建立されました。先ほど述べたように、身廊と側廊の間はギリシア産大理石のコラムとアーチからなるアーケードで区切られています。コラムの柱頭は古代ギリシア・ローマ神殿建築のコリント式オーダーに似ていますが、柱礎の各刳形とともにデフォルメされていて、もはや古代建築の細部の伝統が失われつつある様がうかがえます。

身廊と側廊には天井がなく、屋根を支える木造トラスが露わになっています。身廊の上の方の壁面には高窓が開けられて身廊の上の方に光をもたらしています。この高窓の列を「クリアストーリー」（clerestorey）といいます。

内陣奥には「アプス」とよばれる半円形平面の突出部があります。その真上には四分の一球形のドームが架けられ、表面にはモザイク装飾が施されています。

ラヴェンナのサンタポリナーレ・イン・クラッセ教会堂、サンタポリナーレ・ヌオーヴォ

テオドリクス王廟。躯体も大理石でつくられた

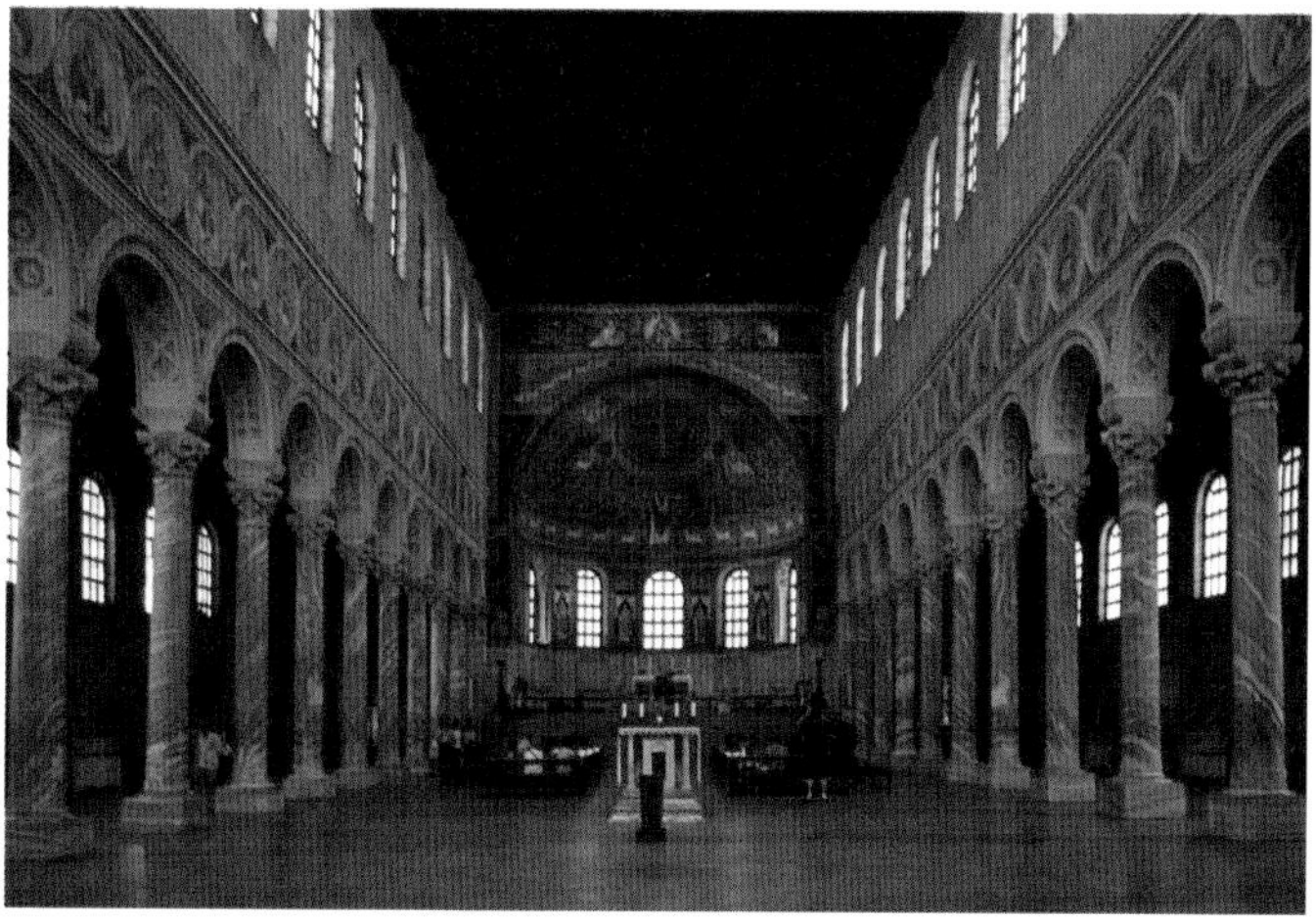

上・中左：サンタポリナーレ・イン・クラッセ教会堂の身廊。最上部にある高窓の列をクリアストーリーという。中右：同身廊の大理石製コラムの柱頭部分。下左：サンタポリナーレ・ヌオーヴォ教会堂の身廊の壁面モザイク。下右：サン・ヴィターレ教会堂の大理石のコラム柱頭部分

教会堂、サン・ヴィターレ教会堂などの事例では、コラムは大理石製でも躯体は煉瓦造でした。ただ、テオドリクス王廟だけは古代ローマ時代最盛期の建築を意識して大理石造でした。これらのラヴェンナ建築こそが古代建築最後の輝きといえるでしょう。

# 7 東ローマ帝国では画期的なドームが生み出されました

東ゴート王国の次にイタリアを支配したのは東ローマ帝国でした。東ローマ帝国と西ローマ帝国は、395年、テオドシウス帝によってローマ帝国が二分された時に始まりました。東を長男アルカディウス、西を次男ホノリウスが継ぎました。兄が継いだのが東側であったことからもうかがえるように、当時のローマ帝国では、都市ローマが位置するイタリアを含む西よりも、ギリシア本土、小アジア、エジプトなどを含む東の方が重要だったのです。

この二分統治の1世紀前、293年にディオクレティアヌス帝が四分統治（テトラルキア）を始めた時も、ディオクレティアヌス自身が統治したのは小アジアとエジプトを含む東帝国の南側でした。324年にコンスタンティヌス帝が帝国を再統一して330年に首都と定めたのも東側のビュザンティウム改めコンスタンティヌポリス（現イスタンブル）でした。また、4世紀から6世紀にかけての初期キリスト教時代の五大教会の内、ローマを除く4か所（コンスタンティヌポリス、アンティオキア、エルサレム、アレクサンドリア）が東ローマ帝国の領域にありました。

コンスタンティヌポリス、すなわち、「コンスタンティヌスの都市」を中心として千年にわ

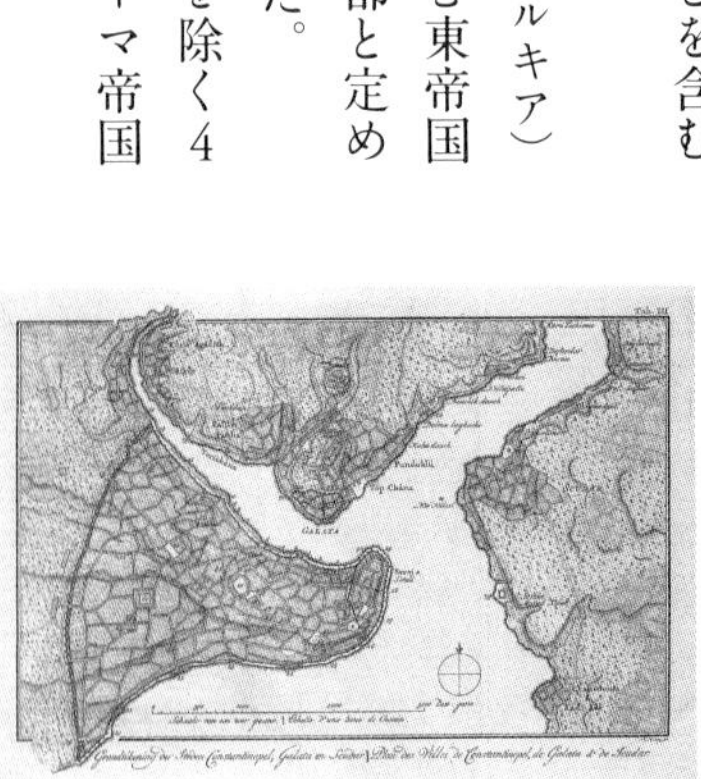

1776年のイスタンブルの地図

たって存続した東ローマ帝国、とりわけ、ギリシア化が進んだといわれる7世紀以降の帝国のことを「ビザンツ帝国」ともいい、その建築を「ビザンツ建築」とよびますii。

ビザンツ建築の特徴をあげるなら、コリント式柱頭とその直上のエンタブレチュアが抽象化したといわれる二重キャピタルも目を引きますが、構造体として、また、空間として独自のものを創造したのはペンデンティヴ・ドーム（pendentive dome）という構法です。

この構法の目的は、正方形平面の直上に円形平面のドームを載せることにあります。そのために正方形平面の頂点に支柱（ピア）を配し、その間にアーチを架けます。円形平面のドームはこれらのアーチの頂点に載る形となり、アーチがそれを支えます。

アーチとアーチの間には三次元曲面ができます。これらは正方形の外接円を平面とした球面の一部であり、この部分をペンデンティヴといいます。ドームからぶら下がっているようにみえるので、そういいますが、実際にはドームの荷重をアーチに伝えているのであり、アーチに支えられてドームを直接支持しているのです。

そのような建築物の代表例が、コンスタンティヌポリスのハギア・ソフィア（Hagia Sophia）総大主教座聖堂（71頁）です。ハギア・ソフィアとは神の「聖なる知恵」のことです。この教会堂は世界最大の煉瓦造建築物といわれますが、ユスティニアヌス帝（Justinianus, 在位527–65）の治世下の532年から537年にかけて短期間で建立されています。

建築家として、トラッレスのアンテミオスとミレトスのイシドロスの名が伝わります。558年、地震によってドームが被害を受けた後、後者の甥といわれる小イシドロスによって修復されました。

ハギア・ソフィアはこの直径32メートルのお椀形ドームを中心とした集中式平面といわれますが、入口からみて、中央にドーム直下の空間も含めて主祭壇へと延びる指向性のある身廊のような空間の左右にトリビューンを備えた2層構成の側廊のような空間があって、バシ

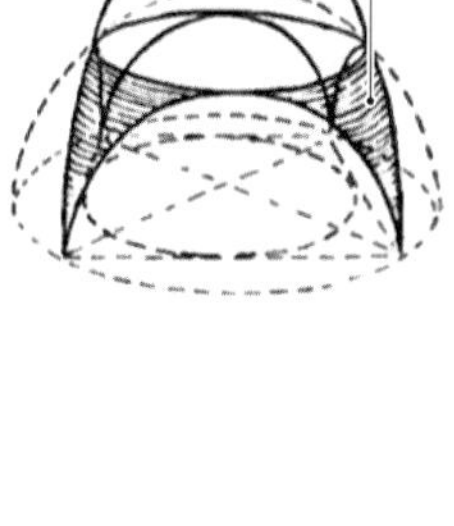


ペンディンティヴ・ドームの概念図。正方形平面の直上に円形平面のドームを架けるための工夫

リカ式平面の教会堂のような特徴もあわせ持ちます。

ビザンツ建築は、東ローマ帝国がイタリアを支配していた6世紀以来、ラヴェンナのサン・ヴィターレ教会堂（basilica di San Vitale）などのイタリア各地に影響を及ぼしており、11世紀になってもヴェネツィア（Venezia）のサン・マルコ教会堂（basilica di San Marco, 1063頃–94）（73頁）のような作例があります[iii]。

しかし、ペンデンティヴ・ドームが西ヨーロッパで多用されるようになるのは15世紀を待たなければなりません。西ヨーロッパでペンデンティヴ・ドームを積極的に使った最初期の建築家は、前期ルネサンスの代表的な建築家ブルネレスキでしょう（ただし、彼が施工を手掛けたフィレンツェ大司教座聖堂のドームは、八角形平面の交差部直上に架けられた八角形平面のものであり、ペンデンティヴ・ドームではありません）。

彼が活躍した時代は、ちょうど、ビザンツ帝国の命運が首都コンスタンティヌポリスと若干の荘園地を残すのみとなっていった時代と重なっています。オスマン帝国の支配を嫌い、帝国の旧領からイタリアに流れてきた旧帝国人も多かったことでしょう。

海洋貿易国家として古くからビザンツ帝国との交流が盛んだったヴェネツィアには、先に述べたようにサン・マルコ教会堂もあり、小品ながらペンデンティヴ・ドームを備えた伝ガッラ・プラキディア廟堂のあるラヴェンナはさらにフィレンツェに近かったのでした。

## 8 石で天井を作るのは大変です

中世後期（11世紀以降）の西ヨーロッパの教会建築でも交差部にドームが架けられることは

伝ガッラ・プラキディア廟堂のペンデンティヴ・ドーム

## ハギア・ソフィア各種図面

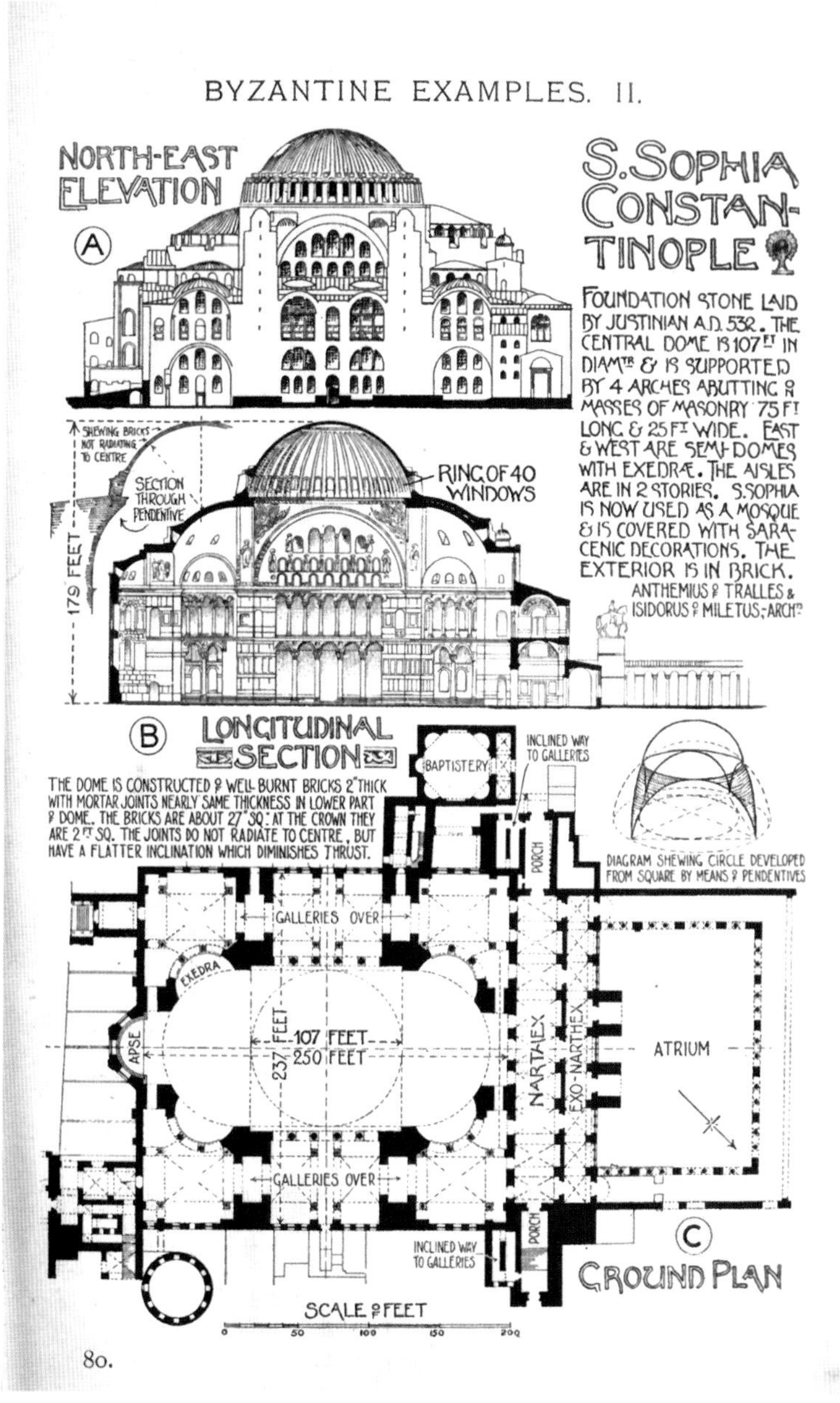


A：北西立面図。B：長手方向断面図。C：1階平面図

ありました。しかし、ペンデンティヴではなく、方形平面の四辺に架けられたアーチの間に斜めに架けられたアーチやそれが立体的に拡張されたスクウィンチ（squinch）が用いられることが多かったのです。

そもそも、西ローマ帝国滅亡後の中世前期、西ヨーロッパ世界は緩やかに衰退していき、大規模石造建築物の建立は極めて稀になっていきました。大規模インフラや大規模建造物が必要な場合は、もはや古代ローマ時代の遺産に頼るほかありません。

西ヨーロッパで本格的な大規模石造建築物が建築されるようになるのは11世紀以降で、後世、これらの一連の建築物群はロマネスク建築（Romanesque Architecture）とよばれました。

ロマネスク建築の特徴は、石造建築技術の粋ともいえる石造ヴォールトを備えていることでしょう。「ヴォールト」（vault）とは、石材や煉瓦材のような重い材料を使用するがゆえに、アーチなどの構法を組み合わせて立体的に構築された天井のことです。木造の場合でも石造ヴォールトのような立体的な天井を形成する場合は「木造ヴォールト」とよばれることもあります。

最も単純なヴォールトは半円筒形ヴォールト（tunnel vault）ですが、教会堂の石造ヴォールトで最も多いのは「交差ヴォールト」（cross vault）です。これは半円筒形ヴォールトを直行させて作ることができます。

このヴォールト、下から見上げると船底を逆にみるような感覚ももたらします。フランス語で身廊や側廊のことを「ネフ」（nef）というのは、このような船のイメージに由来するのでしょう。元々、「ネフ」とは大型船舶のことを指す古い言葉です。

エミール・リトレ（Emile LITTRÉ, 1801–81）はその『フランス語辞典』（*Dictionnaire de la langue française*, 1863–72）で、第一の語釈として「船の詩的な同義語」と述べ、第二の語釈で身廊、側廊と船の類似に言及しています。

サンタンブロージオ教会堂（ミラノ）のスクウィンチ

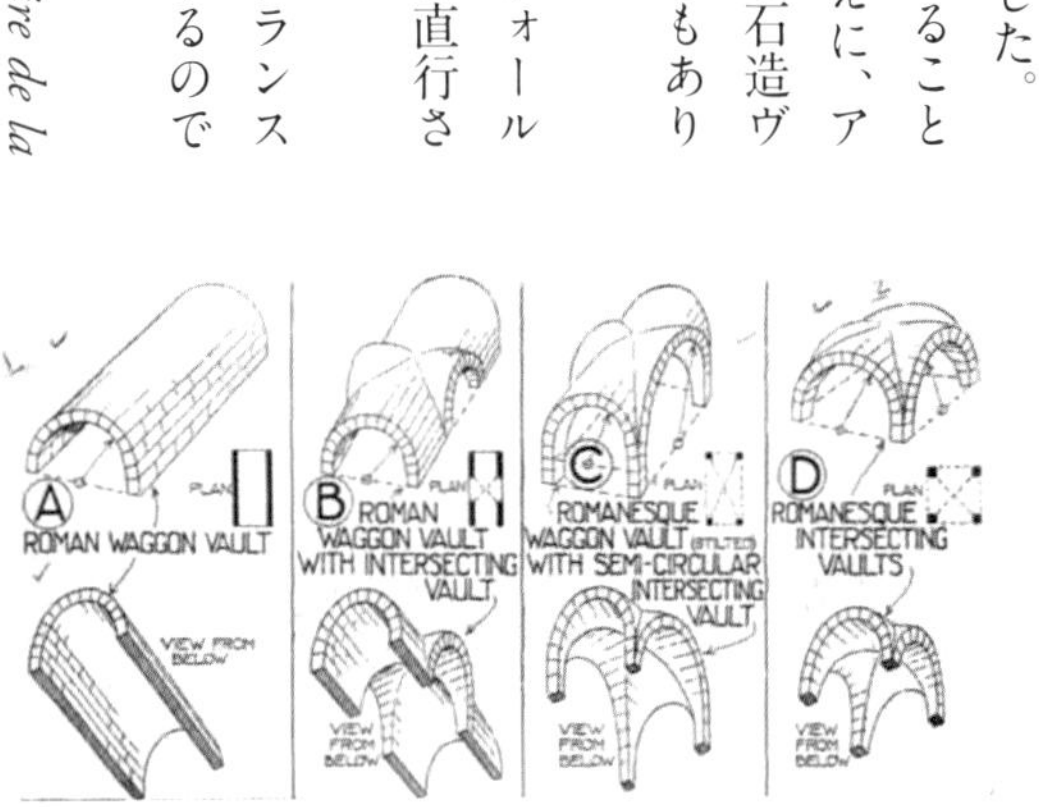


ヴォールト各種。左端が半円筒形ヴォールト、その他は各種の交差ヴォールト

## サン・マルコ教会堂

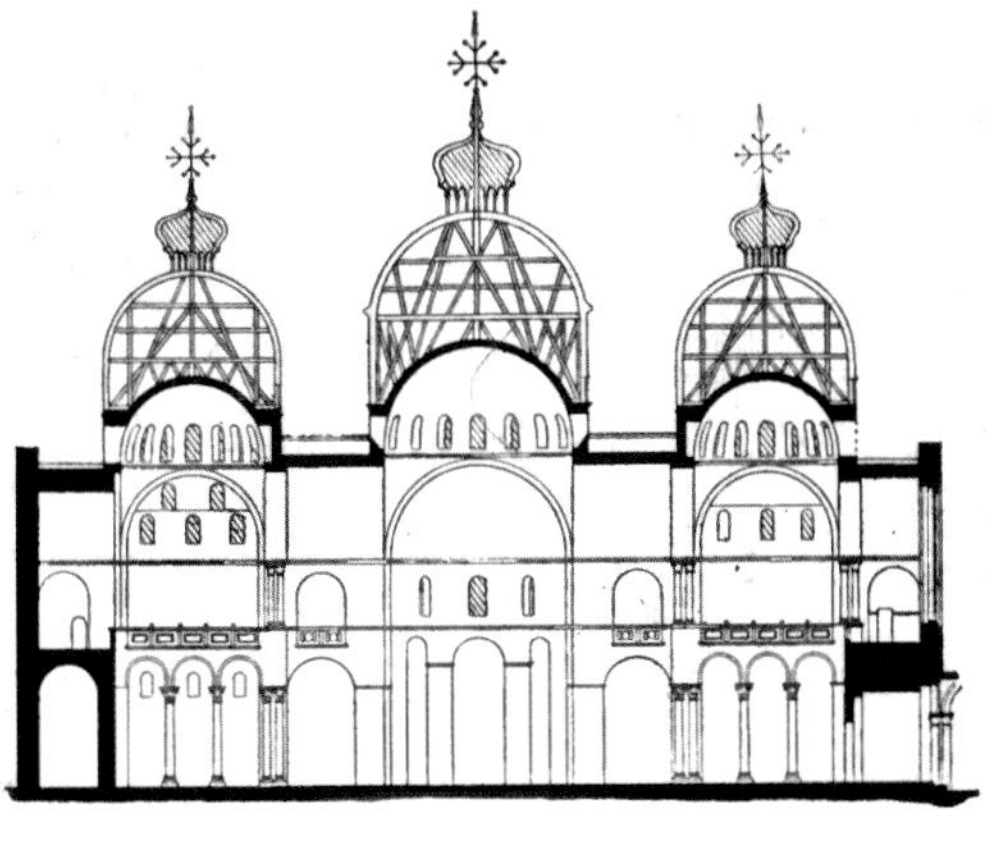

上：サン・マルコ広場に面した正面ファサード。第1層左端のモザイクのみが中世由来
下左：断面図。下右：左が広場側、右がアドリア海側ファサード

このような大規模な石造ヴォールトを備えたロマネスク建築の代表的な事例として、ここではヴェズレのサント・マリー・マドレーヌ教会堂（basilique Saint-Marie-Madeleine, Vézelay）（75頁）を挙げます。ヴェズレの歴史は８６０年頃にキュール川（La Cure）の河畔に修道院が創設された時に始まります。しかし、そこはノルマン人により掠奪されたので、付近の丘の上に再建されることになり、現在に至っています。

11世紀半ばにはマグダラのマリアの聖遺物を所持していると信じられ名望が高まりました。巡礼の目的地としてだけでなく、聖大ヤコブの墓所があると伝わるイベリア半島の北西端のサンティアゴ・デ・コンポステーラ（Santiago de Compostela）への巡礼の経由地としても栄えました。12世紀には人口8千人から1万人に達したといいます。

現在の教会堂の建立が開始されたのはこの頃で１０９６年に大修道院の建築物群の再建を皮切りに、１１２０年から１１４０年にかけてサント・マリー・マドレーヌ教会堂の身廊が建築されました。この身廊には交差ヴォールトが架けられ、交差ヴォールトと交差ヴォールトの間には横断アーチが挿入されています。

身廊と側廊の前には大規模なナルテクス（narthex）、すなわち、エントランス空間があります。身廊とナルテクスの間のポルタイユ（portail）、すなわち、大扉口の真上には聖霊降臨の場面を描いたレリーフが配されています。また、ファサードの上の方のテュンパヌム（tympanum）とよばれる半円形の妻壁のような部分には、使徒たちの宣教を描いたレリーフがあります。その後も建築は続き、内陣は改築されてゴシック建築となりました（ゴシック建築については後でお話しします）。

ヴェズレは十字軍の起点としても重要でした。１１４６年の復活祭には、ここで第2回十字軍の実施が決定され、後の聖ベルナールがフランス王ルイ7世と王妃アリエノールの御前で説教しました。また、１１９０年の第3回十字軍ではフランス王フィリップ2世とイング

## サント・マリー・マドレーヌ教会堂

上左：正面ファサード。中央上部のテュンパヌムに使徒たちの宣教を描いたレリーフがみえる。上右：身廊から内陣方向を見る。下：正面にポルタイユ。手前のエントランス空間がナルテクス

ランド王リチャード1世がここで合流しました。

# 9 ゴシック建築は石造だけれども光あふれる軽快な空間です

重厚なヴォールトを備えたロマネスク建築の構造体を構成する壁体は分厚くならざるをえず、窓も小さくなるしかありません。この暗い堂内に豊かな光を導き入れようとした建築がゴシック建築（Gothic Architecture）です。

ゴシック建築は12世紀半ばにフランスで誕生したといわれています。その舞台はパリの北方に位置するサン・ドニ大修道院（abbaye royale de Saint-Denis）です。聖ドニ、すなわち、聖ディオニュシウス（Dionysius）は3世紀のパリ司教で、3世紀半ばに殉教したと伝わる聖人です。首を落とされても自分の首を携えて説教しながら歩き続け、歩みを止めたところがサン・ドニ大修道院が建った場所だという伝承があります。

5世紀後半、聖ジュヌヴィエーヴによりこの場所に初めて教会堂が建立されたといわれています。6世紀を通じてメロヴィング朝フランク王国の諸王によって増築が重ねられ、ダゴベルトゥス1世（?–639）により新教会堂とベネディクト会修道院が建立され、王の死後、ここに埋葬されたところから歴代フランク王の墓所としての歴史が始まったといいます。

8世紀後半、新たなカロリング朝の初代ピッピヌス3世と息子カロルス大帝の治世下に大修道院長だったフルラ（Fulrad, 710–84）によって都市ローマの初期キリスト教時代の教会堂をモデルとしてバシリカ式の三廊式平面の新教会堂が建立されました。身廊と側廊の間は大理石製コロネード（列柱）が隔てていました。

サン・ドニ教会堂

上左：正面左側の大扉口（ポルタイユ）。上右：正面ファサード。下：後陣の周歩廊と際室

9世紀前半には大修道院長イルドゥアン（Hildouin, 775/85–840/55/58）によってクリプト（地下聖堂）が増築されます。そして、巡礼者の増加に対応すべく、1137年から1140年にかけて身廊と側廊が正面側に延伸され、新たなファサードの建築が進みました。

この増築事業を推進したのは当時の大修道院長スゲリウス（これはラテン語で、フランス語ではシュジェ、またはシュジェール）(Sugerius, Suger, abbé de Saint-Denis, 1080/81–1151）です。1122年にサン・ドニ大修道院長となり、1147年から1149年にかけての第2回十字軍に出征したルイ7世（Louis VII, roi des Francs, 1120–80）不在時の摂政（régent）も務めた重要人物でした。

ゴシック建築は、1140年から1144年にかけて、カロリング朝時代の身廊、側廊、交差部、トランセプトを保存しつつ、新たに内陣と周歩廊等を建築した際にこの人物の主導により誕生したといわれています。

ゴシックの教会建築の特徴は、1)尖頭アーチ（pointed arch）、2)フライング・バットレス（flying buttress）、3)リブ・ヴォールト（rib vault）の使用といわれます。特に1)と2)の採用によって、教会建築は窓が小さくて分厚いロマネスクの壁体から解放されたのです。

尖頭アーチでは半円形アーチと比べて同一の幅の場合にスラストとよばれるアーチを開こうとする力が弱くなるとともに、フライング・バットレスによってスラストに対抗する力が外壁面の外側から加えられるので、壁体を薄く、窓を大きく取ることができました。

こうして、重厚な石材の構造体とヴォールトを備えながら、多彩なステンドグラスの光あふれる軽快な空間が実現されました。古典主義建築のデザインが構造とは関係なく展開しているのに対し、ゴシック建築では構造の構成と空間デザインの構成が融合していたといってよいでしょう。

サン・ドニ教会堂の後陣（chevet）建築以降、パリを中心にフランス北部でゴシック建築の

ランス大司教座聖堂（左）とアミアン司教座聖堂（右）の平面図

## アミアン大聖堂各種パース

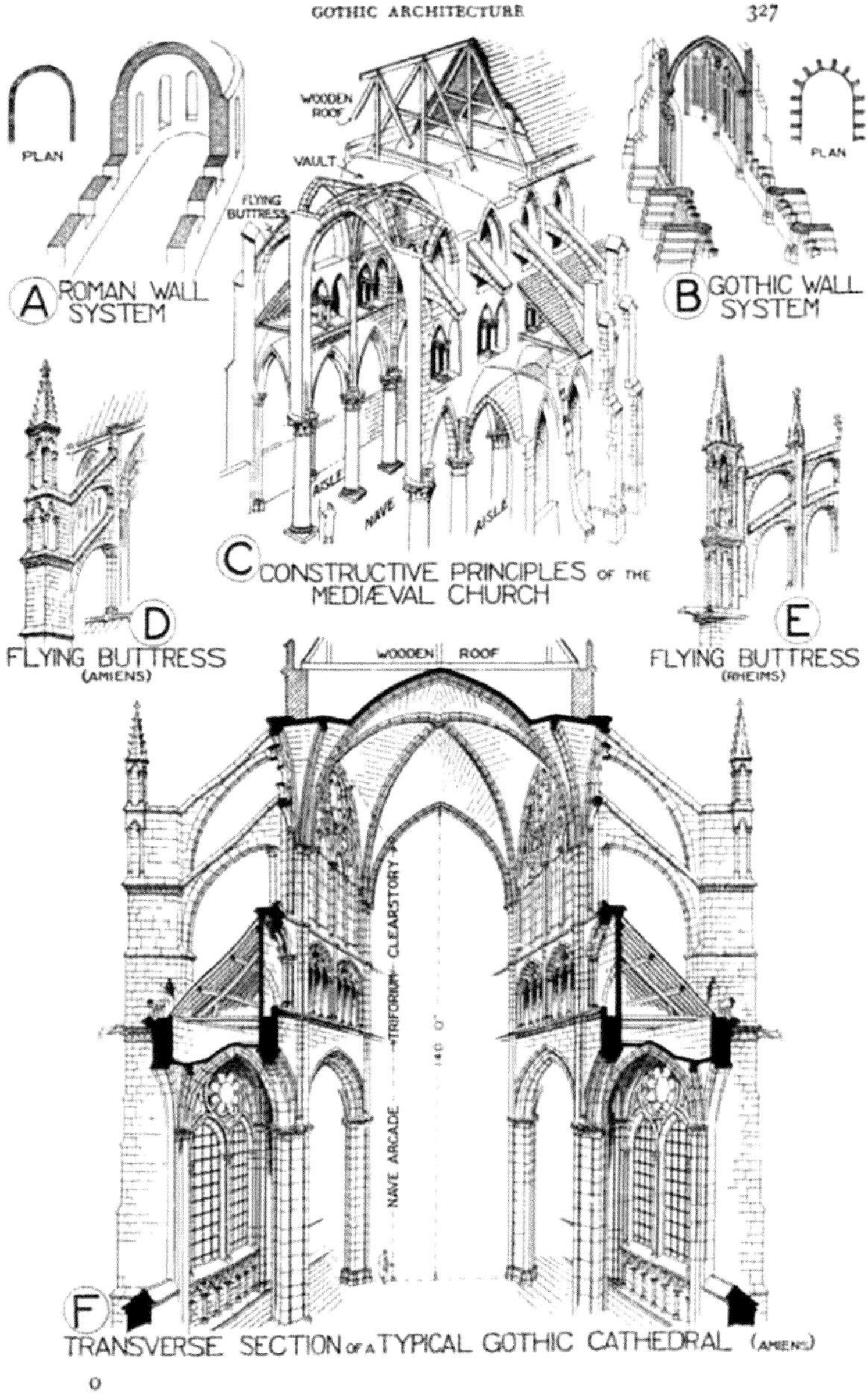


A：ロマネスク建築の壁体構造。B：ゴシック建築の壁体構造。C：ゴシック建築の構法。D・E：フライング・バットレス。F：アミアン司教座聖堂の身廊・側廊断面透視図

流儀で多くの教会建築が建立されていきました。とくに三大ゴシックともいうべきシャルトル、ランス、アミアンのノートル・ダムはゴシックの教会建築の傑作として知られています。

## 10 パリのノートル・ダム大司教座聖堂の火災で燃えたのはどこでしょう？

２０１９年4月15日19時頃、パリのノートル・ダム大司教座聖堂（cathédrale Notre-Dame de Paris）の交差部直上の尖塔基部付近から出火し、短時間で延焼、身廊から南北トランセプト、交差部、内陣にわたる屋根と小屋組が全焼しました。

尖塔は炎上倒壊し、ヴォールトも身廊の一部と交差部、北側トランセプトの一部で崩落しました。当時、私はマスコミ各社の取材を受ける機会がありましたが、結構尋ねられたのは、石造建築物がなぜ燃えるのか、ということでした。

建築の世界に関わっている人々にとっては、ヨーロッパの石造や煉瓦造の建築物といえども、屋根を支える小屋組、床や天井などの水平方向に架かっている構築物が木造であることはよく知られていますが、そうではない人々にとってはかなり意外だったようです。

パリのノートル・ダムのカテドラルは、当初、パリ司教座が置かれた司教座聖堂でした（１６２２年に大司教座聖堂）[iv]。現在の教会堂は、１１６３年、パリ司教モーリス・ド・シュリ（Maurice de Sully, 司教在職1160–1196）によって着工しています。１１７７年には内陣が完成し、小屋組と屋根も架かっていましたが、石造ヴォールトは未完成でした。

１１８２年には内陣ヴォールトも完成して献堂式が行われ、教会堂として機能しはじめます。構築が進んでいたトランセプト、交差部、身廊などの工事現場とは仮の壁面で仕切られ

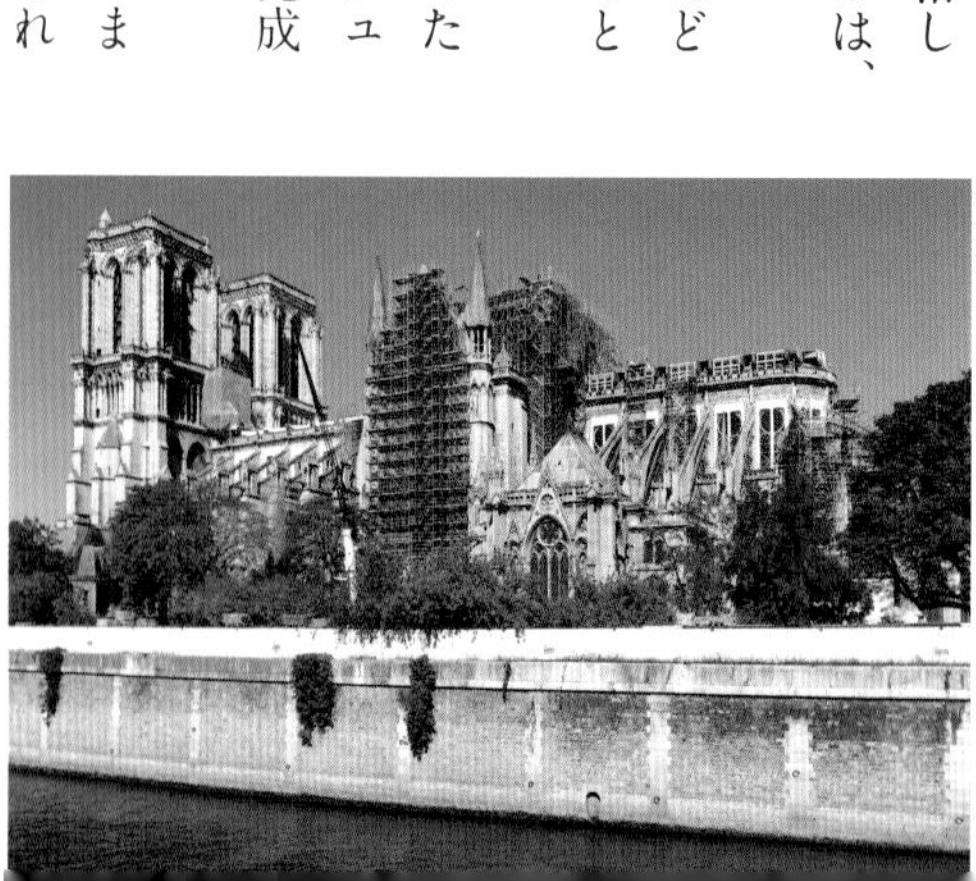

火災から4カ月後のパリのノートル・ダム大司教座聖堂。交差部とトランセプトに足場が架けられている

## パリのノートル・ダム大司教座聖堂

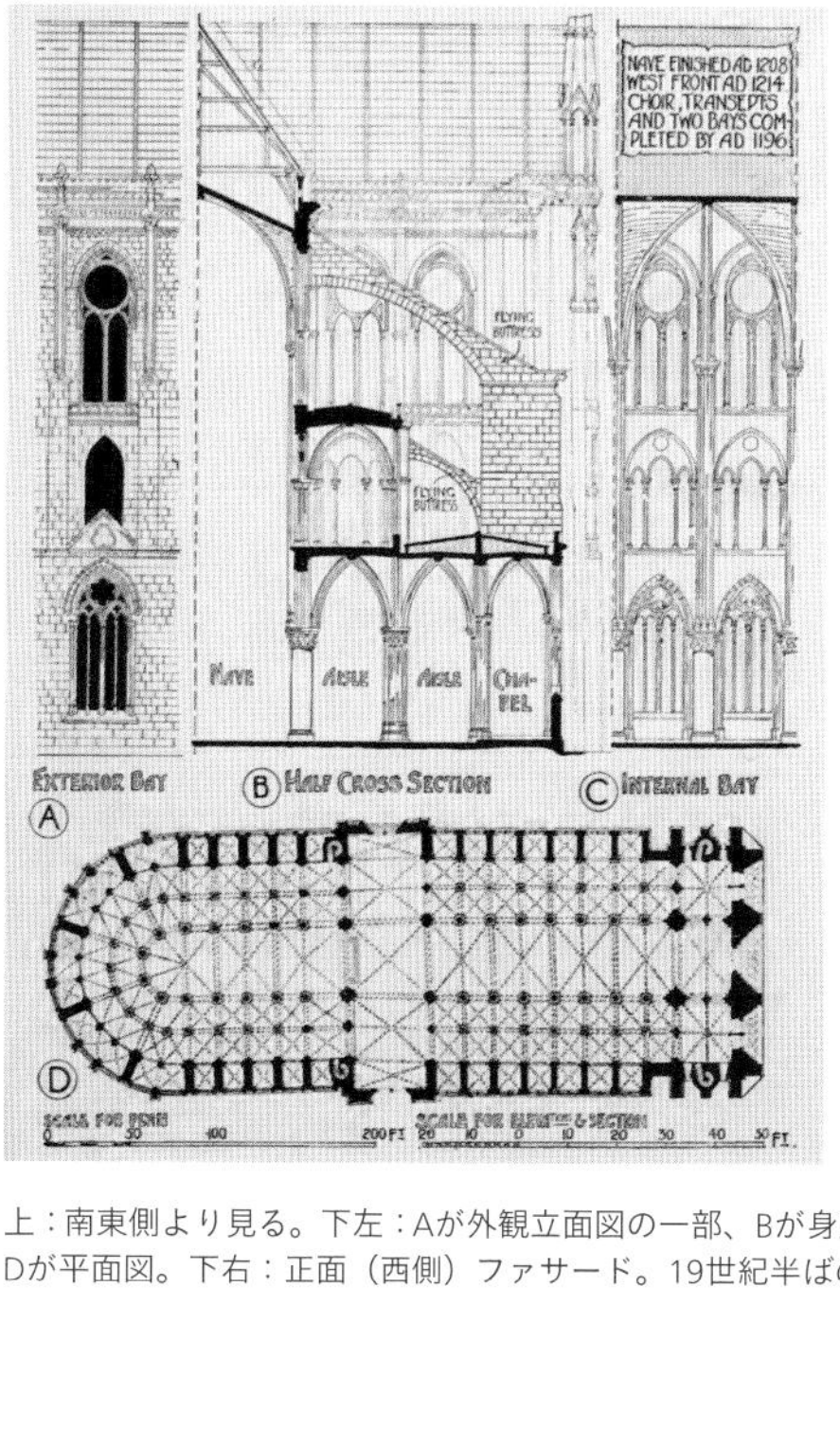

上：南東側より見る。下左：Aが外観立面図の一部、Bが身廊・側廊断面図、Cが身廊展開図の一部、Dが平面図。下右：正面（西側）ファサード。19世紀半ばの修復によって現在の姿となった

ることになりました。聖体拝領の場となる主祭壇を擁する内陣だけでもミサの挙行は可能であり、多くの大規模教会堂の場合、内陣完成時点で献堂式が行われました。

内陣完成前から身廊等の工事は始まっており、1220年頃にはファサード南北の塔以外は屋根がかかった状態で完成したようです。その後、高窓の高さを増すために小屋組と屋根の架け替えが実施され、1225年頃には内陣部分については終わり、身廊上で工事が進んでいました。この時、トリビューン（tribune）の屋根も片流れ屋根から切妻屋根に代わり、高窓は下側にも拡張されました。トリビューンとは側廊直上の2階廊のことです。

2019年の火災で焼失したのは、13世紀前半のこの小屋組です。1177年に完成していた内陣の小屋組はこの時に架け替えられていますが、既存の小屋組の12世紀後半の部材も転用されていて、ヨーロッパでも貴重な中世小屋組の事例だったのです。

このような火災による大規模教会堂の小屋組の焼失は、フランスで過去にも多く発生しました。その原因はさまざまで、職人の火の不始末によるシャルトルのノートル・ダム司教座聖堂（cathédrale Notre-Dame de Chartres）の事例（1836）、花火の落下によるメスのサンテティエンヌ司教座聖堂（cathédrale Saint-Étienne de Metz）の事例（1877、発災時はドイツ領）、ドイツ軍の砲撃によるランスのノートル・ダム大司教座聖堂（cathédrale Notre-Dame de Reims）の事例（1914）などがあります。

これらの事例では、鉄骨トラス、鉄筋コンクリートなどの近代的技術を用いて小屋組が再建されました。2020年7月9日、火災直前の外観を復原することが政府によって決定されましたが、屋根の中身をどのように再建するのか注視したいと思っています。

パリのノートル・ダム大司教座聖堂の正面ファサード右側（南側）の聖アンヌ（サンタンヌ）のポルタイユ

パリのノートル・ダム大司教座聖堂の「諸王」の像のオリジナルはクリュニー美術館に展示されている

## パリのノートル・ダム大司教座聖堂

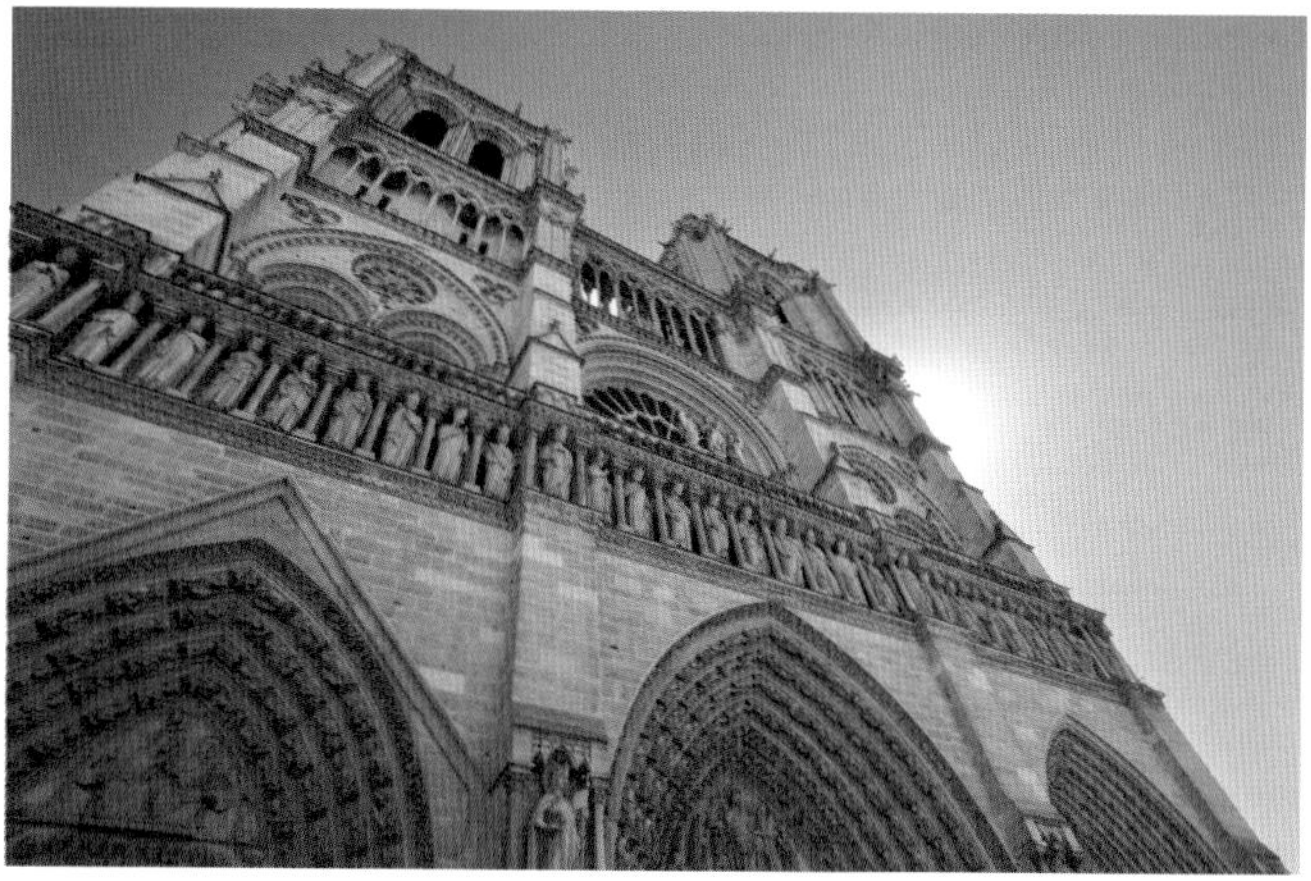

上左：身廊から内陣方向を見る。側廊直上の2階部分がトリビューン。上右：交差部。右は北面のバラ窓。下：見上げ。ポルタイユの上には28体の王の彫像が配置されている

# 11 大聖堂はいつ完成するのでしょう？

パリのノートル・ダム司教座聖堂の建築はなおも進みます。1245年にはついに高さ69メートルの南北の塔が完成しました。これをもって司教座聖堂本体が完成したと解釈してよいでしょう。

大司教座聖堂を正面から見ると、ほぼ左右対称ですが、目を凝らしてみると向かって左側の北塔の方が少し太いことに気がつくでしょう。それゆえ、北塔は「大塔」(la grosse tour) とよばれます。

現地に行く機会があったら、大扉口(ポルタイユ)直上の28体の王の彫像を数えてみて下さい。北塔側には8体、南塔には7体配されています。当初、大鐘はこの北塔のみに設置されました。当時の司教ギヨーム・ドーヴェルニュ (Guillaume d'Auvergne, 1190–1249) の寄付で建てられたため、ギヨーム塔といいました。

南塔に大鐘が設置されたのは15世紀のことです。そのうち、大鐘ジャクリーヌはルイ14世治世下の1686年に改鋳《かいちゅう》され、エマニュエルと改名されました。

躯体全体が完成した後、ファサードの彩色、側廊脇の祭室群の整備などが行われていきます。1260年代には、交差部直上の尖塔建立、ジャン・ド・シェル (Jean de Chelles, ?–1265) とピエール・ド・モントルイユ (Pierre de Montreuil, 1200–67) によるトランセプト端部のファサード改築、5世紀のパリ司教聖マルセルの聖遺物箱の修復などが行われました。

さらには内陣周りの祭室群も増築されます。内陣の周囲には周歩廊が巡らされ、その外側に祭室群が放射状に配置されました。この配置を放射状祭室 (chapelles rayonnantes) 形式とい

パリのノートル・ダム大司教座聖堂の正面ファサード左側(北側)のポルタイユ下部の彫刻。「諸王のファサード」やポルタイユの多くの彫像が19世紀半ばの修復事業で整えられている

います。祭室が多く設置されたのは高位聖職者や兄弟会が私的な礼拝を行うためです。教会堂内に祭壇が増えて混雑するのを避けるべく、バットレスの間の空間が利用されました。祭室群の増築は北側廊脇の4箇所（1225–35頃）から始まり、司教シモン・ド・ビュシー（Simon de Bucy, 司教在職1290–1304）による最奥部の祭室の設置まで、1世紀弱続きました。

今回の火災の報道で司教座聖堂の完成年を「1345年」としているものが多いのは、祭室群の増築が終わった頃を「完成」とみなしているのでしょう。たしかに、その後の300年間は大きな事業は行われておらず、建築事業に一つの区切りがついたとも解釈可能です。しかし、一般に近世以前の歴史的建造物は明確に「完成」するものではなく、「完成」の状態をどの時点に置くかは難しい問題です。

私としては、教会堂の主機能はミサを挙行することであり、聖体拝領を行う内陣、信徒たちが参列する空間である身廊と側廊、ミサの開始を告げる大鐘を設置する鐘楼《しょうろう》が揃った時点（1245年）をもって、司教座聖堂の事実上の完成と解釈したいところです。

# 12 木と土の城は石の城になりました

ヨーロッパの建築が石でできているという印象は日本では強固なものがあります。これはとりわけ城塞建築において顕著です。もちろん、石造城塞でも床や天井、小屋組等が木造なのは、パリのノートル・ダム大司教座聖堂の事例にみたのと同様です。

さらにいえば、城壁や城塔、城内の建築物の壁体が石造や煉瓦造になったのも、それほど古い時代ではありません。西ヨーロッパにおいて、中世の1000年間のうち最初の500

パリのノートル・ダム大司教座聖堂の内陣周歩廊の尖頭アーチによるヴォールトを使用した天井

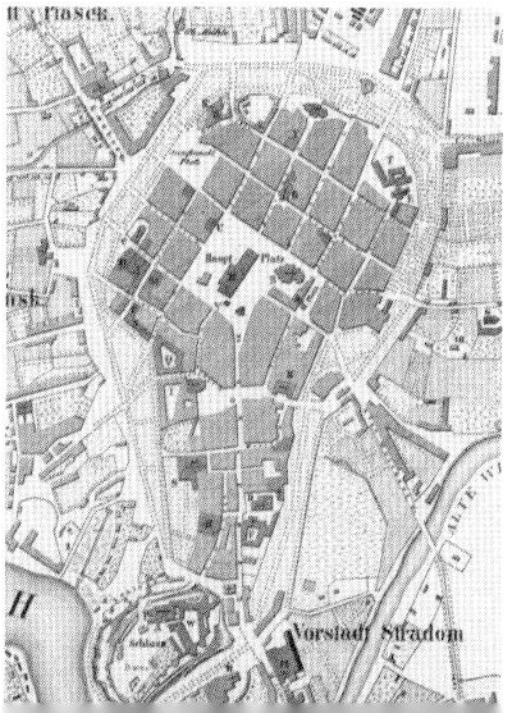


クラクフ旧市街地とヴァヴェル城塞（市街地南端）

年間は、王や封建領主の城塞建築といえども土と木でできていたのです。

ここで事例として取り上げるのは、ヴィスワ川上流の盆地に位置するポーランドの古都クラクフに隣接するヴァヴェル城塞（Zamek Królewski na Wawelu）です。クラクフは、8〜9世紀にはすでにウィシラーニェ（ヴィスワ人）の国家的集団（スラヴ人たちの部族社会）の首都的な存在だったといわれています。

ポーランドの地に定住し始めた彼らスラヴ人たちは、神聖ローマ帝国のゲルマン人、サクソン人の領主たちとたびたび争いました。その中で10世紀には大きな行政中心である「グラード」（grad）とよばれる築城集落が出現し、権力が族長たちの手の内で強化されていきました。築城集落といっても、集落周囲に堀を掘削した際に出た土を盛って堀の内側に土塁を築き、土塁の上に木柵をめぐらせたものでした。

フランス王国北部では10世紀のころから石造城塞が登場するものの、西ヨーロッパでも事情はそれほど変わりません。中世前期には石造や煉瓦造の城壁を築くことは難しく、それが必要となった場合は、古代ローマ時代の遺構を利用する他なかったのです。ヴァヴェル城塞でも土や木を使用せざるをえなかったという事情は同じでした。

ヴァヴェル城塞の中にはクラクフ司教座聖堂が建っています。クラクフ市街地にある「町の大聖堂」と称してよい教会堂には司教座はなく、小教区教会堂でした。これはポーランド王権のよって立つところがカトリック教会との結びつきだったからです。ローマ教皇に「王」と認められることによって、族長ではなく「王」たる権威を帯びたのです[v]。

ヴァヴェル城塞が建設されたのはヴィスワ川を望む岩丘の上でした。1050年代から1500年代にかけて王宮が営まれましたが、10世紀にはすでに石造の居館があったといいます。それでも周囲の築城は土と木材で築かれていました。

全体は環状二重囲壁という構成であり、本丸にあたる「上城」に王の居館と司教座聖堂（現

ヴァヴェル城塞の近世築城

在は大司教座聖堂）が位置します。この辺りは早い時代から石材と煉瓦で築かれ増築されてきました。

1320年以降は外部築城も含む城塞全体がゴシック建築の流儀により石造で再建されていきました。14世紀半ばには「大王」とよばれるカジミェシュ3世（Kazimierz III Wielki, 1310–70）による拡張事業が行われ、新たな教会堂と2棟の最も高い防御城塔が増築されました。

1978年の第1回世界遺産委員会以来、「クラクフ歴史地区」として世界遺産一覧表に記載されて今に至っています。

註

i 「柱礎」はコラム最下部の凹凸が施された装飾部分、「フリーズ」とはエンタブレチュアの中間の、装飾を施される帯状の部分のこと。

ii 「ビザンティン帝国」、「ビザンチン帝国」という表記もよくみられるが、英語の"Byzantine"は形容詞であり、筆者としては「フランス王国」を「フレンチ王国」と呼ぶかのごとき違和感がぬぐえない。それゆえ、筆者は「ビザンツ帝国」と呼ぶことにしている。英語には"Byzantine"の名詞形はなく、「ビザンツ」はドイツ語の名詞"Byzanz"に由来する。

iii ナポレオン支配下にあった19世紀初頭にヴェネツィア総大司教座が設置された。一般に「サン・マルコ大聖堂」と記述されるのはこのためだが、それ以前について言及する際には単に「サン・マルコ教会堂」と記述するのが無難だろう。

iv 拙著：『図説パリ　名建築でめぐる旅』（増補新装版）、河出書房新社、2019, pp.133–140で触れた。

v ポーランドの君主で初めてキリスト教に改宗したのはポーランド君主ミェシュコ1世で、966年のことだった。これをもってピアスト朝の創始となす。992年、ミェシュコの息子ボレスワフ・フローブルィ（勇敢王）が君主国を継承し、初代ポーランド王となる。西は神聖ローマ皇帝ハインリヒと争い、東はキエフ・ルーシにまで遠征した。1000年にはクラクフに司教座が設置され、1320年から1609年にかけてポーランド王国の首都となり、その間、1386年から1572年までヤギェウォ朝が栄えた。このヤギェウォ朝末期の王ジグムント1世スタルィ（Zygmunt I Stary, 1467–1548）のもとでイタリア・ルネサンスの影響を受けた祭室などが司教座聖堂内に整備された。

クラクフ大司教座聖堂の正面ファサード

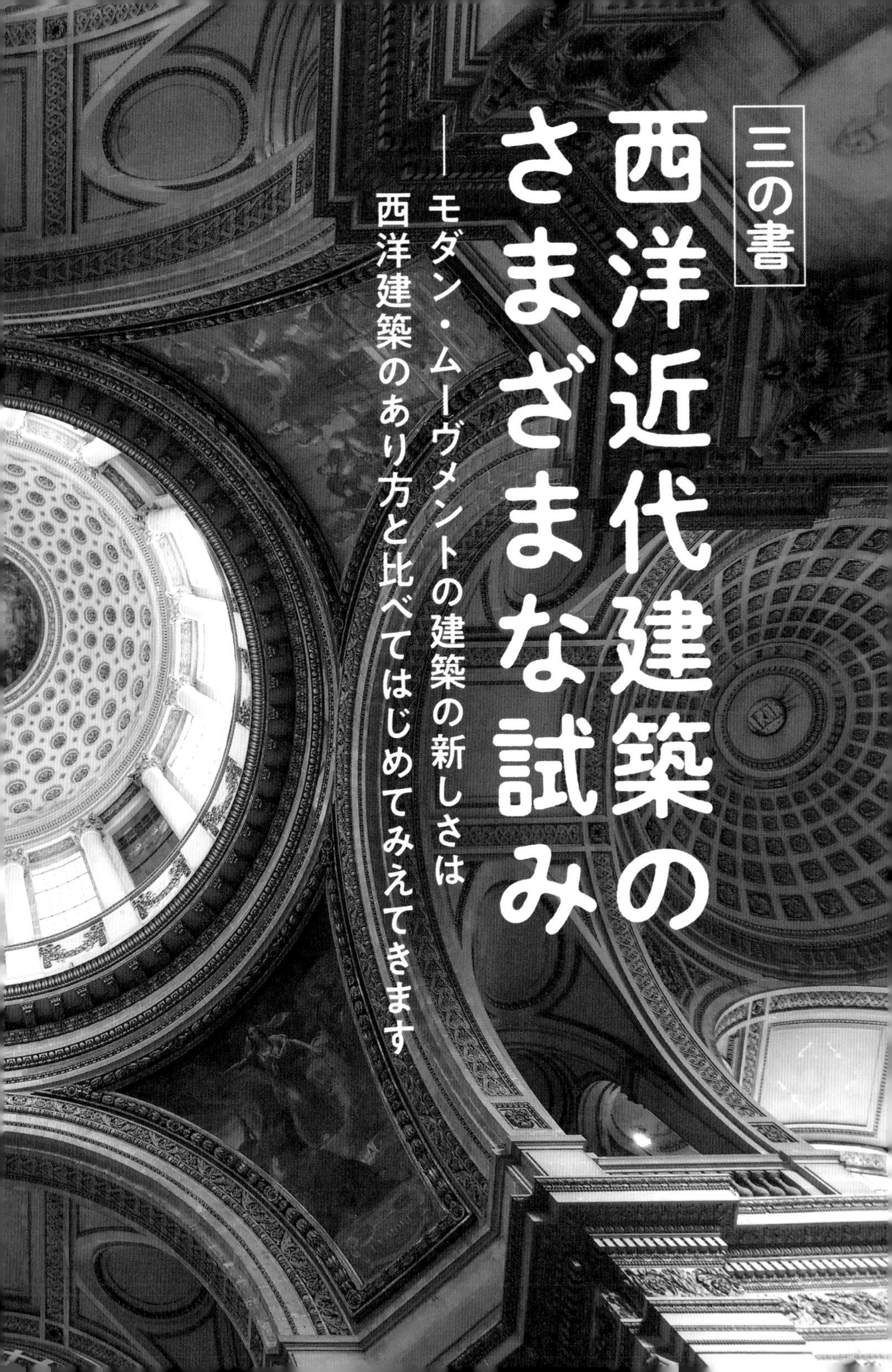

三の書

# 西洋近代建築のさまざまな試み

――モダン・ムーヴメントの建築の新しさは西洋建築のあり方と比べてはじめてみえてきます

古代ギリシア・ローマの神殿建築の外観にみられるように、オーダーのコラムを構造上の役割を負った「柱」(post)として捉えようとしたのが新古典主義建築です。しかし、コラムやエンタブレチュアの材料が石材や煉瓦である以上、組積造建築の呪縛からは逃れられませんでした[i]。

軸組構法の建築を実現するためには、石材や煉瓦といった西洋建築伝統の建築材料から脱却しなければならないでしょう。一般的な近代建築史では、それは鉄とガラスとコンクリートの登場として紹介されますが、これらの材料自体は古代から建築材料として用いられてきた建材としては「古株」であることも忘れてはなりません。

もっとも、圧縮力を受け持つコンクリートと引っ張り力を受け持つ鉄筋を組み合わせつつ、アルカリ性のコンクリートが鉄の酸化を防ぐという長所も備えた鉄筋コンクリートは、古代以来の利用の歴史のあるコンクリートと鉄という古い2種類の材料を組み合わせながらも、新たに登場した建築材料といっていいかもしれません。

# 1 コラムをレリーフではなく「柱」として用いた建築家もいました

オーダーのエンタブレチュアとコラムが、古代ギリシア・ローマ神殿建築の外観を構成する軸組の部分に由来することは、たびたび意識されてきました。構造体である壁体表面にエンタブレチュアとコラムを装飾デザインとして適用したルネサンス建築でも、エンタブレチュアとコラムを構造上の役割も負った円柱と横架材として適用した例はあったのです。

中期ルネサンスの建築家ドナト・ブラマンテ（Donato BRAMANTE, 1444–1514）の代表作テンピエット（Tempietto, San Pietro in Montorio, Roma）は、古代ローマの円形平面の神殿建築から直接の着想を得つつも、中央にドラム（円筒形の部分）を立ち上げてドームを載せた独自のデザインにたどりついています。

聖ペトロ殉教の地に建つといわれる本作では、聖ペトロにふさわしいと考えられていたドリス式オーダーが適用され、そのコラムは実際に構造上の役割を負っていて、直上のエンタブレチュアを支持しています。

ドリス式オーダーのエンタブレチュアにはイオニア式やコリント式よりも厳格な比例上の規則があります。フリーズの部分に、縦横比1・5：1の長方形に溝が刻まれたトリグリフと正方形のメトープが交互に並び、トリグリフとメトープの高さがコラムの最大半径の1・5倍とされつつ、コラムの中心鉛直軸がトリグリフのそれと揃えられなければならないという規則です。

これはすなわち、ドリス式のコラム間のインターコラムニエーションがほぼ3種類に限定されることを意味します。隣り合うトリグリフにそれぞれコラムを配すると、インターコラ

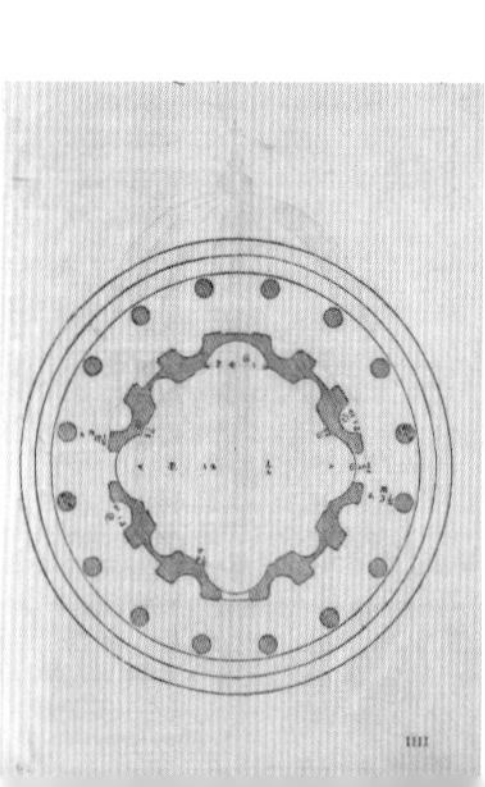

テンピエット。パラーディオの『建築四書』に掲載されている断面・立面図と平面図

## ブラマンテによるテンピエット

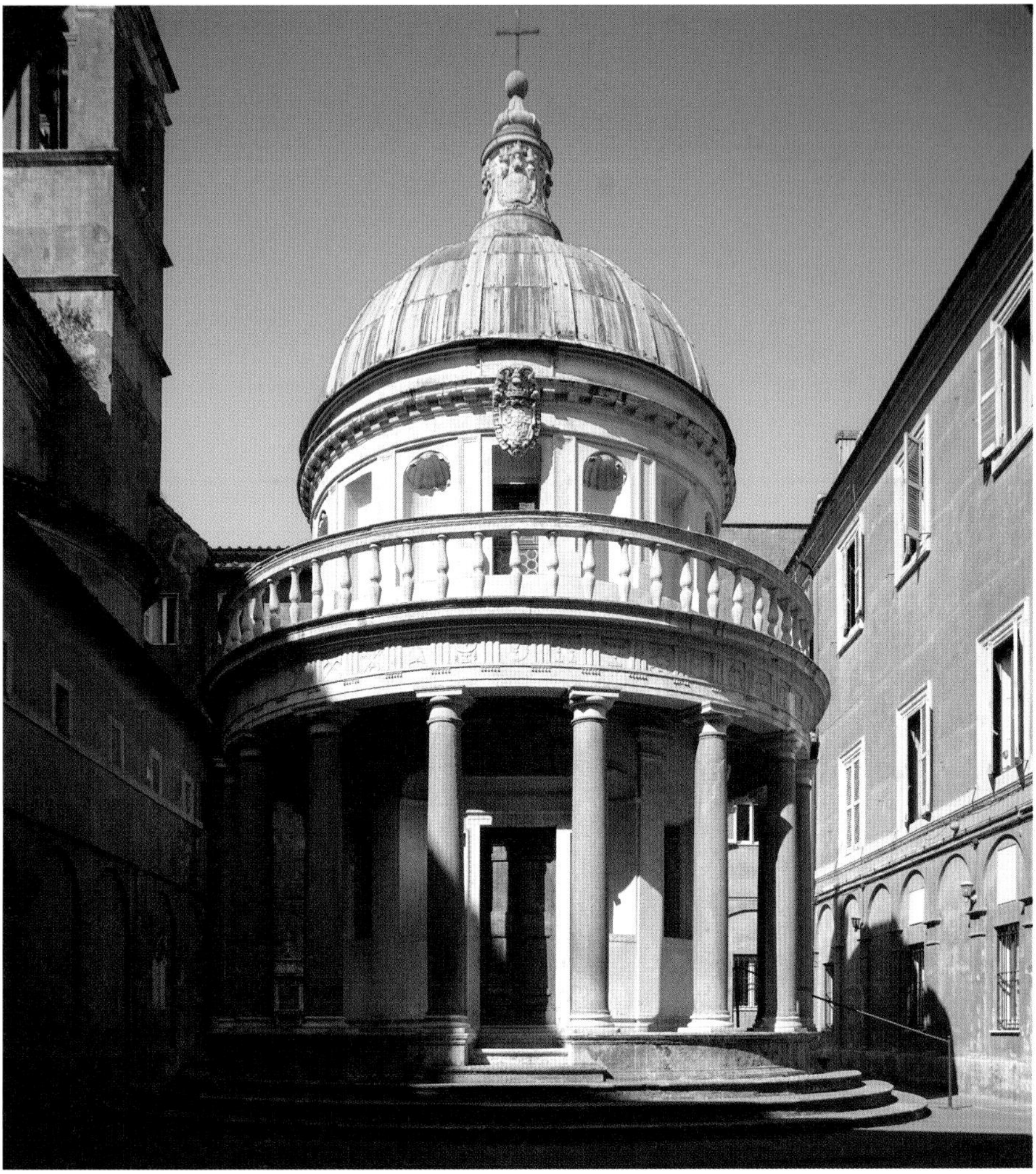

上：正面から見る。あまり広くない中庭の中央に建つ。右手に修道院、左手に修道院付属教会堂がある。下左：ドリス式オーダーのエンタブレチュア。フリーズ部分に正方形のメトープと縦横比1.5：1のトリグラフが交互に並ぶ。下右：ドーム部分を見上げる

ムニエーションはコラムの最大半径の0・5倍と等しくなりますが、このくらいの間隔だと柱頭と柱礎が相互干渉するので、この配置はありえません。

したがって、コラム間にトリグラフを1箇所、2箇所、3箇所挟む場合の3通りとなります。この場合、インターコラムニエーションはコラムの最大半径の3倍、5・5倍、8倍です。4箇所以上挟むとインターコラムニエーションが大きくなりすぎるので、これもありえません。

テンピエットの場合はトリグリフを2箇所挟むインターコラムニエーションで、コラム数は16本です。ゆえにトリグリフ数は16＋16×2＝48、その間のメトープ数は48で、エンタブレチュアの水平方向の長さはコラム最大半径の48＋48×1・5＝120倍となります。

半径、直径と円周の間には円周率πが介在しますが、現実の世界で建築物として施工して建築するには、10進法ですらない当時の寸法体系の中に具体的な数値として落とし込まなければなりません。

ここにブラマンテのオーダーを操る腕の冴えをみることができるでしょう。そして、私は内部に立ち入ったとき、さらなる驚きを体験することになりました。インテリアにもドリス式オーダーが適用されていたのです。

右記のような厳格な比例体系を内部でも成立させるためには、外壁の厚さも適当な値にはなりえず、しかも、当時の寸法体系の中で具体的な数値にしなければなりません。ヴィニョーラによるオーダー書の普及で誰でもオーダーを用いた設計が容易になったような捉え方がありますが、こと、ドリス式についてはそんなに単純な話でもないことがうかがえるでしょう。

テンピエットのエンタブレチュアとコラム。コラムの最大半径＝トリグリフの横幅で、かつ、メトープの横幅＝トリグリフの横幅であるため、48（トリグリフの総数）＋48（メトープの総数）×1・5＝120となり、エンタブレチュアの長さはコラムの最大半径の120倍ということになる

# 2 コラムを「柱」として用いた建築物はスペインにもありました

構造上の役割を負ったオーダーを円形平面に適用したルネサンス建築の作例としては他に、グラナダ城塞の城壁の内側、アルハンブラ宮殿の南隣にそびえるカール５世宮殿（Palacio de Carlos V）があります。

１４９２年、カスティージャ女王イサベル１世（Isabel I de Castilla, 1451–1504）とアラゴン王フェルナンド２世（Fernando II, 1452–1516）はグラナダ王国を滅ぼし、イスラーム教勢力をイベリア半島から逐いました。

カール５世（Karl V., Charlequin, Carlos I, 1500–58）は彼らの娘カスティージャ女王ファナ（Juana la Loca, 1479–1555）の息子です。スペイン王としてはカルロス１世（在位1516–56）、神聖ローマ皇帝としてはカール５世（在位1519–56）となり、この事例では格上の方の称号で「カルロス５世」（カルロス・シント）とよばれています。

彼が帝位をついだのは、ハプスブルク家の皇帝マクシミリアン１世（Maximilian I., 1459–1519）の孫でもあったからです。マクシミリアンの妻マリー・ド・ブルゴーニュ（Marie de Bourgogne, 1457–82）はブルゴーニュ女公、フランドル女伯等として、その父シャルル突進公（Charles le Téméraire, 1433–77）から受け継いだ、低地地方（現フランス北東部・ベルギー・オランダ等）をはじめとするフランス王国領外のブルゴーニュ公支配地を継承していたので、カール５世はそれらの領土も受け継いでいました。

なお、スペイン王としてカルロス「1世」であることからもうかがえるように、カルロスという名はカスティージャ等のイベリア半島の諸王の名としては馴染みがなく、曽祖父シャ

ルルの名を受け継いだフランス系のものです。カール5世自身もフランドル伯領の生まれであり、母国語はおそらくフランス語だったでしょう。

事実上、彼にはじまるアブスブルゴ朝（スペイン・ハプスブルク朝）の諸王の名はカルロスとフェリペだけで、フェリペもカール5世の祖父でマクシミリアンとマリーの息子フィリップ（Philippe le Beau, Felipe I, 1478–1506）、あるいはマリーの祖父ブルゴーニュ公フィリップ3世（Philippe le Bon, 1396–1467）などにちなむ名であり、フランス王家の傍系であるヴァロワ・ブルゴーニュ公系に属するでしょう。

このカール5世がアルハンブラ宮殿を南側から睥睨《へいげい》するように建てたのがカール5世宮殿です。ほぼ正方形平面の2階建て建築物で、その中央に円形平面の中庭が開けています。この中庭を囲う建築物には、それぞれの階に中庭に面してポルティコが設けられました。ここでいうポルティコとは外部空間とコラムのみで隔てられた開放的な空間のことを指し、屋内と屋外の中間的な性質を持ちます。

ポルティコのコラム群は直上のエンタブレチュアを構造的に支持しており、組積造建築物の中では軸組構法的な性質を持っています。つまり、円形平面へのポルティコの適用において、テンピエットとは図と地を反転させた関係にあるといえます。

ただ、規模ははるかに壮大で、中庭側ファサードは1階がドリス式、2階がイオニア式のポルティコからなる2層構成となり、ドリス式コラムはトリグリフを3箇所間に置いた広やかなインターコラムニエーションで並べられています。

カール5世宮殿の中庭。ほぼ完全な円形の中庭は珍しい

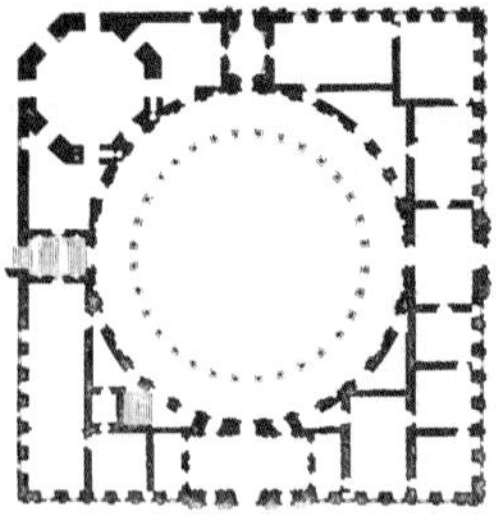
カール5世宮殿：1階平面図

# 3 テンピエットが新たな「古典」となりました

ここでテンピエットに話を戻しましょう。本作は16世紀の建築家たちにとって「現代建築」(architettura moderna)の中でも高く評価されていて、パラーディオは著書『建築四書』(*I quattro libri dell'architettura*, 1570)の第三書と第四書の中で古代ローマ建築の実測図面を取り上げた際、唯一の「現代建築」として掲載したほどです。

後世の教会堂のドーム外観デザインにも大きく影響しており、ロンドンのセント・ポール主教座聖堂(Saint Paul's Cathedral)、パリのサント・ジュヌヴィエーヴ教会堂(現パンテオン)(église Sainte-Geneviève, Panthéon)などのような作例があります。

ただ、セント・ポール主教座聖堂は、「柱」としてのコラムなのか「壁」の一部としてのコラムなのかという観点からは、あきらかに「壁」側の視点から語られることが多いでしょう。19世紀前半のイギリスの建築家オーガスタス・ウェルビー・ノースモア・ピュージン(Augustus Welby Northmore PUGIN, 1812–52)は『比較』(*Contrasts*, 1836)や『尖頭式建築またはキリスト教建築の真の諸原理』(*The true principles of pointed or Christian architecture*, 1841)のような著作により、ゴシック建築を称える中で、後者において、フライング・バットレスが「スクリーン」、すなわち、側面ファサードを構成する壁体によって隠されていることを非難しました。

セント・ポール主教座聖堂は17世紀英国を代表する建築家クリストファー・レン(Christopher WREN, 1632–1723)の代表作で、そのファサードは建築物全体にわたってコリント式、コンポジット式オーダーのスーパーコラムニエーションによる2層構成となっていま

カール5世宮殿。ポルティコのエンタブレチュア。ドリス式コラムの間にトリグリフを3箇所挟んでいる

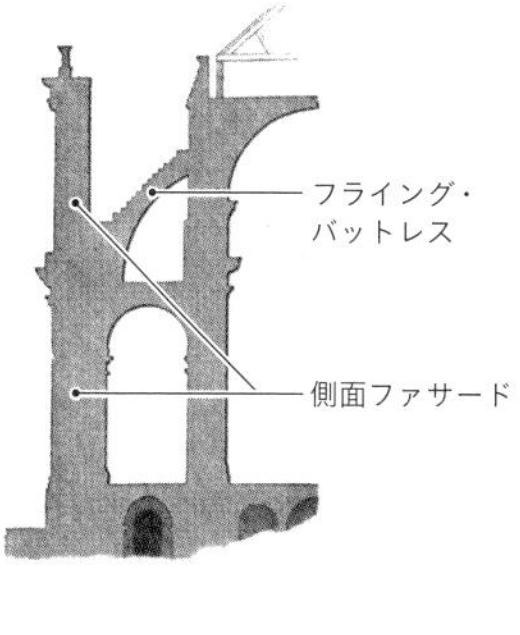


セント・ポール主教座聖堂のフライング・バットレスの断面図

す。

　しかし、上層の壁体の向こう側もまた屋外で、この部分によって、身廊外壁上方を水平方向から支持しているフライング・バットレスが外側からみえないようになっているのです。本作では交差部直上のドームも外観と内観の異なる三重殻構成となっています。

　パリの廃兵院ドーム教会堂（église du Dôme des Invalides）とサント・ジュヌヴィエーヴ教会堂案のドームはその影響を受けたといわれ、同じく三重殻構成です。とくに後者のドーム外観はセント・ポール主教座聖堂と同じく、テンピエットのデザインの延長線上にあります。

## 4 コラムを「柱」とするのは机上の空論かもしれません

　しかし、サント・ジュヌヴィエーヴ教会堂案のコンセプトは、構造とデザインの関係性という意味ではセント・ポール主教座聖堂とは真逆といってよいでしょう。そのコンセプトは石造建築物において可能な限り軸組構法による構築を追求したことです。

　このコンセプトは先述の廃兵院ドーム教会堂とサント・ジュヌヴィエーヴ教会堂案の平面図を比較すると明確に浮かび上がるでしょう。組積造による前者と比べると、後者の構造体の存在感が明らかに薄くなっていることが見て取れます。

　もちろん、石造建築物の構築において軸組構法を用いることには困難が伴っていました。それでも試みられた背景として、当時のフランスにおける建築理論のあり方を挙げることができるでしょう。

　代表的な著作は、イエズス会修道士マルカントワーヌ・ロージエ（Marc-Antoine LAUGIER,

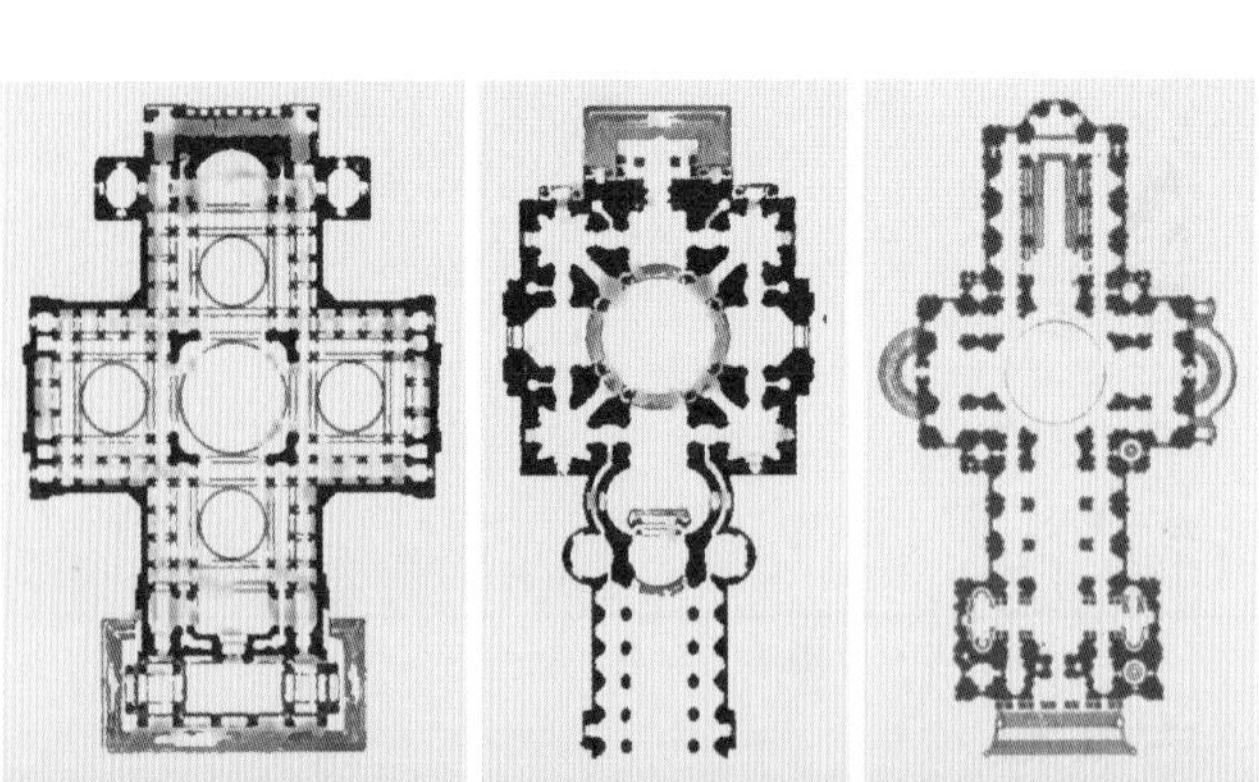
右からセント・ポール主教座聖堂、廃兵院ドーム教会堂、パンテオンの各平面図

## 廃兵院ドーム教会堂とセント・ポール主教座聖堂

左：廃兵院ドーム教会堂の正面ファサードとドーム部分断面図。右：セント・ポール主教座聖堂の正面ファサードとドーム部分断面図

1713–69）の『建築試論』（*Essai sur architecture*, 1753）です。ロージエは建築が発明された時の「小さな田野の小屋」（petite cabane rustique）を想定し、そこに現れた三要素、円柱（コラム）、横架材（エンタブレチュア）、屋根（ロージエはペディメントで代表させている）こそが建築の本質的要素だということを見出しました。

この軸組構法による建築モデルは、後世、「原始の小屋」（primitive hut）とよばれるようになりました。このモデルは1755年に出版された『建築試論』第2版で付されるようになった扉絵に明示されます。

もっとも、扉絵では円柱となる木が自然に大地から生え、横架材や屋根となる枝葉が自然に伸びていっていますが、本文ではもっと人工的で構築的なイメージが語られています。いずれにせよ、このロージエのモデルは先に述べたアルベルティの『建築論』の組積造モデルとは対照的です。

石造建築の文脈の中では、ある意味で画期的であり、別の意味では紙上の空論的な軸組モデルを実際に実現しようとしたのがサント・ジュヌヴィエーヴ教会堂案でした。この構想は、1744年、オーストリア継承戦争でロレーヌ地方のメスに遠征中のルイ15世が病に冒され、平癒の暁にはパリの守護聖人たる聖女ジュヌヴィエーヴの教会堂の更新を誓ったことから始まっています。

その設計を託されたのは王の建築家の一人ジャック・ジェルマン・スフロ（Jacques-Germain SOUFFLOT, 1713–80）です。設計作業は1755年から1777年まで続きましたが、その間、このコンセプトは変わることなく、工事の方も同時並行で進められました。やはり、構造的には無理があったこともあり、躯体の完成はナポレオン1世の第一帝政時代まで持ち越されます。

この間、フランス革命期に教会堂から偉人の墓所＝「パンテオン」へのコンバージョン案

ロージエ『建築試論』第2版の扉絵。右に「建築」、左に「発明」の擬人像が描かれている

パンテオンのドームとその下部

## パリのパンテオン

上：正面から見る。正面のポルティコは古代ローマの神殿建築そのものといってよい
下左：トランセプト内観。右下：ドーム部分断面図

が実施に移され、第一帝政期初めの1806年に一度サント・ジュヌヴィエーヴ教会堂に戻されましたが、19世紀の度重なる体制交代により、教会堂とパンテオンの間を揺れ動きます。

二月革命が起きて王政復古期のブルボン王朝に代わってオルレアン公家の七月王政となった1830年、再び、教会堂から「パンテオン」になりました。地球の自転を目に見える形で示す大規模実験装置「フーコーの振り子」(le pendule de Foucault)が設置されたのは第二共和政期の1851年でした(1995年に再設置)。

一方で、第三共和政期の1874年以降、聖ジュヌヴィエーヴの聖人伝やフランス王国の起源を描いた絵画群が整備されて、「パンテオン」でありつつも教会堂としての性質が強められたこともありました。

最終的にパンテオンに一本化されたのは、第三共和政下の1885年、ヴィクトール・ユゴ(Victor HUGO, 1802–85)が国葬に付されてパンテオンに埋葬された時です。

## 5 じつは古代ギリシア建築はあまりよく知られていませんでした

現在パリのパンテオンとなっているこの建築物は18世紀フランス新古典主義の代表作といわれています。

新古典主義(Neo Classicism)とは、古代ギリシア・ローマ建築、とりわけ、古代ローマ建築を理想の建築=「古典」(classic)と崇め、それを目指して創作活動に取り組む考え方=「古典主義」(Classicism)が、建築分野において17世紀の末に揺らぎをみせた後の、新たな建築創造の拠り所を求めるために「古典」を新たに読み直そうとする考え方のことです。

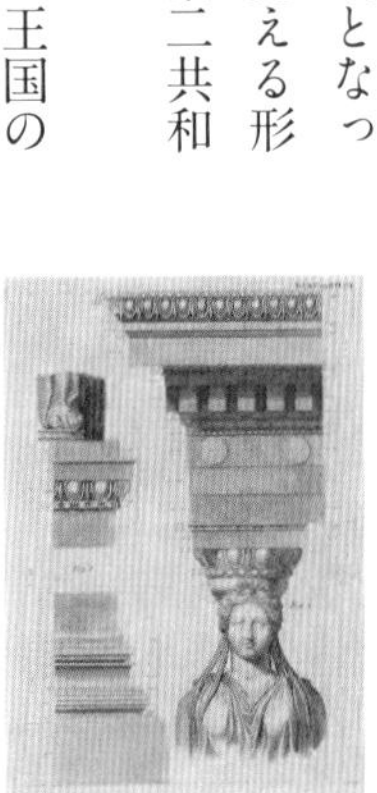

『アテネの古代遺物』よりエレクテイオンのカリアティッド

ル・ロワ図面集よりエレクテイオンのカリアティッド

パンテオンは、古代ギリシア・ローマ建築の中に建築の起源を哲学的な思索によって見直すところから生まれた建築だといえるでしょう。

一方、18世紀は古代建築の実測調査や考古学調査が進展した時代でもありました。とりわけ、オスマン帝国領だったギリシア本土にもヨーロッパの人々が渡って実測調査等を実施することが盛んとなります。英国のジェイムズ・ステュアート（James "Athenian" STUART, 1713–88）とニコラス・リヴェット（Nicholas REVETT, 1720–1804）による『アテネの古代遺物』（*The Antiquities of Athens*, 1762）が有名です。

ナポリ王国では、カルロ7世（後のスペイン王カルロス3世）治世下に様々な考古学調査が実施され、パエストゥム遺跡など、南イタリアでの古代ギリシア人植民都市の発掘調査も進んでいきました。古代ローマについても、ヘルクラネウム（１７３８）やポンペイ（１７４８）が発見されたのはこの頃です。

ここに、近世のヨーロッパの人々がじつはよく知らなかった古代ギリシア建築の姿が徐々に明らかになっていきます。そこに建築創造の拠り所を求めた人々もいて、彼らによって実現された古代ギリシア建築に直接の着想を得た建築も登場しました。これらの建築作品は、後世、グリーク・リヴァイヴァル（Greek Ririval）建築とよばれるようになります。

理論面ではヨーハン・ヨアヒム・ヴィンケルマン（Johann Joachim WINCKELMANN, 1717–68）の『ギリシア美術模倣論』（*Gedanken über die Nachahmung der griechischen Werke in der Malerei und Bildhauerkunst*, 1755）が代表的なものです。

建築作品は、とりわけ、ドイツ語圏でよくみられました。ドイツ語圏の初期のグリーク・リヴァイヴァル作品としては、カール・ゴトハルト・ラングハンス（Karl Gotthard LANGHANS, 1732–1808）が手掛けた、ベルリンのブランデンブルク門（Brandenburger Tor, 1789–94）が挙げられるでしょう。

ブランデンブルク門の東側正面。正面コラムと背面コラムの間には壁体が設けられて構造強化されている

この作品には組積造による壁体があまりみられず、構造的にも軸組構法が可能な限り取り入れられています。グリーク・リヴァイヴァル建築としてみると、古代ギリシア建築理解がまだ十全に及んでいない点もあります。たとえば、ドリス式のフリーズ端部がトリグリフで終わらず短メトープが配されており、ドリス式コラムには柱礎もついています。

フリーズの処理の方は理解しづらいかもしれません。ドリス式オーダーの場合、コラムの鉛直中心軸は必ずトリグリフのそれと重なっていなければならないのですが、この原則を貫くと、端部でコラムがエンタブレチュアから外側に突出しすぎることになります。建築物の構造体にとって最も重要な四隅で、荷重が四隅のコラムに十分に載りきらないことになるのです。

そこでドリス式の古代ギリシア神殿建築では、端部のインターコラムニエーションを少し縮めて、端部のみ、コラムの中心軸をトリグリフの中心軸よりも内側にずらし、エンタブレチュアの端部がトリグリフで終わるようにしていました。しかし、これではインターコラムニエーションを一定に揃えることができなくなります。

ゆえに、ウィトルウィウスはドリス式のエンタブレチュア端部に幅を四分の一にしたメトープを配することで、この問題を解決しようとしました。ルネサンスやバロックの建築家もこの解決案に従っています。この処置により、インターコラムニエーションを一定に保った上で、トリグリフとコラムの中心軸を揃えるという原則を端部でも実現可能にしたのです。

このようなエンタブレチュア端部の処理についての理解は、19世紀に入ると多くの建築家たちにも及んでいきます。ミュンヒェンの宮廷建築家レオ・フォン・クレンツェ（Leo von KLENZE, 1784–1864）の代表作のひとつ、国王広場（Königsplatz, München）の西端に建つ正門プロピレーン（Propyläen）の外観をなす、コラムに柱礎がないドリス式オーダーは、この点も含めて古代ギリシア風です。

ブランデンブルク門の端部ディテール

## ドイツ語圏のグリーク・リヴァイヴァル

左上・右上：プロピレーン。エンタブレチュアの端部が古代ギリシア風にトリグリフで終わる。左中：グリプトテーク。左下・右下：アルテス・ムゼウム。外観正面にはイオニア式コラムが並ぶ

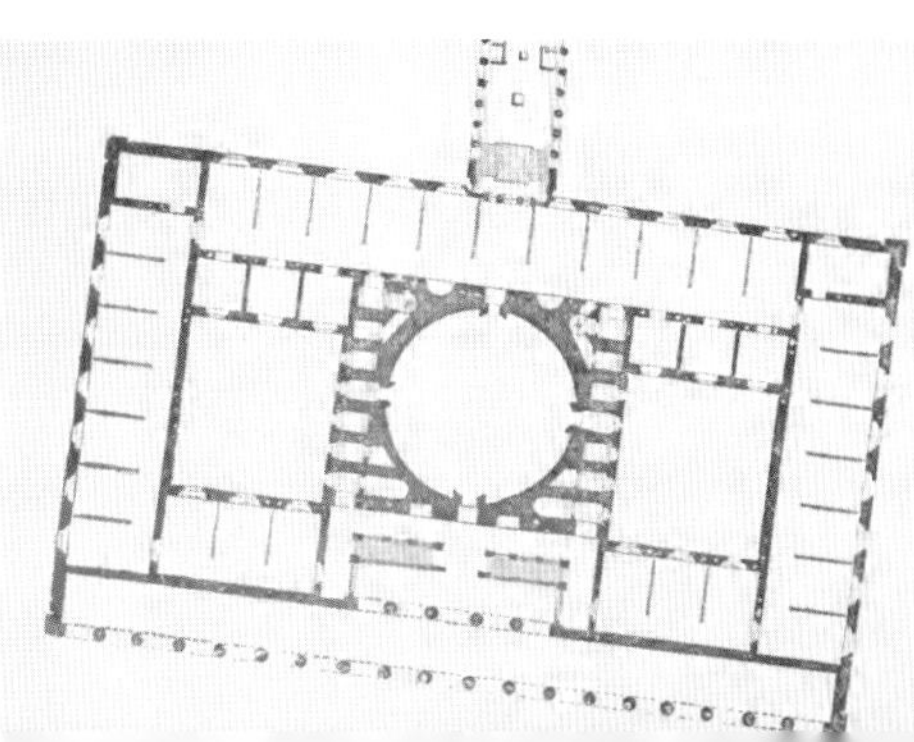

アルテス・ムゼウムの平面図

クレンツェは国王広場北辺にもグリプトテーク（Glyptothek）を設計しています。「グリプトテーク」とは「彫刻陳列館」という意味のギリシア語に由来します。ファサード中央に古代ギリシア風イオニア式オーダーによる八柱式神殿のポルティコが突出したデザインで、ペディメントの勾配や装飾も古代ギリシア風です。

これらの建築物を含む国王広場の整備は１８１６年からなされていましたが、なかなか実施はされず、１８３３年にバイエルン国王ルートヴィヒ1世の息子オットーが独立したばかりのギリシア王国の国王となったことを記念するという形で実現されました。それでもプロピレーンの完成は遅れに遅れ、１８６２年、クーデタによってオソン1世（オットーのこと）が王位を追われる直前になってしまいます。

19世紀ドイツ語圏のグリーク・リヴァイヴァルの代表的な建築家として、クレンツェと並び称されるのはベルリンの宮廷建築家カール・フリードリヒ・シンケル（Karl Friedrich SCHINKEL, 1781–1841）です。ベルリン市内にいくつかの代表作が今も建っています。

ここではアルテス・ムゼウム（Altes Museum）を挙げましょう。当初は王立博物館（Königliches Museum）とよばれました。後にノイエス・ムゼウム（Neues Museum）、すなわち、博物館新館が構想されたことから、１８４５年以来、アルテス・ムゼウム＝博物館本館とよばれています。

正面に18本のイオニア式コラムが並ぶポルティコを備えた壮大なデザインで、平面中央には直径23メートルの半球形ドームを備えた、ローマのパンテオンの縮小版のようなホールを備えています。つまり、ローマン・リヴァイヴァル的な側面も持っていて、第二次世界大戦後の再建事業において、ここだけが正確にインテリア復元されました。

ローマのパンテオンのドーム内観

## 6 石材や煉瓦以外の材料も大量に使われるようになりました

ヨーロッパでは伝統的にコンクリート、石材、煉瓦などの比重の大きな重い材料が、とりわけ重要な公共建築物などの大規模建築物の建設に用いられてきました。

もちろん、ヨーロッパにも木造建築物の、あるいは石造建築物等においても小屋組などの木造構築物の豊かな技術的伝統がありましたii。しかし、中世末から近世にかけて密集する都市において発生した火災を契機として都市の木造建築物は減っていき、都市条例などの政策によって石造建築や煉瓦造建築が大幅に増えていったのです。

石材や煉瓦のような重い材料を使い続ける限り、古代の神殿建築の外観のような軸組構法の建築モデルを実現することはできなかったでしょう。それを可能にするには建築材料を変える必要があったのです。

19世紀になると鉄やガラス、コンクリートなどの「新たな」材料が用いられる大規模建築物も登場してきます。ここで「新たな」と鉤括弧を付したのは、これらの材料が建築の歴史の中で決して新しくないどころか、むしろ、古代から存在する古い材料だからです。

古代ギリシアや古代ローマの石造建築に鉄材が繋ぎ材として用いられていたことは、古くからよく知られていました。たとえばローマのコロッセウムはトラヴァーチンの良質な「採石場」であると同時に鉄の「産地」でもあったのです。

建築物に用いられるガラスについても、古代ローマ時代には板ガラスが存在していたことが実物によって明らかですii。コンクリートについては、もちろん、近代以降のものとは異なりますが、古代ローマの大規模建築物の重要な材料であり、ウィトルウィウスも『建築十

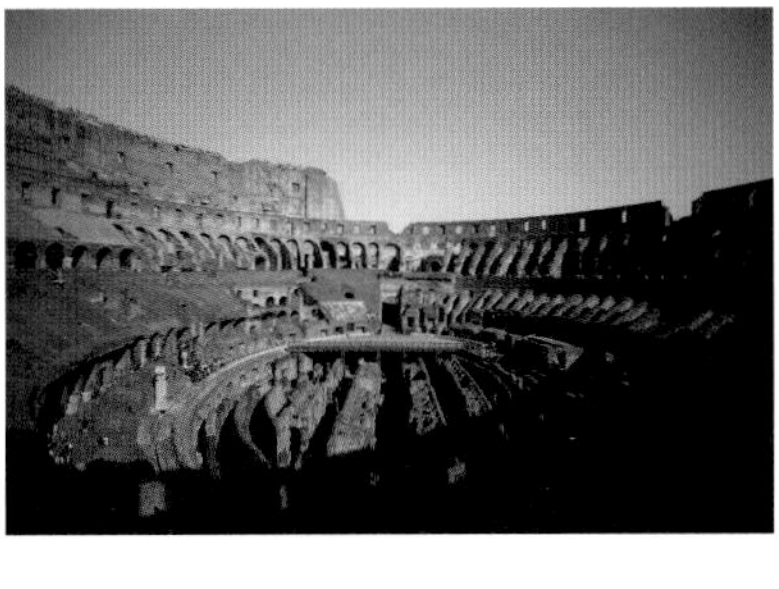

ローマのコロッセウム

書』の第二書で詳しく製法等を説明しています。

では、19世紀以降におけるこれらの建築材料が「新たな」といわれるのは何故でしょうか。それはこれらの建築材料が古代には実現できなかったほど大量に用いられたからです。

そういった面で、19世紀に建築物関連で広く使われ始めたのは鋳鉄でしょう。鋳物の技術自体は、やはり古代以来の古い技術で、とりわけ、銅と錫の合金であるブロンズ（青銅）は彫刻や扉などによく使われていました。

古代の優れたブロンズ像として、13世紀以降、ヴェネツィアのサン・マルコ教会堂ファサードに飾られていた4頭の馬の像や、ローマのカンピドリオ広場中央に屹立するマルクス・アウレリウス帝騎馬像などの例があります。

中世の人々はそれらを自分たちには実現できない古代のすごさの実例として仰ぎみたでしょう。17世紀にはジャン・ロレンツォ・ベルニーニ（Gian Lorenzo BERNINI, 1598–1680）によるサン・ピエトロ使徒座聖堂の主祭壇「バルダッキーノ」（Baldacchino）の高さ20メートル以上もあるねじり柱4本のような、規模の上でも質の上でも古代のものと比肩できるほどのブロンズ製作品が登場しました。

一方、産業革命を迎えると鉄は手に入りやすい材料となり、古典主義的な手のこんだ複雑な装飾を大量生産する手法として鋳鉄製装飾が盛んとなりました。じつは、19世紀フランスの様式建築の精華であるパリのオペラ座、現在のパレ・ガルニエ（Palais Garnier, 1861–75）にも鋳鉄製の燭台などの装飾が多くみられます[iii]。

また、1852年のロンドン万国博覧会の展示場としてジョゼフ・パクストン（Joseph PAXTON, 1803–65）が手掛けた水晶宮（The Cristal Palace）[iv]、19世紀半ば以降にヨーロッパの大都市に次々に建設された鉄道駅の停車場などに、コリント式の柱頭などの古典主義的な装いを纏った鋳鉄製の柱が構造材として使用されるようになりました。

右：サン・マルコ教会堂ファサードの馬の像（レプリカ）。左：カンピドリオ広場のマルクス・アウレリウス帝騎馬像（レプリカ）

サン・ピエトロ使徒座聖堂の主祭壇「バルダッキーノ」

## 鋳鉄を使用したアンリ・ラブルーストによるパリの図書館

上：サント・ジュヌヴィエーヴ図書館閲覧室。半円筒形ヴォールトが2本並ぶ。鋳鉄製の細い柱による開放的空間。下：フランス国立図書館リシュリュー館閲覧室。鋳鉄製の柱が支えるペンデンティヴ・ドームの連続する空間にトップライトから光が注ぐ

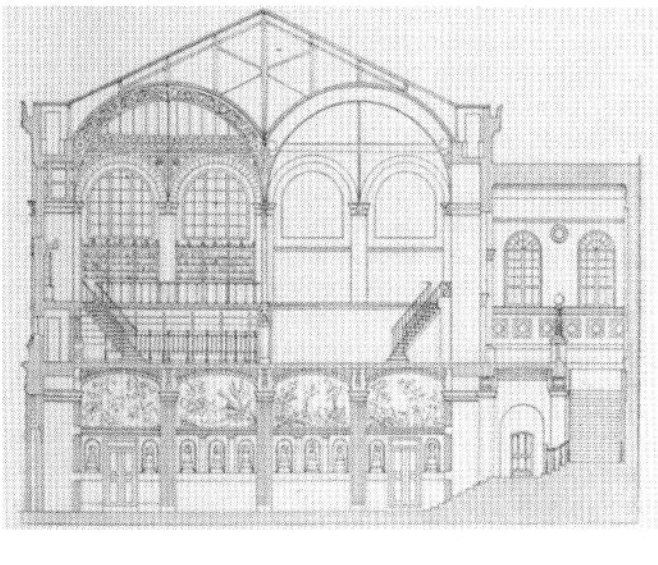

サント・ジュヌヴィエーヴ図書館の立面・断面図

パリ北駅。鋳鉄製の柱にはコリント式のような柱頭がみられる

これらの作例では、鋳鉄製の柱は構造的に意味のある「柱」(post) として用いられました。しかも、構造材としては石材よりもプロポーションを細くすることが可能となったので、古典主義的な姿でありながら、それとはまったく異なる外観と開放的な空間をもたらすこととなったのです。

このような空間で卓越したものとして知られるのが、アンリ・ラブルースト（Henri LABROUSTE, 1801–75）による、サント・ジュヌヴィエーヴ図書館閲覧室（salle de lecture, Bibliothèque Sainte-Geneviève, Paris, 1843–50）やフランス国立図書館リシュリュー館閲覧室（salle de lecture, site Richelieu, Bibliothèque nationale de France, Paris, 1859–）です。

これらの事例では鋳鉄製の細い円柱が鋼鉄製のアーチを支え、アーチが前者ではヴォールト、後者ではペンデンティヴ・ドームを支持していますv。水晶宮以来、細い鋳鉄製円柱が織りなすこれらの軽快な大空間はトップライトのガラスから採光されており、鉄とガラスはセットのような感があります（ガラスについては別の章に譲りましょう）。

## 7 鋳鉄の使用から新たなデザインが生まれました

さて、鉄の可塑性を効果的に用いた例としては、エクトル・ギマール（Hector GUIMARD, 1867–1942）によるパリ・メトロ駅の167棟の出入口建築物（édicules et entourages du métro parisien, Paris, 1899–1913）があります。

パリの地下鉄（メトロ）は1900年のパリ万国博覧会開催前の開業を目指して建設され、1899年に地上出入口の建築物のコンペが実施されましたが、満足な結果が得られず、カ

パリ・メトロのQuatre-Septembre駅入口。植物をモチーフにしたデザインが施されている

『芸術の日本』誌1888年6月号の表紙

ステル・ベランジェ（Castel Béranger, Paris, 1895–98）を手掛けたばかりのギマールに白羽の矢が立てられました。これらの作品はパリにおけるアール・ヌーヴォー（Art Nouveau）の建築の代表作です。

アール・ヌーヴォーとは古典主義（ルネサンス、バロック等）やゴシック様式などの歴史的様式に則らないデザインを目指した現代建築運動（modern movement in architecture）の先駆けのひとつで、植物の花や茎を表現したデザインが特徴です。

19世紀末には装飾デザインの流行の動きが早く、ある程度大量生産しないと採算が取れない鋳鉄ではなく一品生産に向いた錬鉄が多用されるようになっていましたが、パリのメトロの仕事では部材を大量に生産して現場で組み立てるというプレファブ工法が採用されたので鋳鉄が使用され、ヴァル・ドーヌ工芸鋳物社（fonderie d'art du Val d'Osne）がその生産を請け負いました。

アール・ヌーヴォーという「様式」名は、１８９５年、パリで開店した画商サミュエル・ビング（Samuel BING, Siegfried BING, dit, 1838–1905）の「新芸術の家」（Maison de l' Art Nouveau）に因みます。ビングは１８７０年代から日本美術の収集と取り扱いで知られ、『芸術の日本』誌（*Le Japon artistique*, 1888–91）の発刊も主導した当時のジャポニスム（japonisme）の第一人者でもありました。

現在、「アール・ヌーヴォー」と呼ばれる建築や芸術は、元々、アンリ・ヴァン・ド・ヴェルド（Henry VAN DE VELDE, 1863–1957）やヴィクトール・オルタ（Victor HORTA, 1861–1947）らベルギー人グループから始まっています。

ビングの商会設立の前、１８９３年にはすでにタッセル邸（Hôtel Tassel, Bruxelles）のような代表作が登場していました。オルタ邸（Maison et Atelier Horta, Bruxelles）のような建築家自身のアトリエ兼住宅もアール・ヌーヴォーのディテールで外装やインテリアが彩られました。

ヴィクトール・オルタ自邸

リベルティ様式でデザインされたバルコニーの手すり（ミラノ市内）

アール・ヌーヴォーのような植物に由来する曲線を強調したデザインは他のヨーロッパ諸国でもみられます。「リバティ商会」という商号に由来するイタリアのリベルティ様式がよく知られています。

カタルーニャのアントニ・ガウディ（Antoni GAUDÍ I CORNET, 1852–1926）やハンガリーのレヒネル・ウドゥン（LECHNER Ödön, 1845–1914）のデザインをこの文脈上に捉える人々もいます。レヒネルは、旧ブダペシュト郵便貯金局（Postatakarékpénztár, 1899–1902）（113頁）など、ブダペシュト市内に大規模公共建築物を含む多くの作品を残していますvi。

# 8 ガラス・ブロックも新しい空間を生み出しました

一方、同時代のヴィーンでも歴史的様式によらない現代建築運動のひとつとして「ユーゲント・シュティル」（Jugentstil）や分離派（Sezession）のような運動がありました。通常、ユーゲント・シュティルはアール・ヌーヴォーのヴィーン版といわれますが、人脈的には分離派と重なる部分が多いでしょう。

このような19世紀末から20世紀初めにかけてのヴィーンの現代建築運動の代表作として、オットー・ヴァーグナー（Otto WAGNER, 1841–1918）のヴィーン郵便貯金局庁舎（Wiener Postsparkasse, 1904–12）を挙げましょう。

直線的で簡潔な装飾の外観は古典主義系様式建築の系譜が色濃いのですが、構造体として鉄筋コンクリート造が採用され、また、エントランスの奥にある中央ホールは、ガラスを用いた当時の新材料であるガラス・ブロックを床に敷き詰めた明るく清澄な大空間となってい

ヴィーンの郵便貯金局庁舎内観。床にガラス・ブロックが敷かれている

ます。

ガラス・ブロックは、フランスの大手ガラス製造会社サン・ゴバン（Saint-Gobain）によって、とりわけ、20世紀初めから1930年代にかけて建築材料として推進されました。1914年のドイツ工作連盟展でのブルーノ・タウト（Bruno TAUT, 1880–1938）の「ガラスのパヴィリオン」（Glashaus-Pavillon）、1937年のパリ万国博覧会のサン・ゴバン社のパヴィリオンなどの事例があります。

ブルーノ・タウトによるガラスのパヴィリオン

# 9 結局、材料が変わるとデザインも変わらざるをえません

とはいえ、20世紀以降、建築物の主要な構造となったのは、鉄骨造（S造）と鉄筋コンクリート造（RC造）でした。その一般的な構法となったのが、それらによるラーメン構法です。構造上の役割を負った「柱」を鉛直材、「横架材」を水平材として組み合わせた構造体は、木造軸組や石造軸組の延長線上にあるといってよいでしょう。

もっとも、材料の違いにより、「柱」をコラムとみなした場合、最大直径と高さの比が大幅に異なることは避けられません。鉄道駅の停車場等に鋳鉄製のコリント式のコラムがあしらわれることも多かったものの、プロポーションはかなり細長くなっていました。

結局、オーダー体系のコリント式コラムのプロポーションは石造を前提としたものだったのです。鉄材を用いるなら、石材ではなくそれにふさわしい装飾体系が必要なはずでした。

1890年代にブリュッセルを中心に勃興したアール・ヌーヴォーはそれに対するひとつの回答だったのでしょう。アール・ヌーヴォーの建築装飾では植物の生長の様に想を得た優美な曲線が多く用いられ、歴史的様式に依らないデザインが追求されました。

同時代のヴィーンのユーゲントシュティルや分離派の建築家たちもそのようなデザインを求めました。分離派のデザインはアール・ヌーヴォーよりも直線的で、１９１０年代から徐々に見られるようになるアール・デコ（Art Déco）に近いでしょう。

ヨーゼフ・マリア・オルブリヒ（Joseph Maria OLBRICH, 1867–1908）の分離派会館（Die Secession, Wien, 1998）（１１５頁）やヨーゼフ・ホフマン（Josef HOFFMANN, 1870–1956）のストクレ邸（Palais Stoclet, Bruxelles, 1905–11）が代表作です。

一方、同時代のヴィーンで分離派と距離を置いて活動したアドルフ・ロース（Adolf LOOS, 1870–1933）は、著書『装飾と犯罪』（*Ornament und Verbrechen*, 1908）で装飾自体を犯罪として非難しました。このような観点からロースはモダン・ムーヴメントの建築家の先駆けともいわれます。

代表作はヴィーンのホーフブルク宮殿ミヒャエル棟（Michaelertrakt, Hofburg）の対面に建築されたロース・ハウス（Looshaus, 1909–11）（１１５頁）です。1階と2階を貫くドリス式コラムが堂々たる建築物ですが、3階より上の外壁面には装飾がありません。もっとも、1階と2階の店舗部分のインテリアは鏡を豊富に用いた華やかな佇まいを今もみせています。

同時代のチェコでは「キュビスム」(Cubisme)とよばれる一連の作品群が登場しました。現存する代表作は「黒の聖母の家」(Dům U Černé Matky Boží, 1911–12）でしょう。ヨセフ・ゴチャール（Josef GOČÁR, 1880–1945）が設計した百貨店で、2階外壁の隅部に黒のマリア像があるのでこうよばれます。

１９２２年に百貨店からオフィスに転用されました。１９９３年から１９９４年にかけて再生され、２００２年にグラン・カフェ・オリアン（Grand Café Orient）が再オープンしています。カフェ直上の4層分はプラハ装飾芸術美術館として使用されていて、プラハを代表す

右：黒の聖母の家。中：同、階段。
左：同、外壁隅部のマリア像

## ブダペシュトとヴィーンの郵便貯金局

上：レヒネル・ウドゥンによるブダペシュトの旧郵便貯金局。ジョルナイ（Zsolnay）製陶工場製のカラフルな瓦が美しい。下：オットー・ヴァーグナーによるヴィーンの郵便貯金局庁舎。敷地は台形に近く、正面の幅が最も広い

る近代建築の再生事例でもあります。

# 10 高価な材料を用いた装飾は不滅です

このように、建築物の構造材に木材、石材や煉瓦などの伝統的な材料ではないものを使用し、組積造建築物ではなしえなかった明るくて軽快な空間が登場していきました。歴史的様式に基づいた装飾を批判した現代建築運動（Modern Movement in Architecture）と結びついて、1920年代、1930年代に西洋建築の伝統とは一線を画す新たな建築が登場したのです。

しかし、一方で、建築における装飾という概念そのものが滅し去られたわけではありません。ミース・ファン・デア・ローエ（Ludwig MIES VAN DER ROHE, 1886–1969）のトゥーゲントハット邸（Vila Tugendhat, Bruno, 1928–30）（117頁）を訪ねてみると、それは明らかです。現代建築運動の精華といわれる彼のバルセロナ・パヴィリオン（Barcelona Pavilion, 1929）を拡大したようなこの豪邸では、高品質のトラヴァーチンやオニキス、ローズウッドなどが惜しげもなく用いられています。

さらに、当時最新のクロームメッキが施された十字形断面の鉄柱や家具もみられます。プロダクトにメッキを施す際、1920年代、1930年代に多かったのはニッケル・メッキでした。

たとえば、初めて本格的にクローム・メッキが施された写真機は1934年ごろから登場し始めたエルンスト・ライツ社のライカIII型、当時最大の写真機メーカーだったツァイス・

## ヴィーンの分離派会館とロース・ハウス

上：ヨーゼフ・マリア・オルブリヒによる分離派会館。グスタフ・クリムトの「ベートーヴェン・フリーズ」があることでも知られる
下：アドルフ・ロースによるロース・ハウス。上端部にコーニスがめぐらされているのは古典主義的だ

イコン社のものでは１９３５年登場の重厚な二眼レフ写真機コンタフレックスでした。当時の高級プロダクトでもそうなのですから、１９２０年代末のクロームメッキの使用がいかに先進的だったのかがうかがえます。

20世紀の初頭にヨーロッパのモダン・ムーヴメントの建築家たちに大きな影響を与え、１９３０年代には逆にその影響を受けたフランク・ロイド・ライト（Frank Lloyd WRIGHT, 1867–1959）もすばらしい材質感を備えた材料を用いて魅力的な室内空間を持つ住宅建築を多く世に送りました。

とりわけ、水平性が強調されたデザインを特徴とするプレーリー様式の代表作といわれる初期作品フレデリック・C・ロビー邸（Robie House, 1909）（１１９頁）、および、モダン・ムーヴメントの建築の影響を受けた「落水荘」（カウフマン邸）（Fallingwater, 1937）が著名です。中央に階段と一体となった暖炉空間を配し、その周りに諸室が壁面で明確に仕切られることなく有機的に配置されています。ライトの師匠ルイス・サリヴァン（Louis SULLIVAN, 1856–1924）のモットー「形態は機能に従う」を思わせる平面構成法です。

階段が寄り添う暖炉を平面の中心に置く構成法は東京・池袋の南方に建つ自由学園明日《みょうにち》館（1921–25）（１１９頁）でもみられます。１９１３年、ライトは東京・日比谷の帝国ホテルの設計を依頼され、１９２１年に来日しており、その際に受けた仕事でした。帝国ホテルでも自由学園でも要所に大谷石を使用しており、その後、日本で一世を風靡した遠藤新《あらた》らの「ライト式」建築の大きな特徴ともなっています。

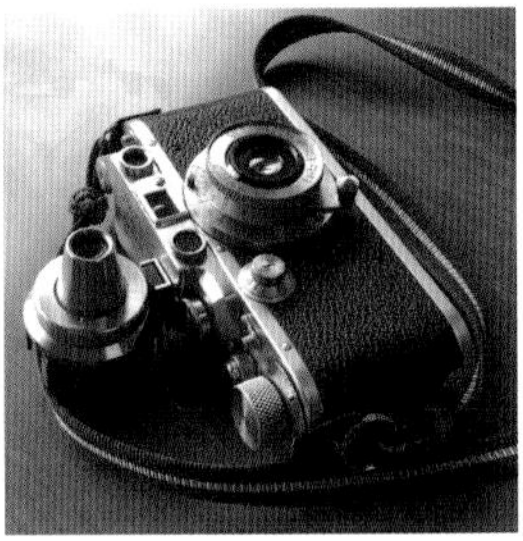

右：エルンスト・ライツ社のライカIIIb型。左：ツァイス・イコン社のコンタフレックス

## ミース・ファン・デア・ローエによるトゥーゲントハット邸

上：庭側より見る。手前側が1階リビング。下：1階リビング。柱はクロームメッキされた十字形断面の鉄柱

# 11 モダン・ムーヴメントの建築は理想としての軸組構法建築物を実現させました

インテリアも含めて古典主義的な装飾を完全に廃したデザインは、1920年代以降、モダン・ムーヴメントの建築家たちによって追求されました。そこで装飾だけではなく壁も従来の建築モデルから解放されたのです。

オランダのモダン・ムーヴメントの重要なグループ「デ・スティル」(De Stijl)の建築美学を体現しているシュレーダー邸(Rietveld Schröderhuis, Rotterdam, 1924)(121頁)をみてみましょう。ヘリット・トーマス・リートフェルト(Gerrit Thomas RIETVELD, 1888–1964)の代表作で、デ・ステイルの抽象画家モンドリアンの作品が立体化したかのようなカラフルな作品です。

その構造は、もはや、組積造ではありません。2階を支えるのは鉄筋コンクリート製の柱であり、鉄筋コンクリート製バルコニーのスラブと屋根を支持しているのは、I形断面の鉄製の柱です。構造から解き放たれた2階の仕切り壁は可動で、生活の各場面にふさわしい空間を提供します。可動ではない壁は石膏プラスター仕上げの煉瓦造で、やはり、構造体とは無縁です。

モダン・ムーヴメントの建築のこのような特徴を、もっと明確に実現し、著作でも明言した建築家はル・コルビュジエ(Le Corbusier, Charles-Édouard JEANNERET-GRIS, 1887–1965)です。前川國男、坂倉準三、丹下健三のような日本の建築家たちにも大きな影響を与えました。

1927年、ル・コルビュジエは、シュトゥットガルト近郊ヴァイセンホーフ(Weissenhof)で開催された住宅展示会で2棟の住宅を手掛けました。その際、出版されたアルフレート・ロート著の小冊子『ル・コルビュジエとピエール・ジャヌレの2棟の住宅　ル・コルビュジ

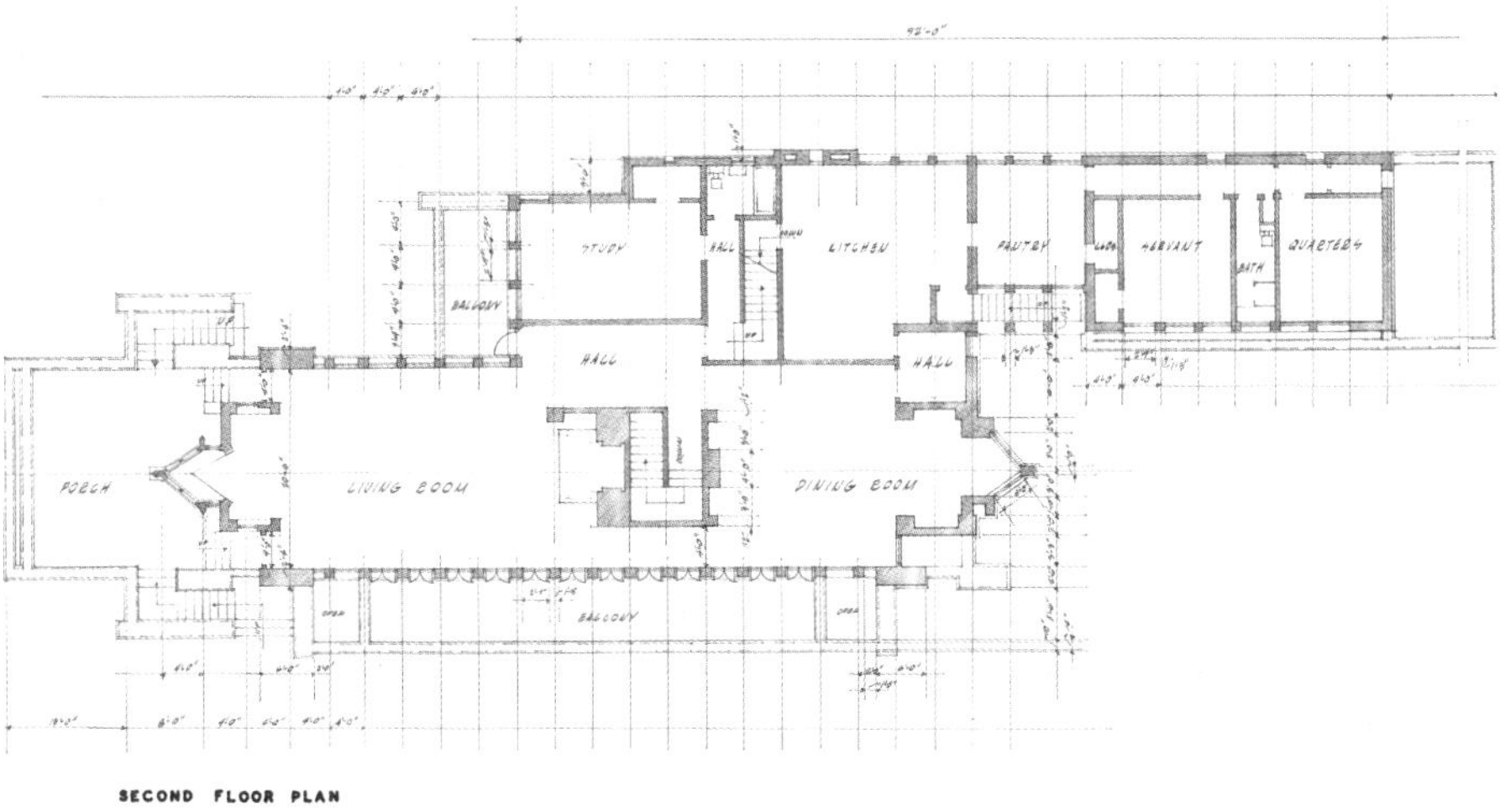


上：自由学園明日館。南側より見る。中左：同、食堂。中右：同、ホール
下：ロビー邸2階平面図。暖炉と階段が一体化したブロックを中心に諸室が緩やかに連なる

エとピエール・ジャヌレによる新たなる建築の五要点』で[vii]、いわゆる「現代建築五原則」が示されています。

1）1階部分をピロティにして外部に開放
2）自由な平面
3）自由なファサード
4）横に長い窓
5）屋上庭園の設置

これら5点はその建築の特徴を簡潔に示しています。この五原則を実現するための構法は、すでに1914年、鉄筋コンクリート造ラーメン構法に近い「ドミノ・システム」（Maison Dom-Ino）という形で示されていました。この構法では、壁体ではなく柱を構造体と為すことで仕切り壁の位置が自由に設定できるため、自由な平面が実現されました。

構造上の役割を負わない外壁としてのカーテン・ウォールの採用でファサードが構造体から独立して自由にデザインでき、同じく外壁が構造体ではなくなったため、窓は縦長である必要がなくなります。パリ近郊ポントワーズに建つサヴォワ邸（Villa Savoye, 1928–31）（123頁）は現代建築五原則が実現されている代表作といわれています。

以上のような特徴は、じつはわが国の伝統的住宅のあり方と近いため、その革新性を実感できないかもしれません。しかし、伝統的西洋建築は壁体を主体とした組積造建築であり、ファサードも窓の形も各階平面もすべて壁体のあり方や位置に制限されてきました。

これはアルベルティの述べる建築の六要素からも明らかです。すなわち、西洋建築とは、壁体に屋根をかけて開口部をあける行為によって形をなすものだったのです。

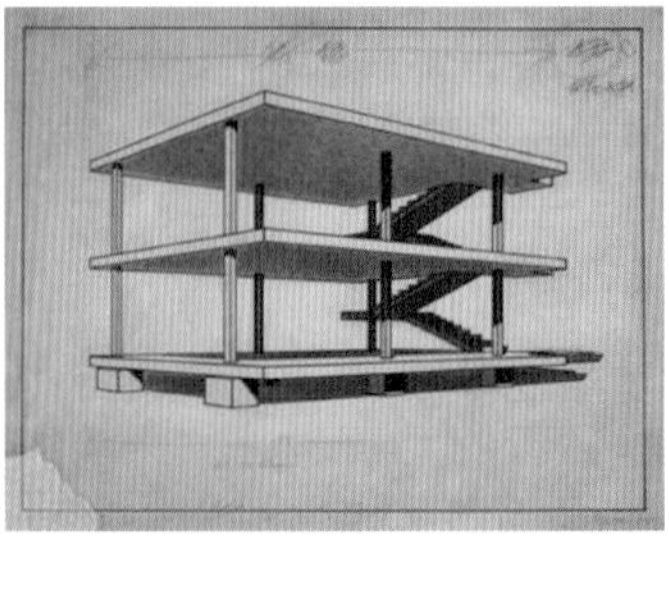

ル・コルビュジエ考案の「ドミノ・システム」（1914）

## ヴァイセンホーフ・ジードルンクのル・コルビュジエ棟とシュレーダー邸

上：ヴァイセンホーフ・ジードルンクのル・コルビュジエ棟。「最小限住宅」2戸が横に並んでいる
下：ヘリット・トーマス・リートフェルトによるシュレーダー邸

古代ギリシア・ローマの神殿建築をひとつの理想としてきた西洋建築の歴史は、建築材料と建築構法の齟齬《そご》により、ある意味、迷走してきたともいえます。

モダン・ムーヴメントの建築は構法の面でそれを実現したのかもしれませんが、材料が変わってくると装飾やそのプロポーションも変化を余儀なくされました。建築デザインにおける一大装飾・プロポーション体系だったオーダーは、様式建築が姿を消した第二次世界大戦後の世界において、ほぼ終焉を迎えたのです。

サヴォワ邸。2階リビングからテラスを見る

註

i　それゆえ、column を「柱」や「円柱」と訳すわけにはいかない。とくに「円柱」とまでいってしまうと、その形をも規定してしまうことになり、column の中に pilaster も含まれる以上、不適切ということになる。

ii　古代ローマ時代には板ガラスが存在していたことが、小プリニウス（Gaius Plinius Caecilius Secundus, 61-112）の書簡などの文字史料、および、考古学資料（ヘルクラネウム出土の板ガラスの一部（大英博物館所蔵、リファレンス番号 1772,0317.21）など）によって確かめられている。大プリニウス（Gaius Plinius Secundus, 23 頃 -79）によると、紀元前58年に建設された劇場（ローマのポンペイウス劇場と思われる）のスカエナ（舞台背景の建築）第2層にガラスが使用されていて、空前絶後のものだった。藤井慈子：「トピック2　古代ローマの窓と窓ガラス」、堀賀貴（編）『古代ローマ人の危機管理』、九州大学出版会、2021, pp.55–83 を参照。

iii　鏡壮太郎：「パリのオペラ座における建設費用及び設計変更に関する研究：パリのオペラ座における費用削減案に関する研究（その1）」、『日本建築学会計画系論文集』625, pp.695–700, 2008.3 等を参照。

iv　小見山陽介：「クリスタル・パレスのリバース・エンジニアリング　その1　現存する同時代図面資料の位置付け」、日本建築学会『学術講演梗概集 B-1 構造Ⅰ』2020, pp.975–976, 2020.9 を参照。

v　白鳥洋子：『アンリ・ラブルーストに関する建築史的研究：パエストゥムの神殿の復元と論争に見られる分離構造の源流』、東京大学大学院博士論文、2015

vi　NICHE 出版会：『NICHE06　プラハ、ウィーン、ブダペシュト建築探訪 !』、OPA Press, 2019 を参照。

vii　ROTH, Alfred: *Zwei Wohnhäuser von Le Corbusier und Pierre Jeanneret : fünf Punkte zu einer neuen Architektur von Le Corbusier und Pierre Jeanneret*, Akademischen Verlag Dr. Fritz Wedekind & Co. Stuttgart, 1927

## ル・コルビュジエによるサヴォワ邸

上：北西側から見る。1階ガレージ等の周囲にピロティがめぐらされている
下：テラスから2階リビングと屋上庭園を見る

ヨーロッパの文明において古代ローマ文明は大きな影響力を持ち続けています。それゆえ、都市ローマは「永遠の都」とよばれているのです。現在、ローマに赴くと、中世以降の建築物を圧倒する量と質を誇る古代ローマ建築を目にすることができます。

ウィトルウィウスは『建築十書』第一書で、建築物を建てるに際して満たすべき三つの理を「強用美」があると指摘し、建築物が「強い」とは構造体として堅固であることと説明して、第六書においてその目的は建築物が持続すること、永続することであると説きました。

大理石の外装、内装などの装飾は残っていなくとも、本体の姿を今に伝えるコンクリート造の古代ローマ建築は、まさにそれが実現したものといえるでしょう。

# 四の書
# 建築のサバイバル

――中世人は失われた技術への憧れをつのらせます

# 1 多神教の神殿をキリスト教の教会堂にしてみました

古代ローマ建築の中でも、その躯体と空間を現在にほぼ変わることなく伝えているのは、ローマのパンテオン（Pantheon）でしょう。古代ギリシア語で「パンテイオン」、すなわち、「すべての神々の神殿」という意味で、オリュンポスの七至上神を祭神としていました。

もともとはアウグストゥス帝を軍事面で支えたマルクス・ウィプサニウス・アグリッパ（Marcus Vipsanius Agrippa, BC63–BC12）が紀元前20年代に建立した神殿建築でした。しかし、後に焼失し、ハドリアヌス帝が118年から125年にかけて再建しました。

アグリッパのパンテオンは通常の長方形平面の神殿でした。それに対し、建築に造詣が深い「建築家皇帝」ハドリアヌスのパンテオンは、ペディメントを頂いた通常の八柱式ポルティコを備えながら、その背後のケッラは直径約43メートルの円形平面です。

この空間は同じ直径の半球形ドームを頂いていました。ドーム頂部の高さも約43メートルで、ケッラの内部空間に直径約43メートルの球体がすっぽり収まることになります。

ドーム頂部には直径約9メートルの円形トップライトがあり、そこにガラスなどははまっていないので、雨天時は雨が降り込んできます。そのため、床面は円形平面の中央に設けられた排水口に向けて傾斜がついています。

このようにハドリアヌス帝は、従来にない革新的な建築空間を実現しましたが、パンテオンが元々アグリッパによって建築されたという記憶は尊重しました。ポルティコのフリーズには古材が転用され、表面に「ルキウスの息子マルクス・アグリッパが3度目のコンスル（執政官）の時に建築した」《Marcus Agrippa Luci filius consul terrium fecit》と刻まれているのがは

パンテオン内観

## ローマのパンテオン

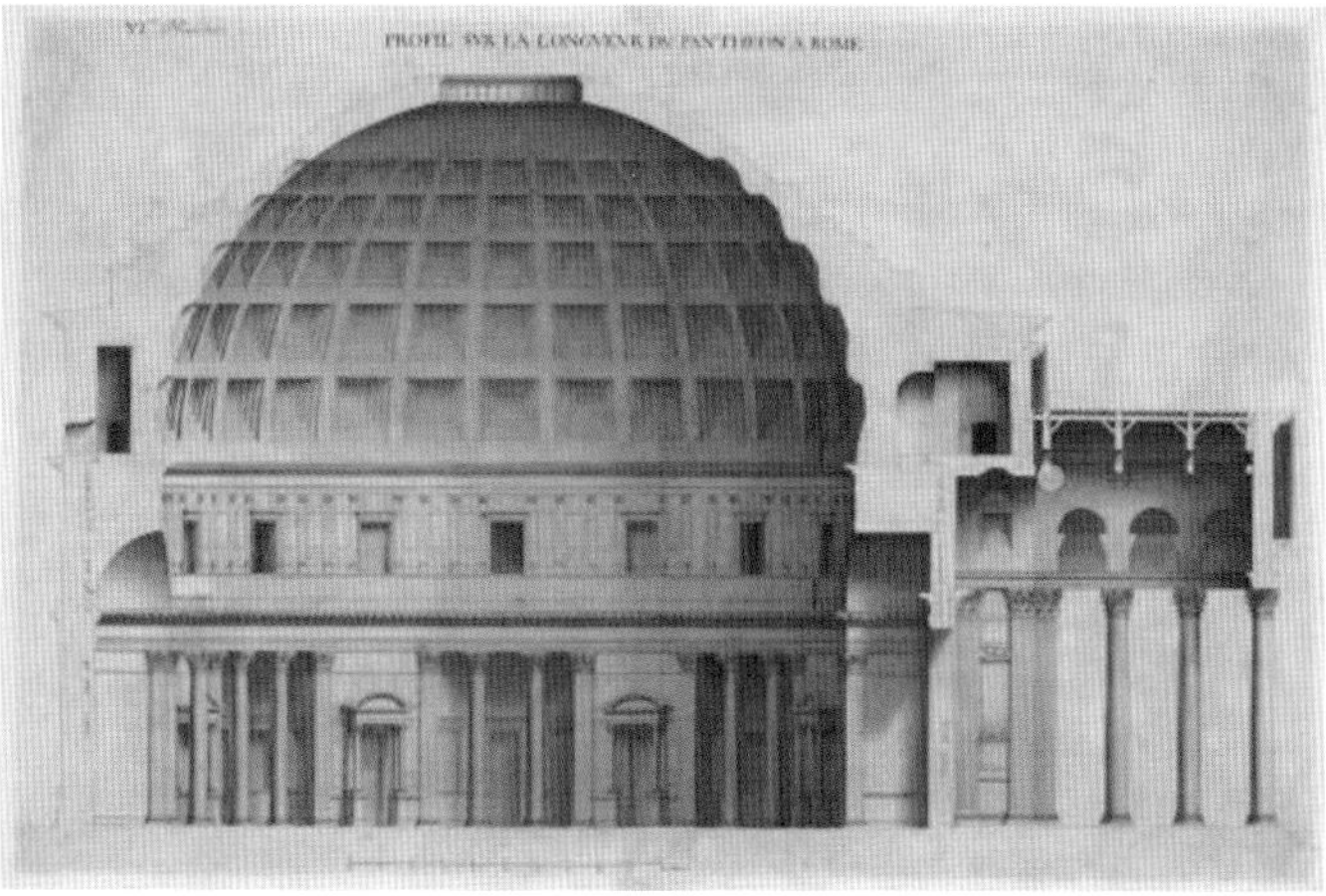

上：広場側から見た正面。フリーズ部分に「アグリッパ」の文字が見える
下：断面図。1682年、アントワーヌ・デコデによって実測され作製されたもの

つきりとみえます。

このような内部空間も含めてパンテオンがその軀体のほとんどを今に伝えられているのは、7世紀初頭以来、教会堂として大切に使い続けられてきているからです。

当時、ローマは東ローマ帝国が支配しており、608年、時の皇帝フォカス（Flavius Phocas, 547–610）がローマ教皇ボニファティウス4世（Bonifatius IV, 教皇在位608–15）に寄進しました。教皇は様々なカタコンベから殉教者たちの聖遺物をここに移し、その後、パンテオンはサンタ・マリア・アド・マルティーレス教会堂として教会堂に転用され、現在に至っています。

その間、ラファエッロ（Raffaello SANZIO, 1483–1520）の墓所やベルニーニの鐘楼（19世紀に撤去）など、様々な要素が加えられていき、18世紀半ばには壁面第2層の大理石装飾板が大幅に改装されました。この部分は元のデザインよりも大味な気がしますが、幸いなことに20世紀初頭に一部古代のデザインが復原されています。

1870年には統一イタリア王国がローマを占領して首都とした後に王室の教会堂となりました。堂内に初代イタリア国王ヴィットーリオ・エマヌエーレ2世（Vittorio Emanuele II, 1820–78）と次代のウンベルト1世（Umberto I, 1844–1900）の墓所が設けられているのはそのためです。

## 2 古代の城門も教会堂にしてみました

古代ローマ建築が中世以降に別の用途で使用され続けることで現在まで残存した事例は都市ローマ以外にも多く存在します。ドイツ西部の都市トリア（Trier）に今も残るポルタ・ニ

## ローマのパンテオン

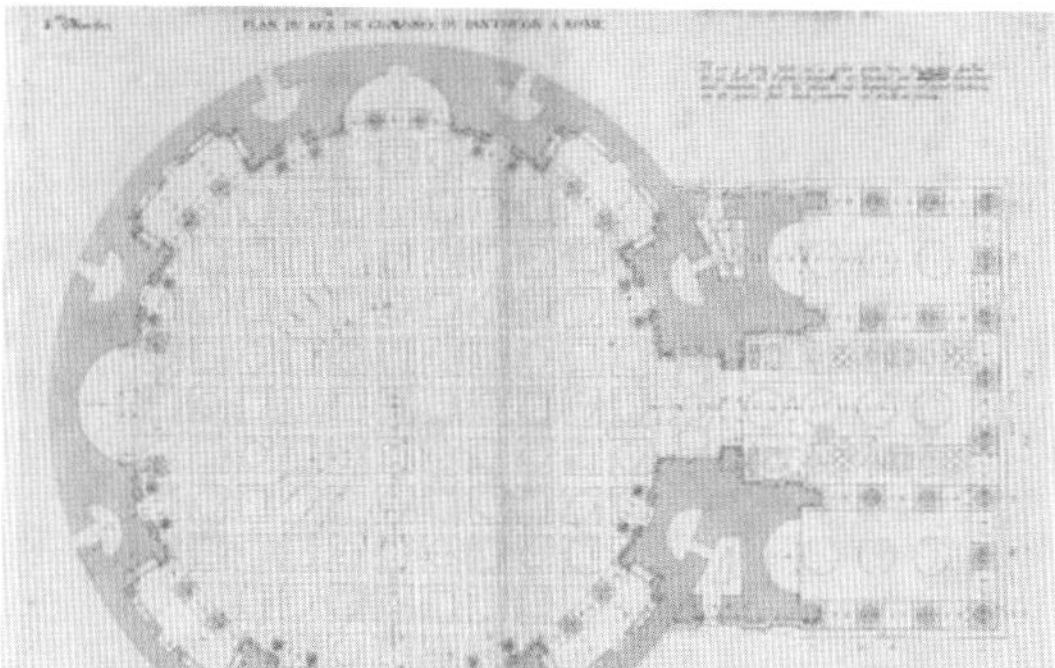

上：ドーム部分。中左：平面図。中右：ウンベルト1世の墓所。下左：古代のデザインが復元された壁面部分。下右：ラファエッロ（画家・建築家）の墓所

グラ（Porta Nigra）は代表的な事例です。

もともと、この門は古代ローマ都市アウグスタ・トレウェロールムの北の市門でした。この都市は、おそらくアルプスの北側の西ヨーロッパにおける最大のローマ都市のひとつで、3世紀末から4世紀初頭の四分統治（テトラルキア）時代には西帝国の北側の中心都市でした。

ポルタ・ニグラが建設されたのは紀元後１７０年頃といわれています。これが正しければ五賢帝最後の皇帝マルクス・アウレリウス帝（Marcus Aurelius Antoninus, 121–180）の治世下です。

当時のトリアは囲壁《いへき》で南北に長く楕円形のような形状を描くように囲われていました。その範囲は最大で南北約２・１キロメートル、東西約１・６キロメートルで、最盛期の人口は8万とも10万ともいわれる帝国屈指の大都市でした。しかし、5世紀以降、衰退していき、囲壁も碁盤の目のような都市道路網も消失してしまいました。

ポルタ・ニグラはその数少ない遺構です。ポルタ・ニグラの建築材料は当地で算出する赤色の石材であり、当初は赤黒い色彩だったようですが、それが徐々に黒ずんでいき、中世には「黒の門」、すなわち、「ポルタ・ニグラ」とよばれるようになったといいます。

１０２８年、このポルタ・ニグラの東塔にギリシアから到来した隠棲者シメオンが住むようになりました。１０３５年にシメオンが没してポルタ・ニグラには彼の墓所が設けられます。当時のトリア大司教ポポ・フォン・バーデンベルクが、このポルタ・ニグラを2層構成の教会堂に改装しました。

もともと、ポルタ・ニグラの東西には塔がそびえ、中央部には東西に長い長方形平面の中庭が設けられて、扉がその前後に設けられて二重の防御を構成していました。この中庭部分に床と屋根をかけることで教会堂の身廊とし、東西の塔を結ぶ内外の扉直上の通路を側廊と

トリア都市模型の一部。ラインラント州立博物館所蔵。右の囲壁の途中に建つ2本の塔がポルタ・ニグラ

## ポルタ・ニグラ

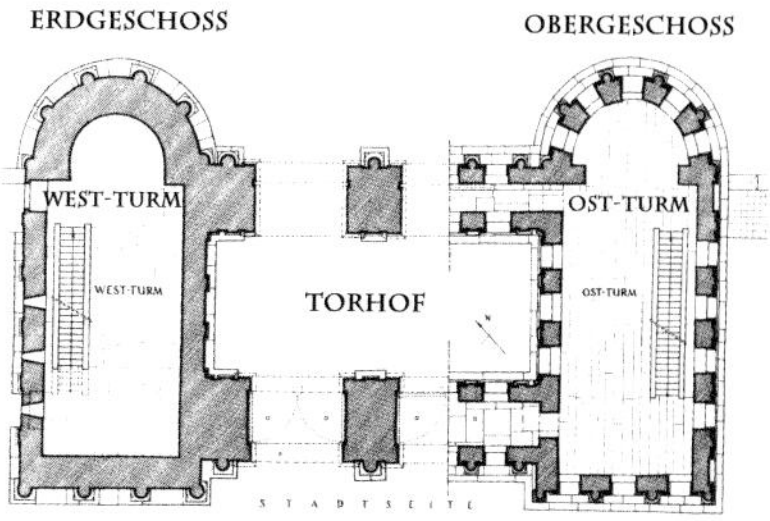

左上：外観。左中：塔の手前の部分が11世紀の増築部分。左下：かつての身廊ヴォールト付近のディテール。右上：1670年の外観。右中：平面図。右下：トリビューン（2階廊）

したのです。

しかし、1804年から1809年にかけて、フランス皇帝ナポレオン1世がトリアに侵攻し、彼の手で教会堂が廃され、その後、古代の市門の状態へと復原されて現在に至ります。

一方、トリアと異なり、古代ローマ時代の築城が中世以降も残ることもありました。自分たちの力で石造築城を構築することができなかった中世前期の人々が、消滅した古代ローマ都市の残存する石造やコンクリート造の都市築城を頼って、新たに中世都市を興すこともありました。

古代築城は現存しませんが、中世都市ヴィーンは古代ローマの軍事植民都市ウィンドボーナの囲壁に依って成立しています。南仏ラングドック地方のカルカソンヌやイングランド南東部のカンタベリーの今も残る囲壁は、古代ローマの囲壁を残しつつ中世後期以降の人々が防禦を固めていったものです。

また、クロアチア最大の港湾都市スプリト(Split)は、300年前後にディオクレティアヌス帝が自らの出身地付近に築いた宮殿の建築物群や外周築城に7世紀の人々が住みつき始めたところから始まった都市でした。

# 3 中世の王たちは古代ローマが大好きでした

古代建築そのもののリノベーションやコンバージョンの他、古代建築の部材そのものが別の場所に運ばれて新たな建築物の重要な構成要素となることもありました。このような部材のことを「スポリア」といいます。

2点ともカンタベリー囲壁。左の写真の右手中央に古代ローマ時代のアーチの跡がみえる

「スポリア」とは、元々は古代ギリシア語で狩りの獲物の毛皮のことをいい、それが転じて「戦利品」という意味もありました。建築におけるスポリアとは、古代建築から得られる戦利品でもあったということでしょう。

もっとも、あくまで平和的なスポリアの入手もありました。フランク王カロルス（Carolus Magnus, Karl der Grosse, Charlemagne, 748–814）によるアーヒェン（Aachen）の宮廷礼拝堂（１３５頁）の建立（793–813）がその現場です。

フランク王国の時代には「首都」という概念は存在せず、王が各地を移動しながら宮廷を営んでいました。その重要な場所のひとつがアーヒェンでした。カロルス時代のフランク王国の領域は現在のフランス、ベネルクス三国、ドイツ、イタリア北部に広がっており、現在でこそ、ドイツ西部辺境の都市ですが、当時は王国の中心に位置していたといえるでしょう。アーヒェンの宮殿は中世以降のアーヒェン市庁舎の位置にありました。その南側にアトリウム（中庭）が設けられ、そのさらに南側に礼拝堂が建立されて、アトリウムに沿って宮殿と礼拝堂を結ぶ柱廊が設けられていました。

当時、フランク王国とローマ教会は協力関係にありました。カロルスの父ピッピヌス３世は、７５４年、ローマ教皇を苦しめていたランゴバルド人勢力を打倒し、その故地をローマ教皇に寄進していました。これが後のローマ教皇領の元となります。

７６８年に跡を襲った息子のカロルスもローマ教会と友好関係を結びました。そして、８００年12月25日、教皇レオ3世により「ローマ人たちの皇帝」として戴冠され、「帝国の復興」（Renovatio imperii）が図られました。８１４年に没すると、前述の宮廷礼拝堂に埋葬されています。

この建築物はビザンツ建築の影響が色濃いでしょう。とくにラヴェンナのサン・ヴィターレ教会堂と規模、空間構成ともに似ており、八角形平面のドームを中心とした集中式平面を

カルカソンヌ囲壁

ロバート・アダムによるスプリト地図（18世紀）

スプリト旧市街

取っています。ただ、前者の本堂部分が八角形平面であるのに対して、後者の本堂部分は十六角形となっています。

中央のドーム内側表面には、現在、キリストを中心とした「黙示録」の登場人物のモザイクが施されていますが、これは統一ドイツ帝国時代の1880年から1881年にかけて新たに制作されたものです。

ドームを頂く中央吹き抜け部分の周囲には周歩廊が設けられ、その直上にはトリビューン（2階廊）を備えます。1層目のアーチは半円形で、2層目には創建当初に遡るという8枚のブロンズ製扉が配されています。

スポリアはこのトリビューンと中央吹き抜け部分の間に配されました。カロルスと教皇との間の取り決めで、カロルスはローマやラヴェンナから望むままに宝物を持ち去ってよいこととなり、その一環としてコラムなどの古代建築の部材がアーヘンにもたらされたのです。

主祭壇の反対側に石造玉座が置かれていて、1531年まで歴代ドイツ王が戴冠しました。この王が教皇によって戴冠されると皇帝になります。つまり、フランク王国が三分割され、東側の東フランク王国が962年に再び「ローマ人たちの皇帝」を頂く「帝国」となってからも、カロルス縁《ゆかり》の教会建築として尊重され続けたのです。

そのため、中世後期以降も様々な増改築事業が営まれ、14世紀にはゴシック建築の手法による内陣が新たに設けられました。その中央には聖十字架を納めた聖遺物箱（1000年頃）やカロルスの聖遺物箱などが設置されています。

現在においても、建築物としてはヨーロッパ初の世界遺産（文化遺産）一覧表に記載された事例となり（1978）、ヨーロッパでも最も重要な歴史的建造物のひとつでありつづけています（1930年に創設されたアーヘン司教区の司教座が置かれ、それ以来、アーヘン司教座聖

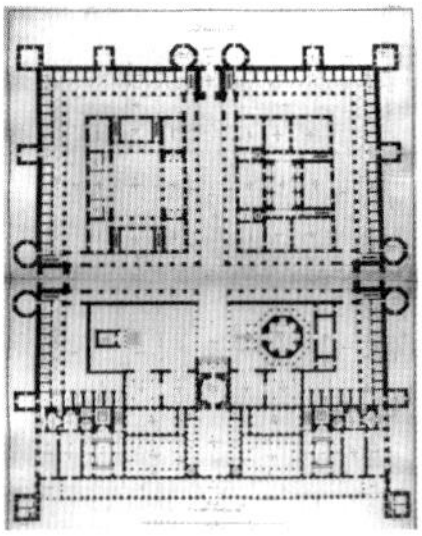

スプリトのディオクレティアヌス宮殿復元平面図

## アーヒェン礼拝堂

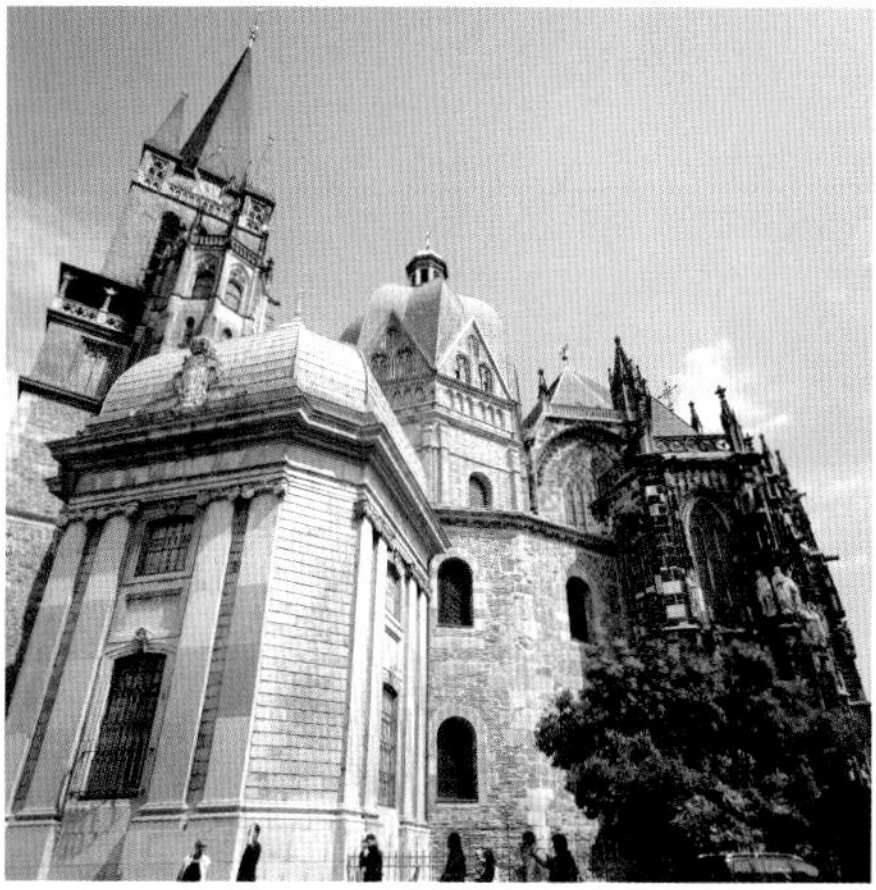

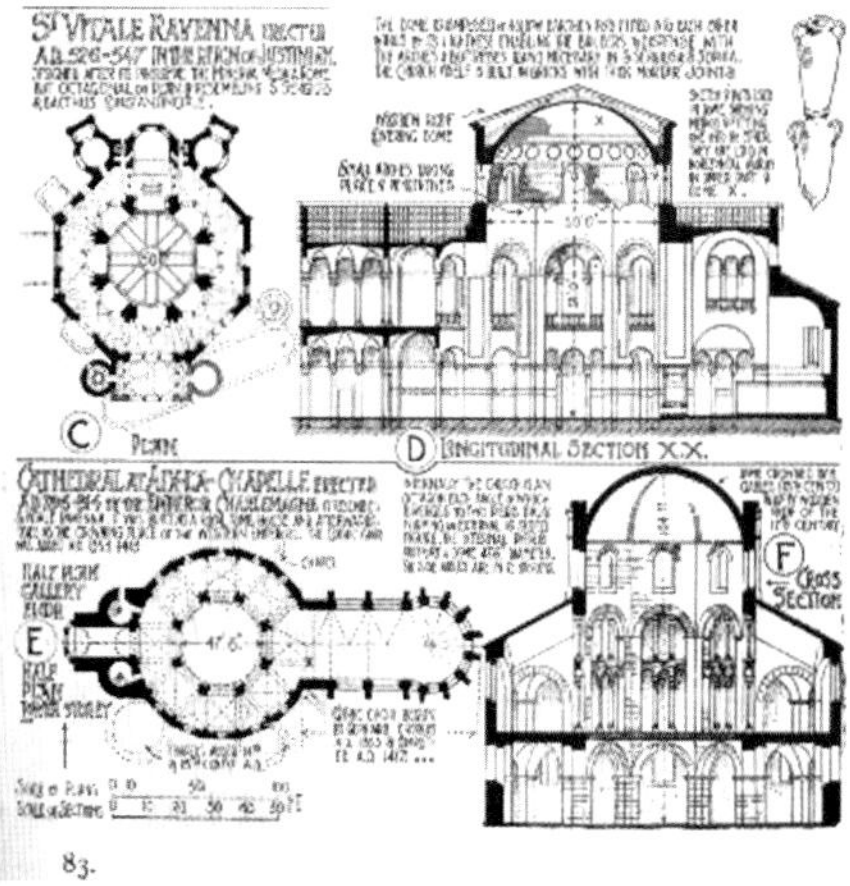


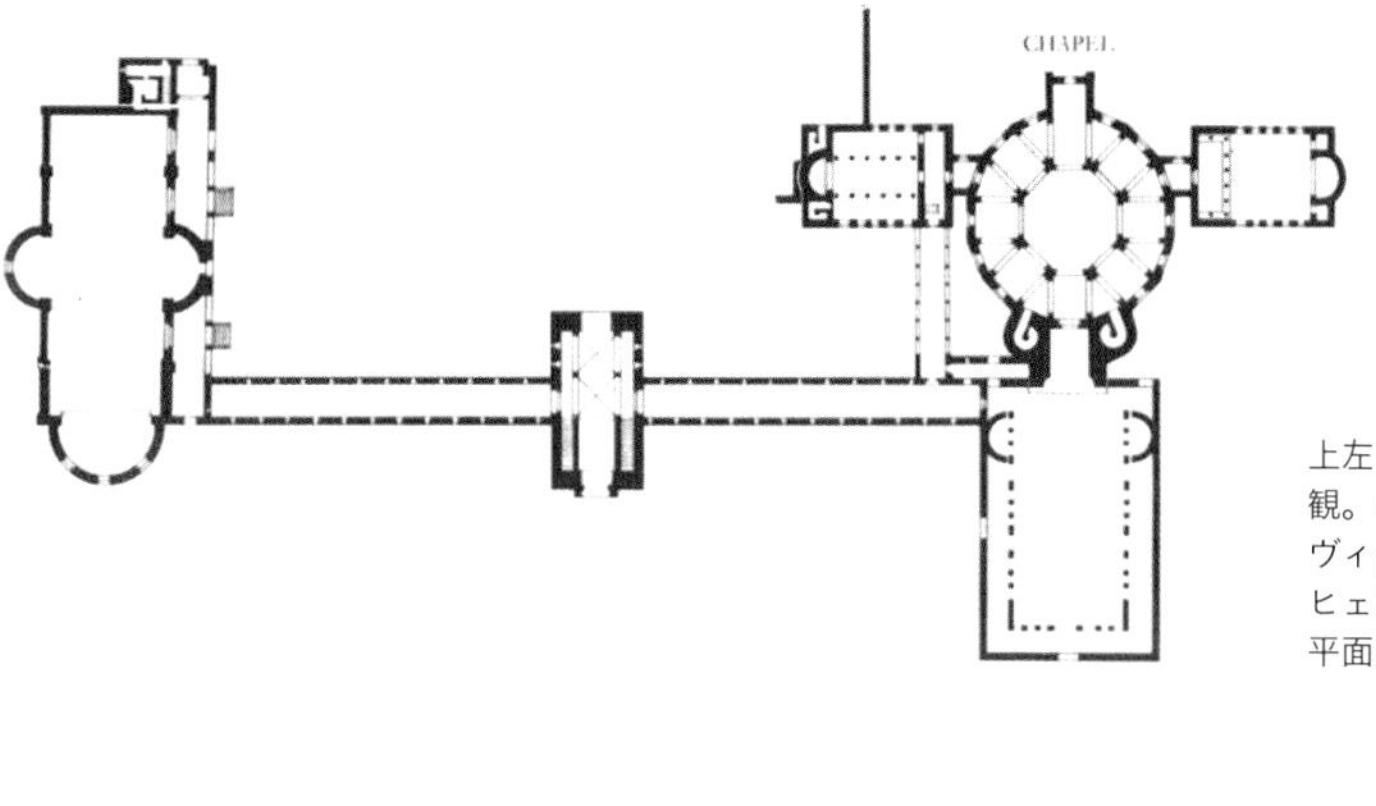


上左：内陣外観。上右：内陣内観。中左：外観。中右：サン・ヴィターレ教会堂（上）とアーヒェン礼拝堂（下）図面。下：平面図

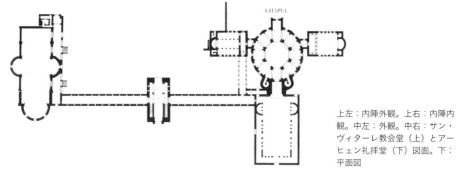

堂となりました）。

カロルスはフランスにとっても、ドイツにとっても、その君主制の源となった大君主であり、フランス王シャルル1世（シャルルマーニュ）であると同時に皇帝カール1世（カール大帝）とも目される人物です。その彼が建立したこの聖堂は、当時のヨーロッパ政治の大テーマだったヨーロッパ統合（仏独和合）の象徴としてふさわしかったのでしょう。そういえば、カロルス時代のフランク王国の領域は発足当時のEC（ヨーロッパ共同体）6カ国の領域と重なっています。

## 4 ピサの人々は戦利品として古代ローマ建築の部材を持ち帰りました

一方、「スポリア」の「戦利品」としての意味がもっと反映された事例もありました。

1063年、都市国家ピサはシチリア島のイスラーム教勢力の艦隊を撃破し、シチリア島の古代遺跡から古代ローマ建築の部材を戦利品として獲得しました。この戦利品を再利用しながら建立されたのが、ピサのサンタ・マリア・アッスンタ司教座聖堂（cattedrale di Santa Maria Assunta）で、同じく1063年に着工しています。

建立事業はブスケート、次いでライナルディが指揮しました。全体にピサ・ロマネスク様式といわれるデザインで、特に正面ファサードにその特徴が濃厚にうかがえます。ファサード全体は5層構成で、1層目外壁では7連アーチが連なるアーケードを壁面表面にレリーフのように浮き出させている一方、2層目以上ではもっと小さなアーチを連ねたアーケードが積層しています。

ピサ大聖堂身廊。左右にコリント式やコンポジット式のコラムが並ぶ

## ピサのサンタ・マリア・アッスンタ大司教座聖堂

上左：大聖堂の礼拝堂。上右上：大聖堂の説教壇。上右下：身廊と側廊を隔てるコラムのコンポジット式柱頭。中・下：大聖堂と鐘楼。ピサの斜塔の傾きの大きさに注目

全体がラテン十字形平面で五廊形式、その交差部にスクウィンチで支持された尖頭のドームを備えています。シチリア島からのスポリアが再利用されたのは、正面ファサードの装飾等でした。身廊と側廊・トリビューンを隔てるアーケードのコラムの柱頭も、よく観察すると、それぞれのデザインは相異なっています。

建立途上の1092年に4世紀以来のピサ司教区がピサ大司教区とされ、1118年に教皇ゲラシウス2世によって献堂式が挙行されました。しかし、工事はなおも続き、建築物が完成したといえるのは1170年のことでした。その後も内装工事などは実施されていて、13世紀後半にはシエナ司教座聖堂のファサードなどでも著名なジョヴァンニ・ピサーノ(Giovanni Pisano, 1250–1315頃)が活躍しています。

なお、「ピサの斜塔」(Torre Pendente)として有名な塔はピサ大司教座聖堂の鐘楼です。1173年から1350年にかけて建立されました。高さ54メートル、296段の階段を備えたこの塔は、建立当初から傾き始めたといわれています。地盤が柔らかく、基礎工事も不完全だったからでしょう。

それを正そうと建築を続けたため、全体はささやかなバナナ曲線を描いています。そのため、登り始めた時と降り終える直前に最も水平方向への重力を感じることになり、足がふらつくので注意が必要です。

## 5 石で天井を築くのはいろいろと大変です

イタリアのロマネスク建築を代表するのがピサ大司教座聖堂だとするなら、ドイツのそれ

はシュパイアー皇帝大聖堂（Kaiserdom zu Speyer）でしょう。

この教会堂は１０３０年に皇帝コンラート２世によって建立され、１０４１年にはクリプト（地下聖堂）が献堂されています。その後、１０７７年に教皇グレゴリウス７世と和解したハインリヒ４世によって改装され、４本の塔と２箇所のドームを備えた姿となりました。ロマネスクの教会建築としては、クリュニー大修道院付属教会堂（「第３クリュニー」）なき今、最大の事例でもあります。

大聖堂は３００年にわたって皇帝の墓所となり、コンラート２世からアルブレヒト・フォン・ハプスブルク（１３０９）まで８名の皇帝が埋葬されています。

この間、ザリエル朝（1024–1125）の栄華を象徴する大規模教会建築であり、それはクリュニー大修道院や教皇に対抗するための手段でもありました。最終的には勝利を収めることになったとしても、ハインリヒ４世はいわゆるカノッサの屈辱事件（１０７７）により教皇に煮え湯を飲まされていました。

シュパイアー大聖堂は建築としては、ヒルデスハイムのザンクト・ミヒャエル教会堂の影響が強いといわれます。ラテン十字形平面の三廊形式で、交差部にはスクウィンチによって支持された八角形平面のドームが載っています。側廊直上にはトリビューンが設けられ、身廊と側廊はアーケードによって仕切られています。全体に装飾はあまりみられませんが、イタリア出身の彫刻家による彫刻もあります。

身廊、側廊とも大規模な石造ヴォールトが架けられています。とくに身廊には大規模な横断アーチが架けられていて、ロマネスク建築の時代に発展した大掛かりな石造建設技術がみられます。

このような大規模な石造ヴォールトを構築するには、技術を持った職人を十分に確保することと同時に、十分な量の石材供給が産業として成立していなければなりません。ロマネス

右から、シュパイアー大聖堂の正面外観、後陣、身廊内観

ク建築が盛んに建てられ始めた11世紀以降、西ヨーロッパ世界においていわゆる農業革命が進展し、経済的にも社会的にも安定と繁栄をみせるようになったことと無関係ではないでしょう。

## 6 再建の仕方にもいろいろあります

もっとも、現在のシュパイアー大聖堂をみる際に注意しなければならない点もあります。じつは大聖堂は、1689年にフランス軍の攻撃によって大きく損なわれ、建築物全体の前半分がほとんど崩壊していました。大聖堂はしばらくそのままの形で放置されていましたが、1772年から1778年にかけて、身廊と側廊の再建がなされ、身廊西側の窓が考古学的正確さで復元されています。

一方、身廊と側廊の正面側（西側）の「西構」（Westwerk）の再建は、さらに次の世紀に持ち越されました。1854年から1858年にかけてのことです。実施した建築家はハインリヒ・ヒュブシュ（Heinrich HÜBSCH, 1795–1863）です。

その直前の1846年から1853年にかけて、バイエルン国王ルートヴィヒ1世によって注文された絵画の制作が行われていましたが、それも含め、これらの事業は19世紀のロマン主義的なネオ・ロマネスク様式でした。歴史的に確かに存在したことのあるものを考古学的な正確さで再現するのではなく、ほとんど新たな建築物の再設計といってよいものだったのです。

とはいえ、それらの19世紀の保存・修復についての実践ということも大聖堂の歴史の一部として尊重されるべきものであり、１９８１年には世界遺産（文化遺産）一覧表に記載されることとなりました。

# 7 古代ローマ人は火薬を知りませんでした

造形芸術としての建築において、古代ローマ建築を理想とする古典主義の考え方は近代に至るまで強固なものでしたが、軍事建築の分野では16世紀にはすでに古代ローマは超克されつつありました。

古代ローマ時代には存在しなかった火器（火砲と小銃）が本格運用されるようになったからです。それゆえ、築城（fortification）の様相も変化を余儀なくされました。古代ローマの軍事理論をそのまま援用するわけにもいかなくなったのです。

古代以来、世界各地で営まれ、ヨーロッパでは中世まで主流だったのは、防御する場所の周りに高い囲壁（enceinte）を築くという手法でした。囲壁は、門棟（gate house）、塔（tower）、幕壁（curtain wall）からなっていました。塔を幕壁から突出させることで、門へ寄せる攻囲軍に塔から弓や弩で側射（flanking fire）することができました。

現在、パリ市東端に位置するヴァンセンヌ城塞（château de Vincennes）は、このような形式の築城におけるフランス最大級の事例です。もともとはパリの東の郊外であり、12世紀にルイ7世の別荘があった場所でした。ルイ9世もたびたび滞在しました。

本格的に城塞が建設されたのは百年戦争の時代で、ジャン2世、シャルル5世の治世下に主要な建築物が建設されていきました。１３６１年から１３７２年にかけて、高さ50メート

ヴァンセンヌ城塞のドンジョン

ヴァンセンヌ城塞囲壁

ルのドンジョン（城塞の中心となる主塔）が建設され、1372年末から1380年にかけてシャルル5世によって拡張され、ドンジョンなどの既存の建築物群を防備するための広壮な囲壁が整備されました。

ヴァンセンヌ城塞は都市内にあって、中世後期の石造城塞の様相を今に伝えていますが、囲壁にそびえていた9棟の塔のうち、見上げるような高さを保っているのは北側の「村の塔」だけです。残りの塔はナポレオンの時代に囲壁の高さに揃えられてしまいました。これは火砲を設置するための措置でした。火砲の時代には高さは邪魔だったのです。

火砲が本格的に運用されるようになった状況に対応するために、16世紀前半に半世紀をかけて試行錯誤の末に確立していったのが稜堡《りょうほ》式築城です[ii]。「稜堡」（bastion）とは囲壁（稜堡式築城の場合は稜堡と幕壁からなる）から突出した角のような平面形態の築城であり、多くは五角形平面で正面（front）2面と側面（flank）2面を備えています。

通常、稜堡と稜堡の間の幕壁の前方には半月堡（demi-lune, ravelin）が設けられ、幕壁が防御されています。日本には稜堡式築城の事例が函館五稜郭と龍岡城五稜郭の2例あります。とりわけ函館五稜郭が著名ですが、半月堡は門がある1箇所のみに建造されただけです。そもそも、これらが建設された幕末にはヨーロッパでは稜堡式築城は時代遅れになっていました。

稜堡式築城の手法が単体の要塞建築に適用される場合は全体が五角形平面を取る場合が多く、右記2事例もそれにあたります。他に四角形平面や六角形平面、八角形平面も存在しました。

通常、門は1箇所か2箇所にしか設けられず、その場合は幕壁中央に配されました。門の位置については、稜堡式築城が都市全体を囲う都市築城に適用される際も同様でした。門へ寄せる攻囲軍を稜堡の側面から側射することで、攻囲軍の正面側からの射撃と合わせて十字

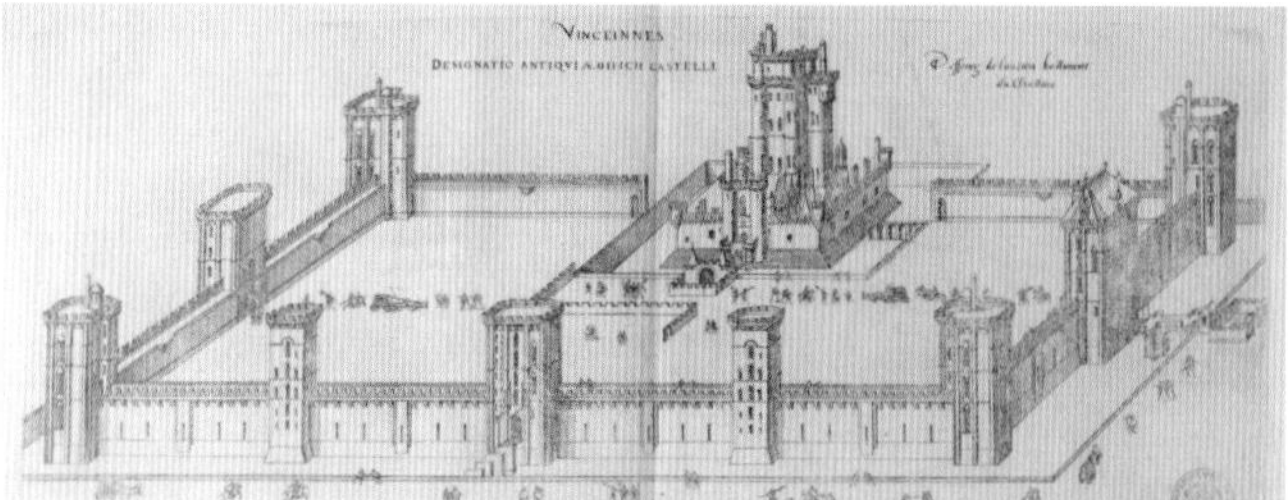

ヴァンセンヌ城塞全景。上部が現在も残っている塔は9棟のうち1棟のみ

砲火（cross fire）の餌食にするというコンセプトによります。
もっとも、軍事的には防禦側から最も突出した部分から攻略するのが攻撃側の定石であり、実際の攻囲戦では半月堡や稜堡が重点攻撃目標となりました。門はそうではなかったのです。

# 8 築城の攻略も防衛も地味な作業です

稜堡式築城はイタリアで発展したので、フランスでは「イタリア式縄張り」（trace italienne）とよばれました。稜堡式築城を完成の域に高めたのは、１７０３年に元帥杖《げんすいじょう》を授けられたヴォーバン領主セバスティアン・ル・プレストル（Sébastien LE PRESTRE, seigneur de Vauban, 1633–1707）です。

ヴォーバンはフランス陸軍の築城本部長を務めた築城建設と築城攻略の名手で、その代表作といわれるのがヌフ・ブリザック（Neuf-Brisach）の要塞です。

フランス王国は１６８１年にアルザス地方のストラスブール市を併合し、その防衛の要として、東方のライン川右岸の都市ブライザハ（Breisach）の防御を稜堡式築城によって固めていました。

しかし、アウクスブルク同盟戦争（1689–97）を終結させたレイスウェイク講和条約によりブライザハを失いました。１６９７年、これを補うためにブライザハからライン川を経て西へ３・５キロメートルほど離れた地点に築かれたのが、ヌフ・ブリザック（「新ブライザハ」の意）と名付けられた軍事計画都市（１４５頁）です。

ヌフ・ブリザックの外縁部。現在はのどかに羊が草を食む様子がみられる

ヴォーバンの築城術は3種類にまとめられ、ヌフ・ブリザックはその最終形態たる第3方式によります。全体は八角形平面で門は東西南北の4辺中央に設けられました。最初から稜堡式築城に内包された計画都市としては最大級のもので、囲壁内の南北幅、東西幅は400メートルに及び、2千名の人口を抱えることが可能な都市でした。

稜堡式築城に内包された計画都市としては、ヴェネツィア共和国領東側に位置するパルマ・ノーヴァ（Parma nova）があり、中央広場から囲壁方向へと延びる放射状の道路網を備えていましたが、ヌフ・ブリザックでは碁盤の目状の道路網が敷かれました。

放射状だったのは中央広場に集結させた部隊を速やかに必要な箇所へ送ることができ、市街戦突入時に中央広場に付置した火砲から外縁部への射撃を可能とするためだといわれますが、じつはあまり実用的ではなかったようです。

## 9 建てられるかどうかわからないけれど描いてみました

18世紀になると新古典主義の文脈上で造形芸術としての建築の世界でも古代ローマ建築の超克への機運が盛り上がってきました。しかし、パリのパンテオンのところで触れたように、それは当時の建築技術の裏付けを欠く場合も多かったのです。

実際の建築物としてではなく紙の上で理想の建築を追い求める建築家たちもいました。後世、彼らは「幻視の建築家」（architecte visionnaire）とよばれ、再評価されていきました。

エティエンヌ・ルイ・ブレ（Étienne-Louis BOULLÉE, 1728–99）、クロード・ニコラ・ルドゥー（Claude-Nicolas LEDOUX, 1736–1806）、ジャン・ジャック・ルクー（Jean-Jacques LEQUEU,

## 築城方式各種

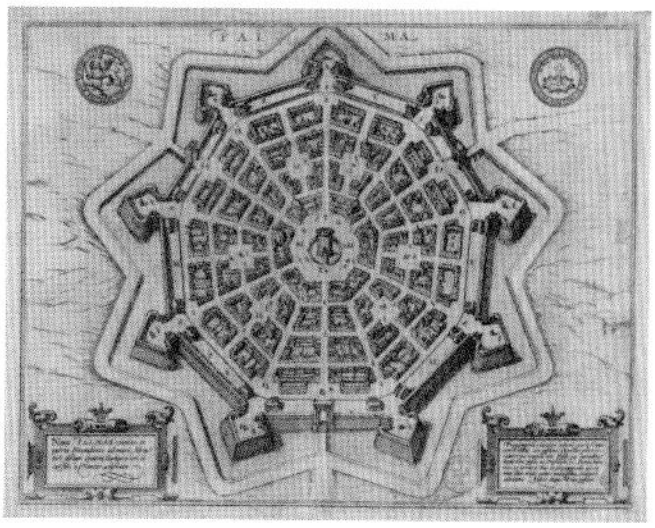

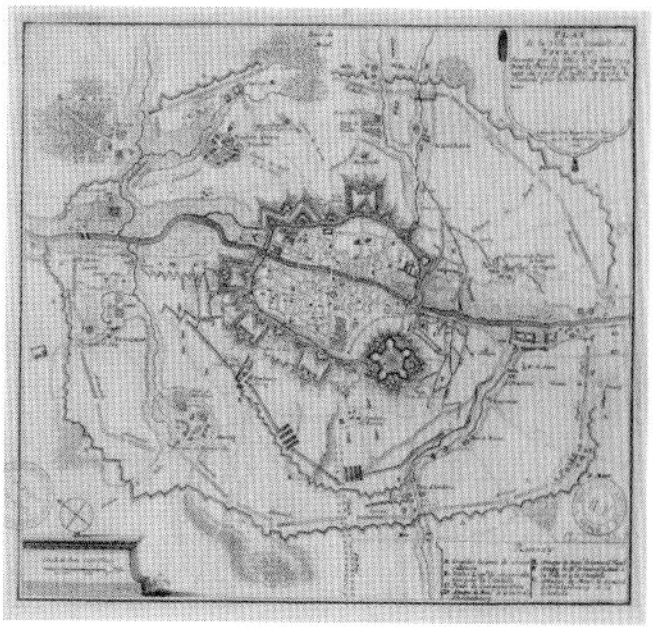

上：第3方式によって築城されたヌフ・ブリザックとその周辺図。右方にブライザハがあり、両者は3.5キロほど離れている。下左：ベルフォール（フランス）の都市築城。ヴォーバン第2方式の例といわれる。下右上：パルマ・ノーヴァ（イタリア）。ヴェネツィア共和国が対オスマン帝国のために計画。下右下：トゥルネ（ベルギー）。南東隅に五角形平面のシタデルがある

1757–1826）の名がよく知られています。

たとえば、ブレのニュートン記念堂案（Cénotaphe de Newton）は直径約130メートルの球体建築ですが、当時のヨーロッパで最大のドーム建築は直径約43メートルの半球形ドームを頂いたローマのパンテオンであり、明らかに実現可能性が薄い紙上の建築でした。

# 10 自分で建てた建築物を理想の都市に変えてみました

一方で、ルイ15世の寵姫ル・バリー伯爵夫人ジャンヌ・ベキュ（Jeanne BÉCU, comtesse du Barry, 1743–93）の支援を受けていたルドゥーは王政期には大きな仕事に恵まれていました。フランシュ＝コンテ地方の中心都市ブザンソン郊外のアルケ・スナン王立製塩所（Saline royale d'Arc-et-Senans, 1773–79）やパリ市の関税障壁の関税徴収門（Barrières du mur des Fermiers Généraux）60棟弱のように大きな仕事を任されています。彼が幻視の建築家となったのはフランス革命で失脚した後なのです。

王立製塩所は、フランス東部フランシュ＝コンテ地方の中心都市ブザンソン郊外のアルク村とスナン村の間に建設されました。外に対しては正門（porte d'entrée）、内に対しては所長館（Maison du Directeur）を中心とした工場建築群です。

正門は全体にグリーク・リヴァイヴァル建築です。柱礎のない古代ギリシア風ドリス式円柱6本がポルティコを形成しています。ただ、エンタブレチュアに注目すると、その両端に短メトープ（metope）が配された古代ローマ風であり、トリグリフ（triglyph）が配された古代ギリシア風ではありませんiii。

エティエンヌ・ルイ・ブレによるニュートン記念堂案断面図（昼）

## クロード・ニコラ・ルドゥーによるアルケスナン王立製塩所

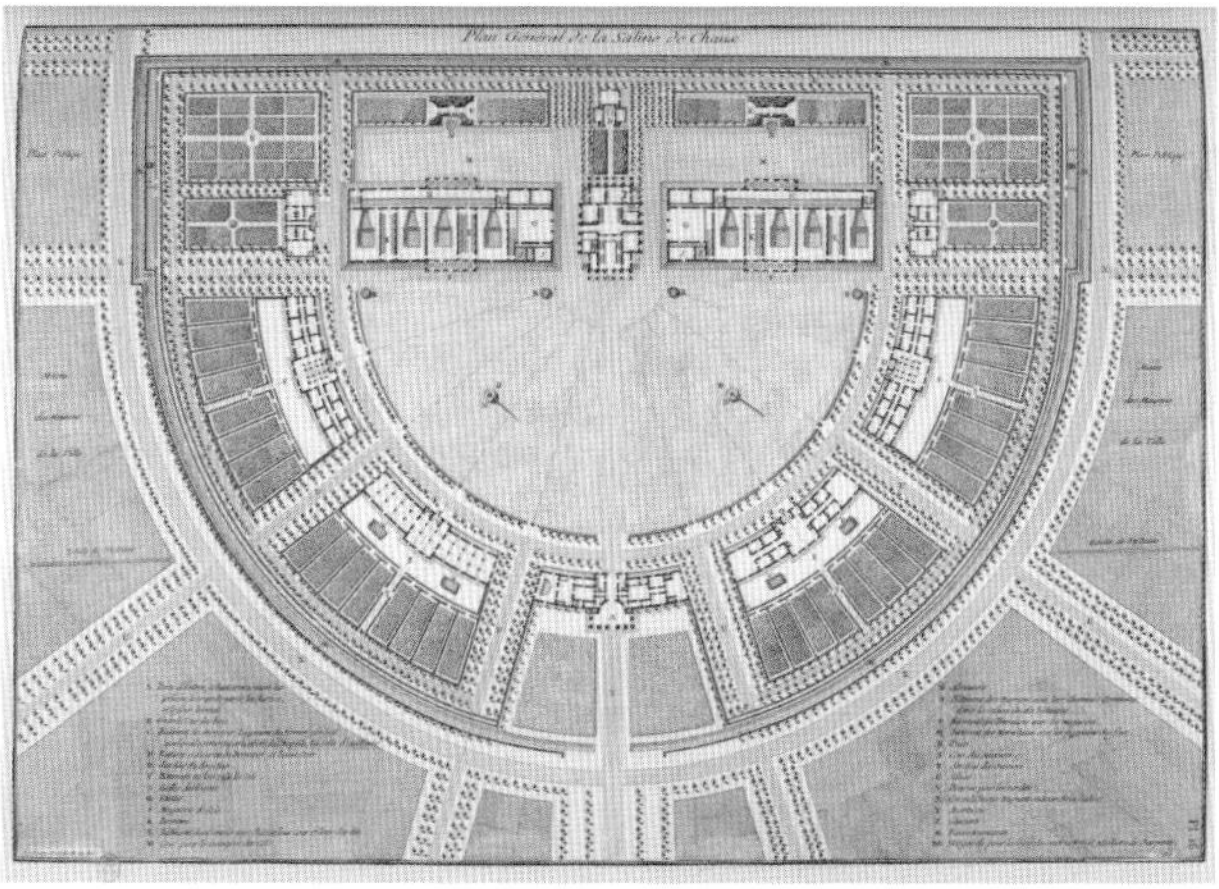

上：正門。下：配置図

この古代ギリシア風の列柱をくぐると、今度はマニエリスムのグロッタ装飾が眼前に姿を現します。自然石を積み上げたような仕上げで、中央のアーチの両脇には水（塩水か？）を吹き出す水瓶が配されています。この製塩所の塩は付近で汲み上げた塩水から作る煎熬塩《せんごうえん》で、このあたりに「語る建築」（architecture parlante）としての性格が現れています。

所長館の方は、マニエリスムの建築家パラーディオの建築の影響が顕著です。その平面形は奥行き方向に長い長方形で、正面ファサードの中央に六柱式の神殿ファサードが突出しています。これは典型的なパラーディオ主義（Palladianism）の建築の特徴です。

6本の円柱は円筒形ドラムと正方形平面の直方体の交代によって構成されています。これはマニエリスム建築の手法で、バルトロメオ・アンマナーティ（Bartolomeo AMMANATI, 1511–92）によるパラッツォ・ピッティ（Palazzo Pitti, Firenze）の3層構成の中庭2層目のイオニア式ハーフコラムのような作例があります。

実現案に近い『建築論』（Planche 71）所載の第2案にはトリグリフとメトープがみられず、トスカナ式かドリス式か明確にいえませんが、現状ではフリーズにトリグリフとメトープがあることから私はドリス式オーダーと判断しています。

内部は火災やダイナマイト爆破などによって焼失し、神殿モチーフのポルティコを含む石造壁体のみが残りました。その他の内部の諸室や小屋組、屋根などは再建されたものです。『建築論』（Planche 70）によれば、地下はセラー等、1階の前方は会見の間（salle d'audience）などの所長の業務空間と寝室（chambre à coucher）、後方は厨房（cuisine）などのサーヴィス部門、2階が主要階（piano nobile）で食堂（salle à manger）や寝室など、3階は使用人の寝室（chambre de domestique）などが配置されています。後方中央の2階と3階を貫く吹き抜け空間には礼拝堂（chapelle）がみられます。

この所長館の両脇に製塩場本体が配され、正門とその両脇に並ぶ職人居住棟が円弧をなし

パラッツォ・ピッティ中庭側外壁のイオニア式オーダー

## クロード・ニコラ・ルドゥーによるアルケスナン王立製塩所と「ショーの理想都市」の各種計画案

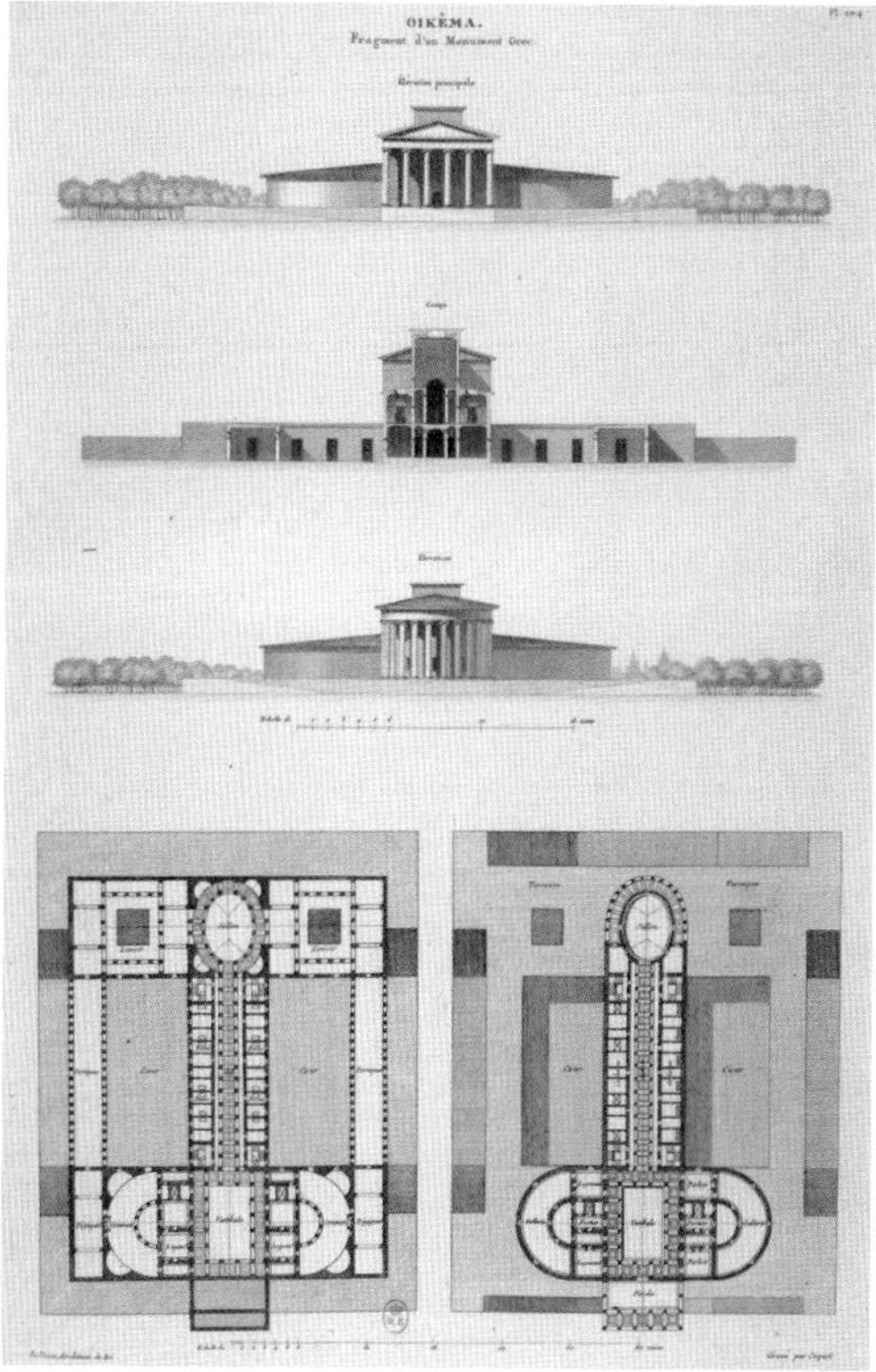


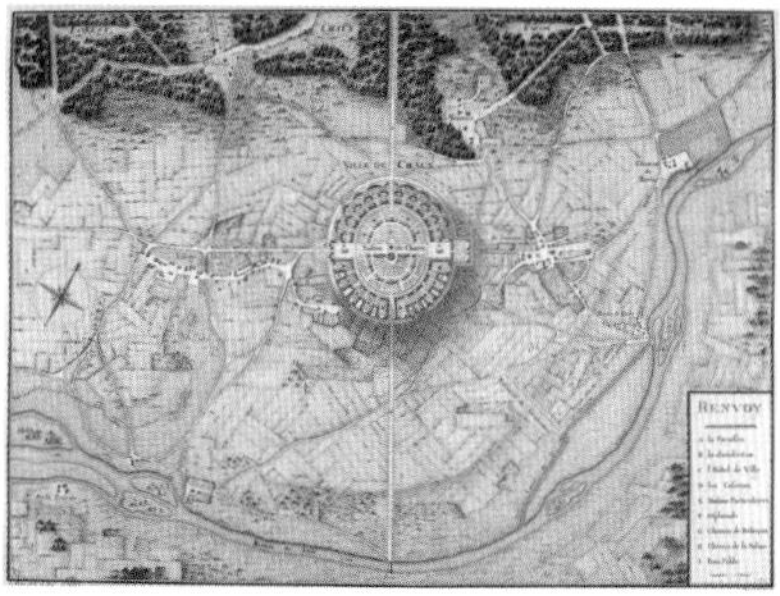

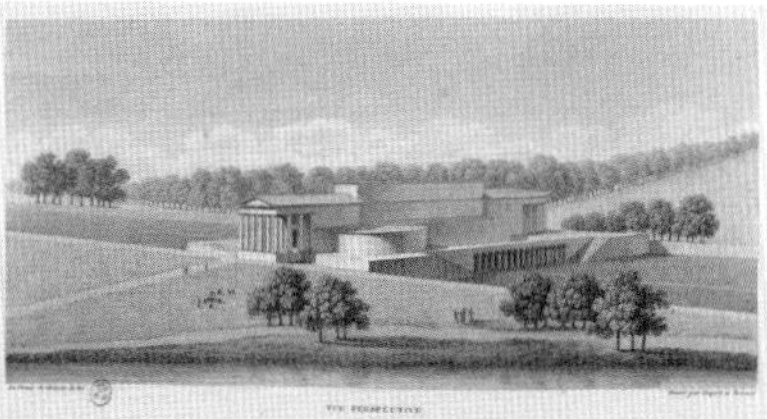

左上：アルケスナン王立製塩所所長館。左下：「オイケマ」図面各種。右上から：「ショーの理想都市」とその周辺地図、同・パース、河川管理人の家、「オイケマ」

て、全体は半円形平面を描いています。当初の計画では所長館を中心とした円形平面となるはずでしたが、予算不足などのさまざまな事情で現状の案となりました。ルドゥーは後に『建築論』で円形平面の案を描いてみせ、それを核とした「ショーの理想都市」を構想しました。

# 11 面白い仕事でしたが市民に嫌われてしまいました

ルドゥーはパリでも大きな仕事を任されました。政府はパリに入ってくる物品から関税を徴収するために「関税障壁」を築くことにして、そこに60箇所ほどの関税徴収門を設けて網羅的に課税しようとしたのです。ルドゥーが手掛けたのはこれらの関税徴収門でした。

なお、この関税障壁は単なる「壁」であり、パリを防御する軍事的な意味のある「築城」ではありませんでした。1670年の囲壁取り壊し以来、パリは軍事的な脅威に対しては無防備なままでしたし、それでよかったともいえます。ヴォーバンらの国家防衛戦略によってフランス北東方面の諸都市が稜堡式築城によって強固に防衛されていたからです。

ルドゥーが建築した関税徴収門の内、現存するのはラ・ヴィレット関税徴収門（Barrière de la Villette, 1784–89）、シャルトル関税徴収門（Barrière de Chartres）など4箇所だけです。この関税障壁によってパリの物価が上がり、市民の恨みの対象となったこともあって、関税障壁廃止後に多くは取り壊されたのです。

建築としてみると、ラ・ヴィレット関税徴収門にはルドゥーの建築の特徴がよく現れています。そのデザイン的特徴は次の2点にまとめられるでしょう。

## クロード・ニコラ・ルドゥーによるパリの関税徴収門

上：ラ・ヴィレット関税徴収門。パラーディオのヴィッラ・ラ・ロトンダの翻案。下：シャルトル関税徴収門。ブラマンテのテンピエットの翻案

1）16世紀イタリアの建築家パラーディオの影響によるマニエリスム建築への回帰
2）当時最新のデザイン傾向であるグリーク・リヴァイヴァル建築への傾倒

正方形や円筒形といった単純な幾何学形態の使用も顕著なデザイン的特徴です。それゆえ、彼を20世紀前半のモダン・ムーヴメントの建築の起源のひとつとする考え方もあります。しかし、単純な幾何学形態の使用はルネサンス建築や新古典主義建築にもみられる特徴であり、近代建築と結び付ける考え方は実証されているとはいえないでしょう。

なので、ルドゥーの建築デザインの特徴は右記の2点ということになるのです。じつはどちらの特徴も当時のフランスにあっては珍しい傾向でした。

パラーディオはヴェネツィアを中心とするヴェネト地方で活躍したマニエリスムのローカルな建築家で、死後、英国やオランダなど北方諸国の建築に大きな影響を与えています。一方、フランスでは1650年にパラーディオの著書『建築四書』（1570）が仏訳され、その重要性は認識されていましたが、実作という点では、英国などに比べるとその影響は限定的だったかもしれません。

それに対して、ルドゥーの建築ではパラーディオの建築やマニエリスム建築の直接の引用であることが明らかな形態やディテールがみられます。1階が四面対称の正方形平面で、その上に円筒形の2階が載っているというラ・ヴィレット関税徴収門の全体の形態や平面形態も、パラーディオのヴィッラ・ラ・ロトンダ（Villa la Rotonda, 1565–69）から直接の着想を受けたものでした。

一方、グリーク・リヴァイヴァル建築は英国やドイツ語圏諸国などで盛んに作られましたが、これまたフランスで追随する動きはあまり強くありませんでした。それでも、ルドゥーは意識的にこの新しい動きを自作に取り入れていきました。

ラ・ヴィレット関税徴収門でも、使用されたドリス式オーダーの比例が、古代ローマのそれを引き継いだルネサンス以来の比例よりも太くなっています。また、ルネサンス以来のドリス式オーダーに柱礎があるのに対して、ここでは古代ギリシアのドリス式と同様に柱礎がありません。1階各面中央のペディメントの勾配も緩くなっていて、古代ギリシア風です。

このように本事例では、彼の時代から２００年も前の古いマニエリスム建築と当時最新のグリーク・リヴァイヴァル建築という相異なる二つのデザイン傾向が巧みに融合されています。この二つの特徴は先述のアルケ・スナン製塩所でもみられましたが、その段階では両者が併存していたのに対し、本事例では見事に融合しています。

そして、これら二つのデザイン傾向は当時のフランスではあまり用いられておらず、それだけでも独創的なのですが、さらにそれらを融合して新しい建築を創造しています。まさにこの点において彼の建築は建築史上にその独創性を誇るものとなっているのです。

註

i “fortification”（仏語、英語）とは、攻撃側の兵装・兵員に対して防衛対象を効果的に防御し、攻撃側の戦闘力を弱体化させつつ防禦側の戦闘力を有効に発揮させるために建設される構築物全体を指す用語だ。軍事用語としては「築城」が定訳である。一般的な用語として、あるいは建築用語としての「築城」は「城を築くこと」というアクションを示すものだが、軍事用語としては右記の目的で「築かれた城」を指す。

ii 稜堡式築城の成立については、白幡俊輔：『軍事技術者のイタリア・ルネサンス　築城・大砲・理想都市』、思文閣出版、２０１２を参照。

iii なお、ルドゥーは後に『建築論』の正門について述べた箇所で「シチリア島のパエストゥムの記念建造物、ペリクレス執政下に建設されたアテネのプロピュレイア」（ceux de Pestum en Sicile, les Propylées d'Athènes, construits sous Périclès）に言及している。だが、実際にはパエストゥム（Paestum）はシチリア島ではなくナポリの南東に位置する。LEDOUX, Claude-Nicolas: *L'architecture considérée sous le rapport de l'art, des Mœurs et de la législation*, Tome premier, Paris, 1804, p.109 を参照

五の書

# 建築様式の誕生

―「原点回帰」は創造力の源です

過去に対する追憶と起源を求める心は、昔も今も人の芸術創造への意欲をかき立てます。カトリック教会における初期キリスト教時代の教会建築の尊重も、古代ギリシア・ローマを新たな視点で読み直した新古典主義も、その原動力はこの「原点回帰」なのです。最初は一つの理想型を求めての「原点回帰」も度重なれば、過去の建築デザインが「様式」として定型化していきます。そうすると単なる過去への盲従と紙一重になってしまう危険性もはらんでいました。しかし、各種の「様式」が建築物の「性格」(character)と結び付けられることによって、様々な新しいビルディング・タイプが誕生した19世紀ヨーロッパにおいて、各様式を詳細に理解し、これから建てようという建築物にふさわしい様式を適切に選択して適用することは建築家の重要な技能となったのです。

# 1 初期キリスト教建築の保存か取り壊しか復興か、時代によってさまざまな検討がありました

失われた過去の建築への憧れと原点回帰という点について、教会建築の世界で重要なイメージは初期キリスト教時代の教会堂でした。聖アウグスティヌスらの「教父」の時代でもある初期キリスト教時代のキリスト教のあり方は尊重され続け、その教義の再確認などは折に触れて実施されてきました。教会建築についても同様です。ここではローマに建つ2棟の教会堂を紹介しましょう。

まず、サンタ・マリア・イン・トラステヴェレ教会堂（basilica di Santa Maria in Trastevere）を取り上げます。ローマ旧市街地の一部で、旧市街中心からはテヴェレ川を挟んでその南側に位置するトラステヴェレ地区に建っているので、この名を持ちます。「トラステヴェレ」とは「テヴェレ川の向こう側」という意味です。

サンタ・マリア・イン・トラステヴェレ教会堂は、聖母マリアの名を冠したローマ市内最古の教会堂の一つとのことです。もっとも、5世紀に建立されたサンタ・マリア・マッジョーレ教会堂、8世紀に建築された部分を残すサンタ・マリア・イン・コスメディン教会堂もそういわれています。じつは、現在のサンタ・マリア・イン・トラステヴェレ教会堂は、初期キリスト教時代にまでさかのぼる建築物ではありません。建築物としては先に挙げた2棟の教会堂よりもかなり新しいのです。

ローマ市最古の聖母マリア教会堂だと主張されている根拠は、教皇カリクストゥス1世時代の221年から227年にかけて、ローマ市内で初めてキリスト教の典礼が定期的に行われた場所だという由緒にあります。340年、その同じ場所に教皇ユリウス1世によってバ

## ローマ市内最古級の聖母マリア教会堂

上：サンタ・マリア・イン・トラステヴェレ教会堂。下左：サンタ・マリア・イン・コスメディン教会堂。「真実の口」があることで有名。下右：サンタ・マリア・マッジョーレ教会堂。外観はほとんど近世のもの

シリカ式教会堂が建立されたのです。

現在の教会堂は、1140年から1143年にかけて、教皇インノケンティウス2世により再建されました。この際、4世紀に建立されたバシリカ式教会堂の基礎がそのまま用いられ、それゆえ、新たな聖堂もほぼ同じ平面に基づいて設計されています。

これはすなわち、「ベーマ」(62頁)とよばれる横長平面の内陣の奥側中央から半円形平面のアプスが突出する初期キリスト教時代の大規模教会堂の平面が採用されたということです。これは基礎の再利用による制約というよりは意識的なものだったと思われます。

身廊と側廊の間の列柱の柱頭等における、精緻な彫刻を伴う建築ディテールが、カラカラ帝大浴場やその付近から出土した本物の古代遺物が再利用されていることもそれを裏付けるでしょう。つまり、「スポリア」です。じつはスポリアは、この教会堂がモデルとしたと思われる初期キリスト教時代の教会建築でも盛んに用いられました。

この事例では、基礎を除き、初期キリスト教時代の教会堂そのものが残されたわけではありません。しかし、初期キリスト教時代の教会建築への尊重の念とそのイメージが後世に伝えられたとはいえます。

近世以前にこのような事例は他にもあります。たとえば、16世紀初頭に取り壊された初期キリスト教時代のサン・ピエトロ使徒座聖堂も、「もの」としては現在に伝わっていません。それでも、何の議論もなく取り壊されたわけではありません。

議論のかなり初期の段階から、新たな聖堂も旧聖堂の建っていた場所をあますところなく覆っていなければならないということが基本コンセプトとして考えられていました。具体的な「もの」としてではなく、象徴的な形での初期キリスト教建築の「保存」と「継承」の方が重視されていた時代がかつてあったのです。

カラカラ帝大浴場跡。3世紀前半の代表的な古代ローマ建築

## サンタ・マリア・イン・トラステヴェレ教会堂

上：身廊から内陣方向を見る。両側の列柱、奥のアプス、モザイク装飾などが初期キリスト教建築を思わせる。下左：身廊と側廊の間の列柱。柱頭には古代の遺物が再利用されている。下右：アプスのモザイク

## 2 燃えてしまったので、元のもののデザインでもっと華やかに建ててみました

一方、近代に入ると「もの」の比重が高まってくるように思われます。19世紀は過去の「様式」のリヴァイヴァルによる建築デザイン、すなわち、様式建築の時代でした。

19世紀に初期キリスト教建築のイメージが大きく反映した現場として、1823年7月15日夜に炎上したサン・パオロ・フオーリ・レ・ムーラ教会堂（basilica papale di San Paolo fuori le mura）の再建事業が挙げられます。その再建のコンセプトは、焼失前の初期キリスト教建築の姿の復元でした。

サン・パオロ・フオーリ・レ・ムーラ教会堂は四大バシリカの中では唯一、ローマ市壁外（「フオーリ・レ・ムーラ」とは「壁の外」の意）に建っています。市壁外の郊外ではありますが、使徒パウロの墓所の上に建つと伝えられていて、現在でも重要な巡礼地です。

四大バシリカの中でも、同時代に建立されたサン・ピエトロ教会堂やサン・ジョヴァンニ・イン・ラテラーノ教会堂と同じく、奥行き100メートルを超える古代末期最大級の教会建築でした。それゆえ、その再建事業は19世紀最大の教会建築関連事業となります。

一方、この再建事業が行われたのは、カトリック教会の政治的影響力が低下し、教皇領の存続も風前の灯火だった時代です。このような中、火災直後の9月28日に即位した教皇レオ12世（Leo XII, 1760–1829）の呼びかけで、カトリック信徒のみならず、ロシア皇帝ニコライ1世やエジプト副王ムハンマド・アリーをはじめとして世界各地から協力が寄せられています。

再建事業を手掛けたのはヴァラディエ、ベッツリ、ルイージ・ポレッティらで、1854年12月10日、教皇ピウス9世によって聖別されました。その後も工事は、統一イタリア王国に

サン・パオロ・フオーリ・レ・ムーラ教会堂のアプス

## サン・パオロ・フオーリ・レ・ムーラ教会堂

上：西側ファサード。列柱廊に囲われた中庭は再建にあたって教会堂の理想像に則って整備された
下：身廊から内陣方向を見る。天井をのぞけば初期キリスト教時代の大規模教会堂の息吹を今に伝える

よるローマ教皇領併合後も続き、イタリア王国軍がローマを占領する直前の1869年まで続きました。

　1823年の火災では、アプスなど内陣の一部しか残らず、残りは初期キリスト教建築の様式に則って新築の形で再建されました。当初はなかった格天井が全体に設けられているものの、身廊と側廊を隔てるコリント式列柱と柱頭間を結ぶアーチ、身廊と内陣の間のイオニア式円柱によって支持された「凱旋門アーチ」など、正確な様式再現がみられます。

## 3 フランソワ1世はフランスに新しいローマを作ろうとしました

　古代ギリシア・ローマの神殿建築の外観に由来するオーダーの考え方は、ルネサンス建築がヨーロッパ各国に伝播する際に、そのデザインの中核として伝えられていきました。

　フランスでは、1494年のシャルル8世（Charles VIII, 1470–98）によるイタリア遠征に端を発して、フランス国内の中世城塞が軍事的重要性を失っていく中で、それらにルネサンス建築に由来する装飾が導入されていきました。

　代表的なのはブロワ城館（château de Blois）であり、とりわけ、フランソワ1世（François I[er], 1494–1547）が建築したフランソワ1世棟の外壁面にはオーダーを思わせるエンタブレチュアとピラスターが各階に施され、3階建ての建築物が3階建てにみえるようにデザインされています。

　同じくフランソワ1世が建築したシャンボール城館（château de Chambord）も、ブロワ城館のような中世城塞的な佇まいを持ちつつ、外壁面には同様のエンタブレチュアやピラスター

ブロワ城館フランソワ1世棟

# シャンボール城館

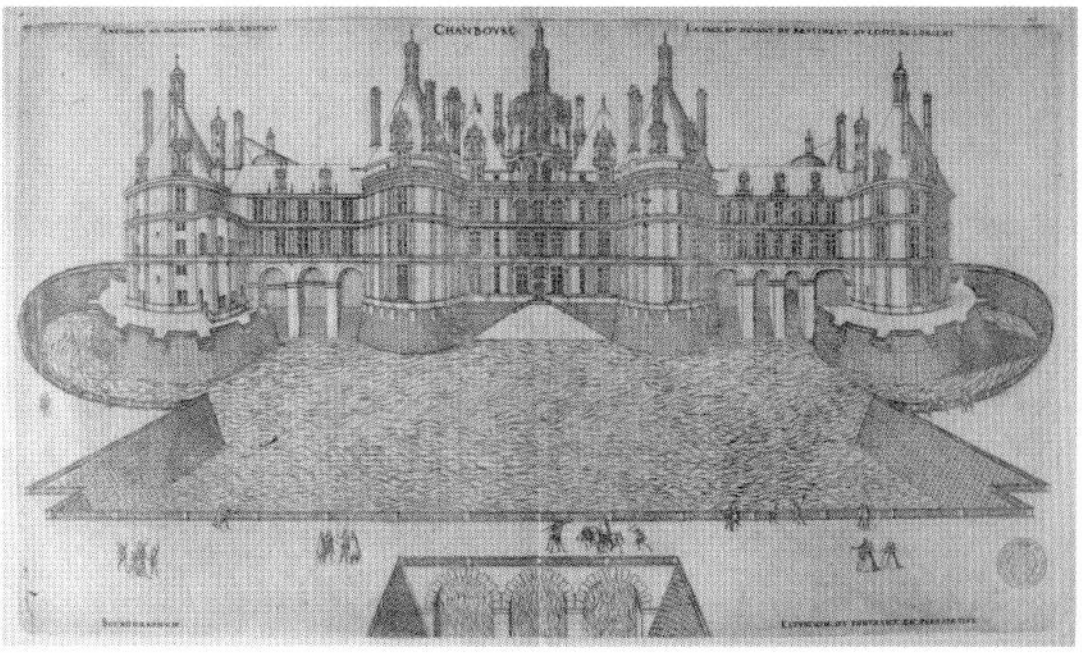


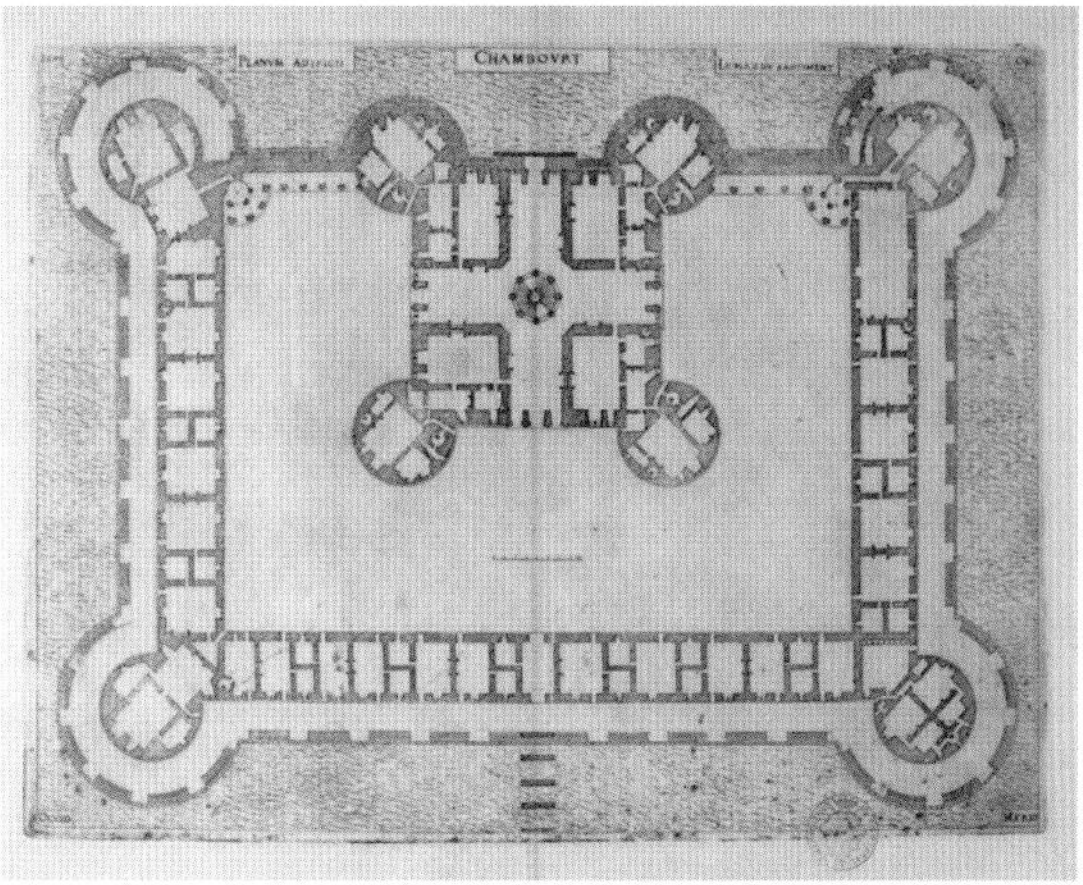


上：外観。一見、中世城塞のようにみえるかもしれないが、大きな窓がそれを否定するだろう。下左：ドンジョン中央の二重螺旋階段。下右上：外観パース。下右下：1階平面図

が施されていますi。
一方で、既存城塞のリノベーションではなく新築なので、その平面計画は、地形に影響を受けた不整形ではありません。正方形や円形のような単純幾何学図形を内包する左右対称形です。正方形平面のドンジョン中央には二重螺旋階段が配置されました。フランソワ1世が建築した他の建築物と同じように、彼自身の紋章である火蜥蜴《サラマンダー》と頭文字のFがさまざまなところにあしらわれています。

フランスのルネサンス建築は１５３０年代までは、イタリアに行ったことのない現地の石工たちがイタリアに行ったことのある王族や諸侯の意を受けて、少しずつルネサンス建築の要素を導入していったものです。それゆえ、ゴシック建築とルネサンス建築が融合、または並置された姿でした。

しかし、１５３０年代のフォンテーヌブロー城館（château de Fontainebleau）では、舞踏の間のインテリアや外部大階段の設計を手掛けたフランチェスコ・プリマティッチョ（Francesco PRIMATICCIO, 1504–70）やフランソワ1世のギャラリーの内装を制作したイル・ロッソ・フィオレンティーノ（Il Rosso Fiorentino, 1495–1540）のようなイタリア出身の芸術家が活躍しました。彼らの手で本格的なマニエリスム建築・美術が導入されたのです。

また、１５４０年代に入ると、セバスティアーノ・セルリオ（Sebastiano SERLIO, 1475–1554頃）のような来仏したイタリアの建築家だけでなく、ピエール・レスコ（Pierre LESCOT, 1515頃–78）、フィリベール・ドロルム（Philibert de L'ORME, 1514–70）のようなフランス人建築家たちによってゴシックの要素がほとんどない本格的なルネサンス建築が登場します。

ここに至って、フランスに「新たなローマ」を作り上げようとしたフランソワ1世の野望は、ある程度、実現していくことになります。都市ローマで実測調査等の手法で古代ローマ建築を学んだ建築家ジャン・ビュラン（Jean BULLANT, 1515–78）は、エクーアン城館（château

フォンテーヌブロー城館フランソワ1世ギャラリー

エクーアン城館。中央に大オーダーが採用されたパヴィリオン

## フォンテーヌブロー城館

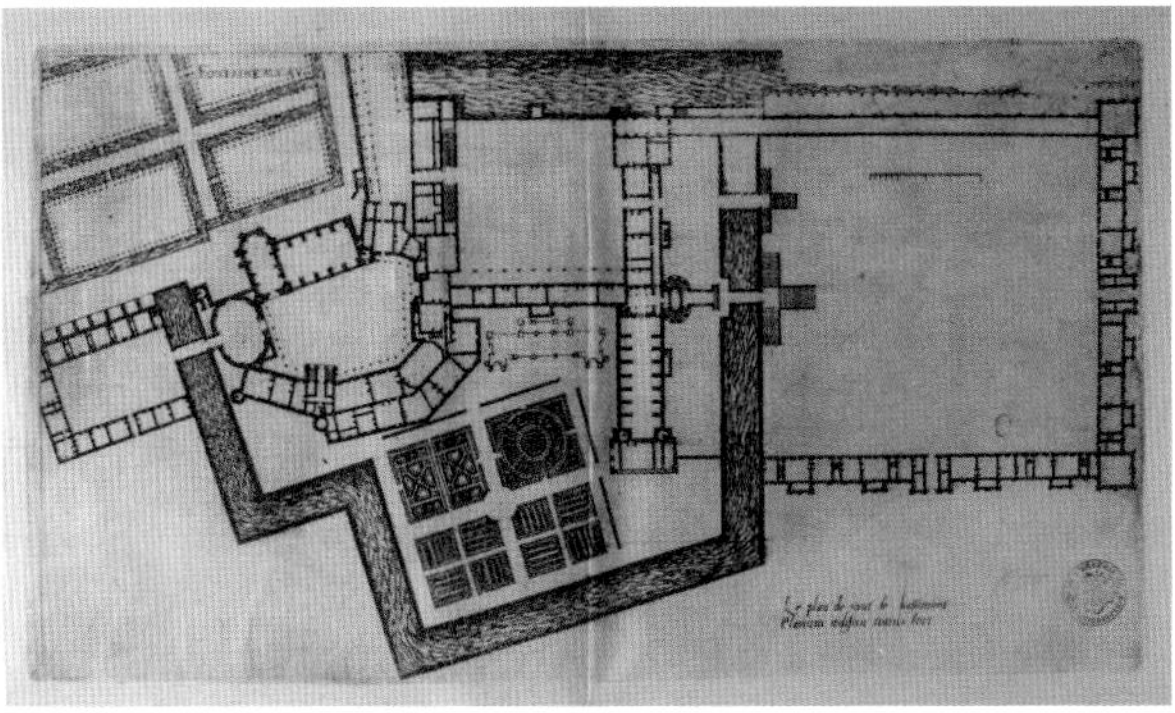

上：舞踏の間。2階吹き抜けで、暖炉の反対側には楽士用バルコニーがある（227頁）。下：平面図

d'Écouen）南翼棟中庭側ファサード中央に、ローマのパンテオンに基づくプロポーションとディテールによるパヴィリオンを実現させました。

## 4 廃れてしまったデザインのリヴァイヴァルから「様式」が生まれました

このように過去の建築デザインがリヴァイヴァルされた例は中近世にも見出されます。それが本格的に行われ、建築界の主流となっていったのは19世紀以降のことです。19世紀から1930年代にいたるまで、とりわけ、大規模公共建築物の設計のために多くの建築家が過去の建築デザインを参照して自らの建築設計案を練り上げていったのです。

そのために彼らは過去の建築デザインの時代的地域的特徴に焦点を当てて「様式」(style)というラベルを貼り分類するという手法を取りました。過去の建築デザインは、この「様式」という概念を通して理解されていったのです。先ほど述べたサン・パオロ・フオーリ・レ・ムーラ教会堂再建事業もこの文脈上に捉えることができるでしょう。

このような過去の建築デザインの捉え方が建築界の主流となっていった歴史的背景をたどるには、17世紀末までさかのぼらなければなりません。

ルネサンス建築とバロック建築の時代にあたる15世紀から17世紀にかけては、建築も含む造形芸術におけるヨーロッパの中心はイタリアでした。しかし、17世紀末から18世紀初めにかけて、芸術の世界におけるフランスの占める位置が高まってきます。

もちろん、古代ローマ文明の揺籃《ようらん》であり、カトリック教会の使徒座を擁する都市ローマをはじめとしたイタリアの重要性が失われたわけではありません。フランスはなおも、

ルーヴル宮殿レスコ棟。もはや、ゴシック的要素はみられない

1666年に設立された駐ローマ・フランス・アカデミー（Académie de France à Rome）に優れた芸術家や建築家の卵を送り込み続けます。

しかし、建築も含めた芸術の世界において、古代ローマの、あるいは同時代のイタリアを乗り越えようという動きは、ルイ14世の絶対王政の深化とともに明らかになっていきます。

建築分野で、それが最もわかりやすく現れたのはヴェルサイユ城館の鏡の間（Galerie des Glaces, 1678–84）です。「鏡の間」という名は当時の名称ではなく、王政期には「大ギャルリー」(Grande Galerie）あるいは単に「ヴェルサイユのギャルリー」(Galerie de Versailles）とよばれていたようです。

「鏡の間」と概ねよばれるようになるのは王政復古期（1814–30）あたりからと思われ、とりわけ、ヴェルサイユ歴史美術館（musée historique de Versailles）として一般公開されるようになった七月王政期（1830–48）からでしょう。

この鏡の間の特徴は、この通称の通り、大々的に鏡が使用されていることです。古典古代を乗り越えようとした制作者たちの意志が最も表れているのは、天井画主題とその説明のための銘板言語の変更においてですが、これらの諸点については七の書で取り上げます。

鏡の間の建築を経て、18世紀に入ると「古典古代」の建築に寄せられていた美の絶対の基準としての尊重の念は相対的なものとなっていきます。そこから古代建築の再読である新古典主義建築や中世に理想を求めたゴシック・リヴァイヴァルのような動きが出てきます。

さらに19世紀になると、様々な過去の建築デザインがリヴァイアルされて、右記のような「様式建築」を中心とした建築シーンとなります。このような中、元々は「現代建築」として始まっていたはずの新古典主義建築やゴシック・リヴァイヴァル建築も、過去の建築の「様式」の一部、「新古典主義様式」や「ネオ・ゴシック様式」として分類されるようになりました。

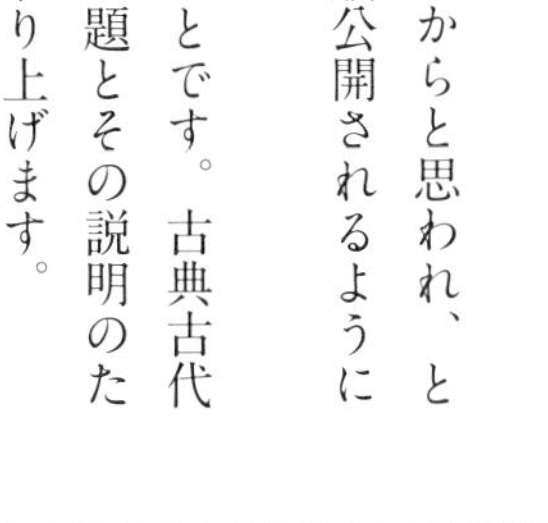

ヴェルサイユ城館鏡の間。鏡面1面は21枚の鏡からなる。これが17面連続している

## 5 世界の建築の歴史への興味が湧いてきました

特定の時代・地域の建築デザインの特徴を「様式」として分類していく見方は、当時の帝国主義、植民地主義とも通ずるものがあります。このような見方は18世紀前半には、すでに芽生えていました。

その最初期の代表的事例は、ヨーハン・ベルンハルト・フィッシャー＝フォン＝エルラッハ（1656–1723）の著書『歴史的建築の構想』です[ii]。ここでは中近東から日本や中国といった極東の建築にまで筆を進めています。

フィッシャー＝フォン＝エルラッハはローマで16年間（1671–87）も修行したハプスブルク家の宮廷建築家で、当時のヴィーン近郊に建てられたシェーンブルン城館（1695–）の他、教会建築としてはヴィーン市内のザンクト・カール・ボロメウス教会堂（Karlskirche, 1716–25）が代表作です。

カールスキルヒェともよばれるこの教会堂は、彼がローマで学んだ古代ローマ建築とローマ・バロック建築の影響がともにみられる複雑な造形の建築物です。

正面ファサード中央から前方に突出した古代ローマ神殿建築風のポルティコとその両脇にそびえ建つ記念柱は古代ローマ建築の直接の引用であり、ポルティコの背後にそびえる奥行き方向に長軸をとった楕円形平面のドームとその天井画、主祭壇装飾等はローマ・バロック建築の流儀に基づいています。

楕円形平面のドームはベルニーニのサンタンドレア・アル・クイリナーレ教会堂で印象的に使用されており、その影響と思われます。ヴィーンの別の建築家ヨーハン・ルーカス・フ

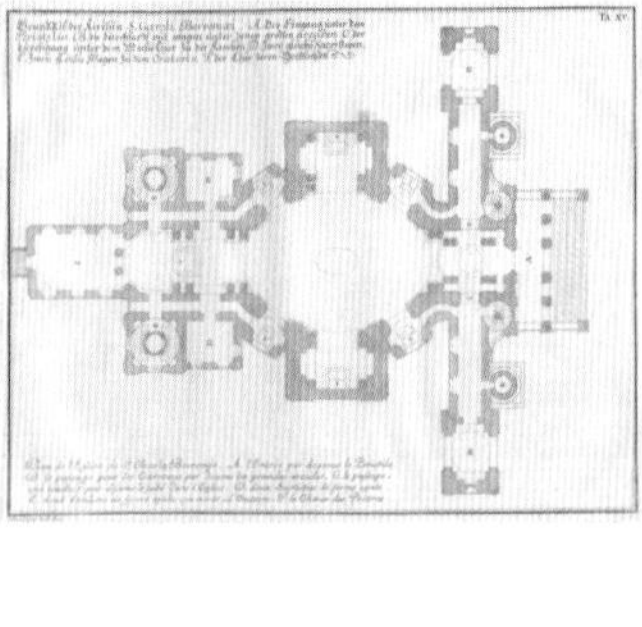

ザンクト・カール・ボロメウス教会堂の平面図（右）と断面図（左）

ォン・ヒルデブラント（Johann Lukas von HILDEBRANDT, 1668–1745）のザンクト・ペーター教会堂（Peterskirche, Wien, 1703–33）にもみられます。

## 6 英国のゴシック・リヴァイヴァルは新たな庭園の様式から生まれました

ネオ・ゴシック様式は、とりわけ、教会建築にふさわしい様式として20世紀まで生き続けました。ネオ・ゴシック様式は、もっと大きくみるとゴシック・リヴァイヴァルの流れの中に含まれるでしょう。

ゴシック・リヴァイヴァルとは、中世のゴシック建築を再評価する視点からの建築創造全般のことです。フランスではクロード・ペロー（Claude PERRAULT, 1613–88）やジャック・ジェルマン・スフロ（Jacques-Germain SOUFFLOT, 1713–80）らによってゴシック建築の構造合理性が評価されてはいました。

また、英国では18世紀に風景式庭園（landscape garden）またはイギリス式庭園（jardin à l'anglaise）が興隆した中で、ピクチャレスクの美学によるゴシック・リヴァイヴァルもみられました。

風景式庭園の代表的な造園家はランスロット・「ケイパビリティ」・ブラウン（Lancelot《Capability》BROWN, 1715–83）で、ジョン・ヴァンブラ（John VANBRUGH, 1664–1726）のブレナム宮殿のウィリアム・ケント（William KENT, 1685–1748）が手掛けた庭園を風景式庭園に完全に改造しています。

風景画に描かれた風景を模した風景式庭園の中には、次のような様々な傾向による四阿《あずまや》が

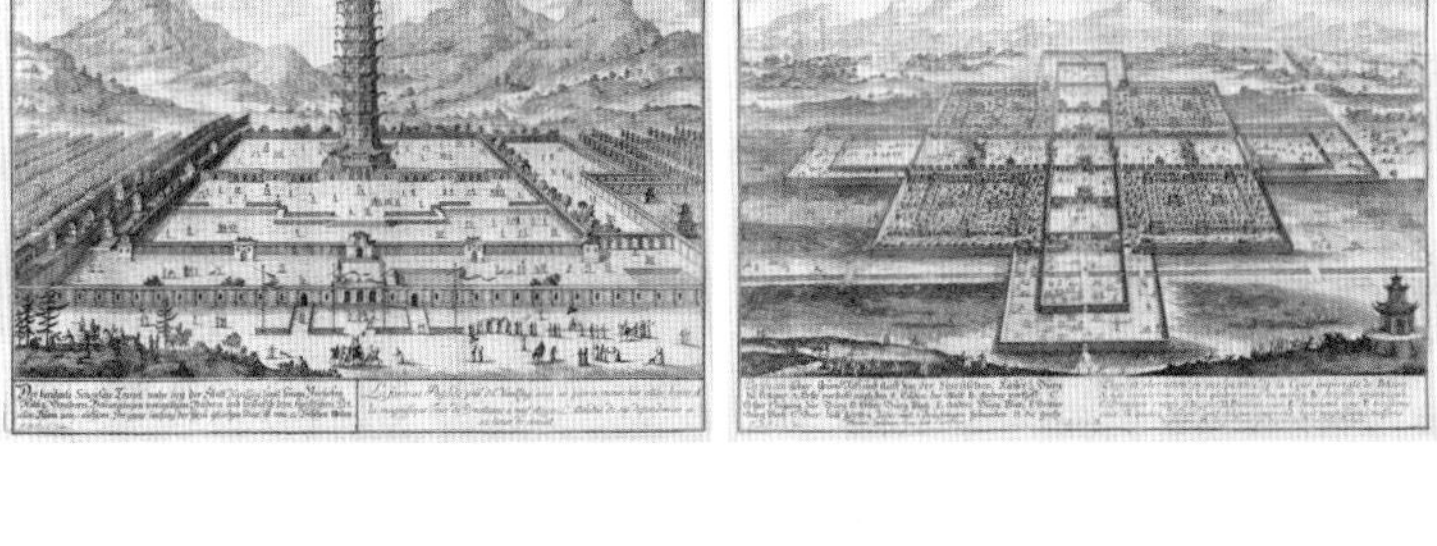

フィッシャー＝フォン＝エルラッハによる紫禁城（右）と南京（左）の鳥瞰図

建てられていました。

1）新古典主義→考古学的に正確に再現された古代ギリシア・ローマの小神殿や別荘
2）廃墟趣味→古代ギリシア・ローマ建築の廃墟を新築
3）異国趣味→中国趣味による四阿建築

この内、2）の傾向により中世の教会堂や修道院の廃墟を再現したものも作られるようになりました。教会建築の廃墟は、18世紀当時から大陸諸国とは異なる英国独自の風景だと認識されていたのです。これもまた、ゴシック・リヴァイヴァルの芽生えといえましょう。四阿だけでなく、庭園が囲む城館そのものにもゴシック建築の装飾が施されることがありました。第4代オーフォード伯爵ホレイス・ウォールポール（Horace WALPOLE, 4th Earl of Orford, 1717–97）が建てたストロベリー・ヒル城館（Strawberry hill, 1753–81）が代表例です[iii]。ウォールポールは『オトランド城』のような「ゴシック小説」の作者としても有名です[iv]。

そのような作家の一人でもあったウィリアム・トマス・ベックフォード（William Thomas BECKFORD, 1760–1844）も、建築家ジェイムズ・ワイアット（James WYATT, 1747–1813）の設計でフォントヒル・アビー（Fonthill Abbey, 1795–1807）という巨大な教会堂のようなカントリー・ハウスを建築しましたが、中央の塔の構造に無理があったようで１８２５年に3度目の崩壊を迎え、最終的に取り壊されました[v]。

趣味的な面ではなく、宗教的な面からゴシック建築をキリスト教建築にとって理想的な建築と捉える建築家も現れました。ピュージンです。『対比』や『尖頭式またはキリスト教建築の真の原理』のような著作の他[vi]、イギリス国会議事堂のファサードの垂直式ゴシックによるデザインも手がけました。

フォントヒルアビー外観パース（右）と断面図（左）

# 7 オリジナルのゴシック建築の修復も進みました

既存のゴシック建築の修復もゴシック・リヴァイヴァルの一面です。パリのノートル・ダム大司教座聖堂でも、１６２２年にパリ司教区がパリ大司教区となった後の大改装、フランス革命期の荒廃を経て、１８４６年から１８６８年まで修復事業が実施されました。17、18世紀の大改装では、壁面の彩色が落とされ、ステンドグラスも除かれました。内陣も大理石による古典主義的内装が施され、聖母の庇護を受ける王国を表現した彫刻「ルイ13世の誓願」が設置されています。

また、１６３０年から１７０７年までの毎年5月にパリの金銀細工師同職組合が奉納した『新約聖書』の「使徒行伝」を描いた連作絵画「五月奉納画」(Mays) が身廊上方に掛けられました。つまり、現代の大司教座聖堂の様相とはかなりかけ離れた内装だったのです。

大司教座聖堂の内装が現代に連なる様相となったのは、ジャン・バティスト・ラシュス (Jean-Baptiste LASSUS, 1807–57) とウジェーヌ・エマニュエル・ヴィオレ＝ル＝デュク (Eugène-Emmanuel VIOLLET-LE-DUC, 1814–79) による19世紀半ばの修復事業の時です。パリのノートル・ダム大司教座聖堂もファサード彫刻などがフランス革命時のヴァンダリスム (歴史的建造物の破壊運動) の犠牲となっていました。

荒廃したカテドラルの修復事業への国民的盛り上がりに火をつけたといわれているのが、19世紀フランスを代表する文人の一人であり、国会議員なども務めた政治家、オピニオン・リーダーでもあったヴィクトール・ユゴの小説『ノートル・ダム・ド・パリ』(*Notre-Dame de*

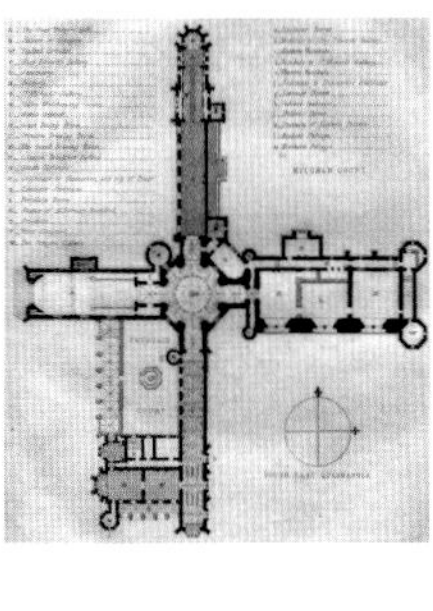

フォントヒルアビー平面図

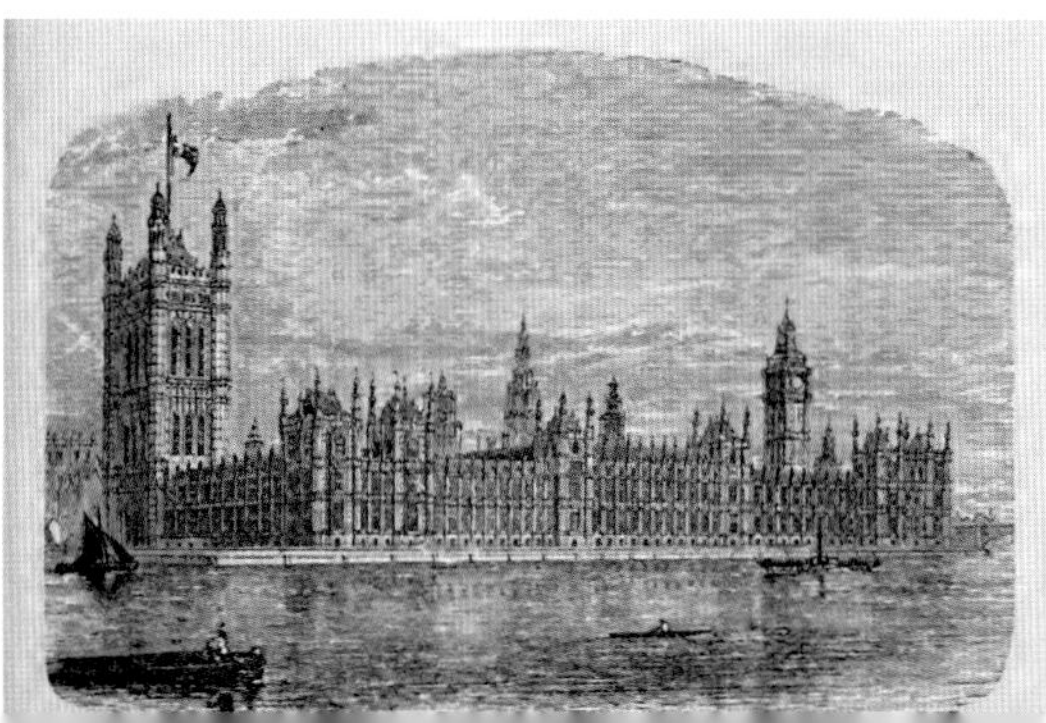

イギリス国会議事堂外観

*Paris*, 1831）です。

もともと、アンシアン・レジームの王政下においてフランスで最も重要な宗教的中心は、王の戴冠式や瘰癧《るいれき》触りの儀式が行われていたランスのノートル・ダム大司教座聖堂でしたが、１８３０年代以降に盛り上がったパリのノートル・ダム大司教座聖堂の修復事業をめぐる国民感情が、このカテドラルをフランス国民にとってさらに重要な宗教建築物にしたのです。

ラシュスとヴィオレ＝ル＝デュクによって進められた修復事業の中で、18世紀の末に落雷の危険を避けるために撤去されていた、交差部直上の尖塔の新たなデザインによる再建、フランス革命期に破壊されたファサードの諸王の彫像28体の復原、床のペーヴメント（敷石）の白黒の格子模様への変更、南北トランセプトの小屋組の架け替えなどが実施されました。その他、１８６８年には大オルガンが再建され、その後も拡張されています。

２０１９年4月15日現地時間19時頃、パリのノートル・ダム大司教座聖堂火災が起きたのは、ヴィオレ＝ル＝デュクによるこの尖塔の基部付近でした。先述の通り、身廊、南北のトランセプト、内陣、交差部の屋根と小屋組は全焼、屋根と小屋組直下の石造ヴォールトも交差部、身廊の一部、北側のトランセプトの一部が崩落しました。

過去の同様の事例と比べても被害は甚大といってよいでしょう。大司教座聖堂の小屋組は13世紀前半のもので、１１７７年に完成していた内陣の小屋組はこの時に架け替えられていますが、既存の小屋組の12世紀後半の部材も転用されていて、ヨーロッパでも貴重な中世小屋組の事例でした。

交差部の上の尖塔や交差部とトランセプトの小屋組は19世紀半ばにヴィオレ＝ル＝デュクらによって新たに建立されたもので、13世紀半ばに建立された中世建築ではないとしても、彼の修復事業がフランス中世建築を後世に伝えるにあたって果たした大きな貢献を考えるなら、これもまた大きな歴史的価値の損失です。

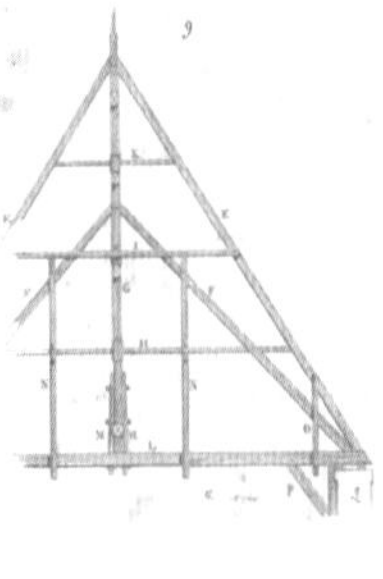

パリのノートル・ダム大司教座聖堂の木造の小屋組。ヴィオレ＝ル＝デュクの『フランス中世建築事典』より

## パリのノートル・ダム大司教座聖堂

上：東側から見る。2019年4月15日の火災以前の姿。下左：ヴィオレ＝ル＝デュクの『フランス中世建築事典』より。尖塔部分図面。下右：1770年の身廊内観パース。尖塔アーチの印象がかなり弱められている

パリ市の中心部に位置する大司教座聖堂は長年、都市の環境汚染にさらされ続けており、２０１８年７月以降、尖塔の修復・洗浄事業が４年間の予定で進んでいました。20年かけて屋根の鉛板を葺き替え、銅製彫像を修復し、小屋組の調査を実施する大規模な修復事業の一環だったのです。

復原あるいは再建についてはさまざまな提案がありましたが、２０２０年７月９日、火災直前の外観と同じ（identique）ものに復原されることが決定したとのことです。

# 8 建築事業が途中で止まってしまっていたゴシック建築の工事も再開されました

チェコの首都プラハ市を南北に縦断するヴルタヴァ川（モルダウ川）の西側にそびえるプラハ城の城壁の中に建つ聖ヴィート（ウィトゥス）司教座聖堂（Katedrála svatého Víta）の前方半分も19世紀後半から20世紀前半にかけて建立されたネオ・ゴシック様式の建築物です。もっとも、１０９６年に着工されたロマネスク様式の古い部分も残す、フランス出身の石工棟梁マテュー・ダラス（アラスのマテュー）による内陣（1344–85）や、マテュー没後にドイツ出身の石工棟梁ペーター・パーラーの指導で建築が続けられた教会堂後方半分と統一感の取れたデザインです。

普通に見るだけでは司教座聖堂全体が中世のゴシック建築のようにみえます。これはネオ・ゴシック様式の部分を手がけた建築家たちが、マテューらの当時のゴシック建築を研究し、その様式に合わせたからです。

とはいえ、それゆえにこそ、様式的統一感が本物の中世建築と比べると不自然に思われる

## プラハ司教座聖堂

上： 正面外観。 ネオ・ゴシック様式によって新たに設計された。下左：内陣内観。下右：南側外観

ほど実現されているともいえます。また、新たな西側正面ファサードには壮麗な薔薇窓が設けられました。フランス北部のゴシック教会建築において、薔薇窓は大きな特徴の一つで、通常、西側正面中央、南北トランセプト端部中央の3箇所に設けられます。

一方、プラハの場合は、南北トランセプト端部中央に薔薇窓はみられず、中央には尖頭アーチを頂いた大きな開口部が配されていました。じつは薔薇窓はフランス北部以外の中世ゴシック教会建築でそうそう頻繁にみられるわけではありません。

しかし、19世紀のネオ・ゴシック様式では、フランス北部のゴシック建築が理想の一つとされたことで、薔薇窓は不可欠の要素となった感があります。様式的統一感と薔薇窓、これらの2点が中世ゴシック建築とネオ・ゴシック様式の建築を見分ける鍵となるでしょう。

プラハ司教座聖堂のように未完成のゴシック建築が19世紀以降に完成に導かれた例は他にも多くありました。ケルンのザンクト・ペーター大司教座聖堂（Kölner Dom, 1248–1880）やウルム大聖堂（Ulmer Münster, 1377–1890）もそうですし、フィレンツェのサンタ・マリア・デル・フィオーレ大司教座聖堂の正面ファサードも19世紀後半に新たにネオ・ゴシック様式で設計されたものだったのです。

## ケルン大司教座聖堂とフィレンツェ大司教座聖堂

上：ケルンのザンクト・ペーター大司教座聖堂外観。正面ファサード左右に高さ157メートルの鐘楼がそびえる。下：フィレンツェのサンタ・マリア・デル・フィオーレ大司教座聖堂正面外観。周辺の様式にあわせて新設計された

## 註

i　16世紀フランスの城館建築の当時の姿は、ANDROUET DU CERCEAU, Jacques :*Les plus excellents bastiments de France, le premier volume*, Paris, 1576 でよくうかがえる。

ii　FISCHER VON ERLACH, Johann Bernhard: *Entwurff Einer Historischen Architectur*, Wien,1721。邦訳版は、ヨーハン・ベルンハルト・フィッシャー＝フォン＝エルラッハ（著）、中村恵三（編著）:『「歴史的建築の構想」注解』、中央公論美術出版、1995。

iii　*A Description of the Villa of Mr. Horace Walpole, at Strawberry-Hill near Twickenham*, Strawberry-Hill, 1784 に各種外観図、内観図、平面図等が所載されている。

iv　WALPOLE, Horace: *The Castle of Otranto*, Dublin, 1764。イタリアの古い物語を発掘して英語に翻訳したという体裁を取っていた。

v　多くの部分は現存しない。RUTTER, John: *Delineations of Fonthill and its Abbey*, Shaftesbury, 1823 に各種外観図、内観図、図面等が所載されている。

vi　PUGIN, Augustus Welby Northmore: *Contrasts or a parallel between the architecture of the 15th & 19th centuries*, London, 1836、および、PUGIN: *The true principles of pointed or Christian architecture*, London, 1841。これらの著作の中で、ロンドンのセント・ポール主教座聖堂などの古典主義建築を、構造体を覆い隠す偽りの建築として非難した。

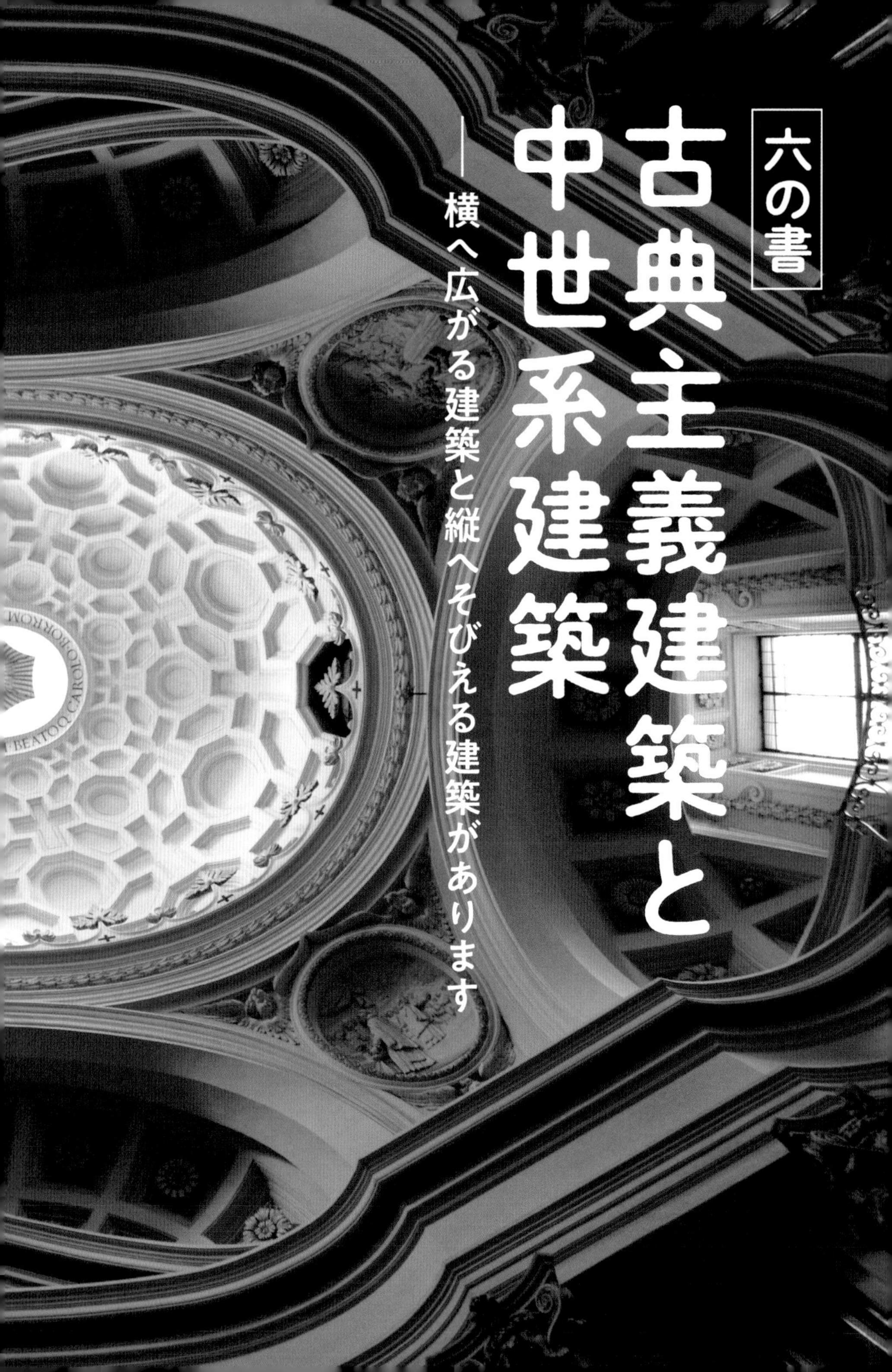

六の書

# 古典主義建築と中世系建築

——横へ広がる建築と縦へそびえる建築があります

ヨーロッパ最大級の宮殿建築といわれるヴェルサイユ城館は最大幅400メートル以上におよぶ広壮な広がりを持っています。しかし、その水平方向の広がりに対して高さの方はたいしたことはなく、全体は3階建てで、最も高い王室礼拝堂でも約43メートルに過ぎません。これはヴェルサイユ城館のファサード・デザインが則っている古典主義建築のオーダーの性質によるところ大でしょう。

一方で、ヨーロッパ中世の建築、とりわけ、ゴシック建築のデザインは水平的に展開するよりも鉛直方向の上方へと延びていく傾向が強く、ケルン大司教座聖堂やウルム大聖堂のように高さ160メートル前後の鐘楼を備えた事例もあります。

本章では、古代と近世の古典主義建築のデザインとゴシック建築を主とした中世建築のデザインの対照的なあり方を浮き彫りにしていきます。

なお、中世建築の縦に対して近世建築の横という対比は築城(fortification)の分野においてもみられますが、そのような違いが生じた要因はデザイン上のことではなく軍事技術の発展を背景としていることは四の書でみた通りです。

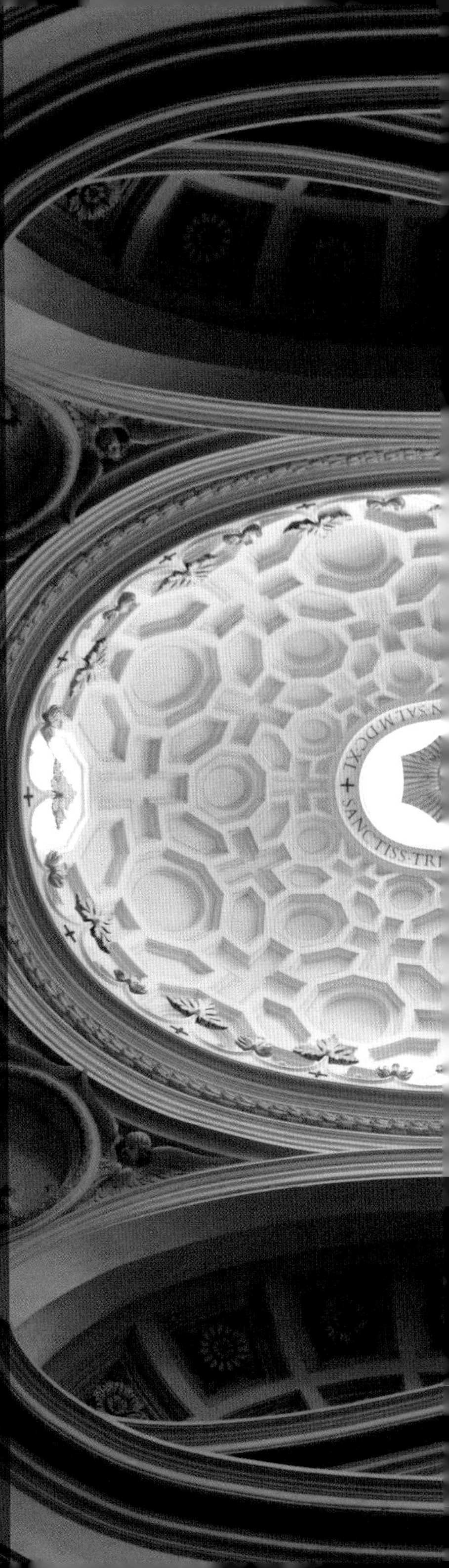

## 1 古代ローマ人は高さではなく広がりに壮大さを求めました

後世の人々にとって古代ローマ建築は「壮大さ」、「壮麗さ」(magnificence) というイメージで語られることが多かったといえます。たとえば、ジョヴァンニ・バッティスタ・ピラネージ(Giovanni Battista PIRANESI, 1720–78)は著書に『ローマの壮麗さと建築について』というタイトルをつけています。

じつは、古代ローマ建築の規模の大きさのうちには高さ方向のものはそれほど含まれていないように感じます。

もちろん、古代人のいう世界の七不思議の中には高さ130メートル以上あったというアレクサンドリアの大灯台のように高さを誇る事例もありました。高さを目指したといわれるゴシック建築がこれを乗り越えるのは、おそらく、ストラスブールのノートル・ダム大司教座聖堂の高さ約142メートル鐘楼(1360頃–1439)の登場を待たねばならないでしょう。

しかし、古代ローマ人が規模の壮大さを追求する際には、高さよりも水平的な広がりの方が重視されたように思われます。

## 2 古代ローマの巨大建築コロッセウムの外観にはオーダーが4段重ねられました

古代ローマ建築の中でも後世にその規模の壮大さをもって知られる事例にローマのコロッ

『ローマの壮麗さと建築について』表紙

ストラスブールのノートル・ダム大司教座聖堂

ローマのコロッセウムの建設過程I〜IV(184頁に続く)

セウムがあります。コロッセウムの平面は楕円形に近く、長軸方向の長さが約188メートル、短軸方向の長さが約157メートルで、一説には5万名収納可能だったといいます。コンクリートを用いた立体アーチ構法で、外縁部ではアーチ3層の上に壁体1層が載る4層構成、高さは約48メートルに達します。

このヴォリュームの建築物で全周にわたってこの高さが続くのですから、当時の人々にとって、まさに見上げるような建築物だったことでしょう。しかし、純粋に高さという点でいえば、前述の灯台や後世の大規模教会堂の鐘楼には譲るところ大です。

もちろん、コロッセウムが剣闘士等の試合が行われる場であるという建築物の機能、用途から天高くそびえる塔のような構造物は必要とされなかったということもあるでしょう。

一方で、古代ローマ人が古代ギリシア人から学んだ、神殿の外観の軸組を源とするコラムとエンタブレチュアのデザインが鉛直方向に延びていく建築物の外装デザインとなじまないことも事実です。

これらのコラムとエンタブレチュアのデザインは、16世紀半ば以降、「オーダー」とよばれるようになった、全体と細部の比例関係と装飾の体系に基づきます。コロッセウムをはじめとする聖俗の古代ローマ建築に適用されました。

コラムとエンタブレチュアはそれらの建築物の多くで構造上の役割を負っていません。ようするに壁面の上に施された装飾です。一の書で述べたように、古代ローマ建築の多くは軸組構法ではなく組積造（アーチ構法やコンクリート壁体構造含む）であり、コラムやエンタブレチュアは構造材ではなくアーチ構造の外に施された装飾と化したのです。

石材は圧縮力には強いですが、引っ張り力や剪断力に弱く、元々軸組構法に向きません。装飾的なコラムとエンタブレチュアの使用は、材料と構法の関係上、実は合理的なのです。この文脈で、ピラスターやハーフ・コラムなどのコラムの様々な装飾的用法が生まれ、多様な

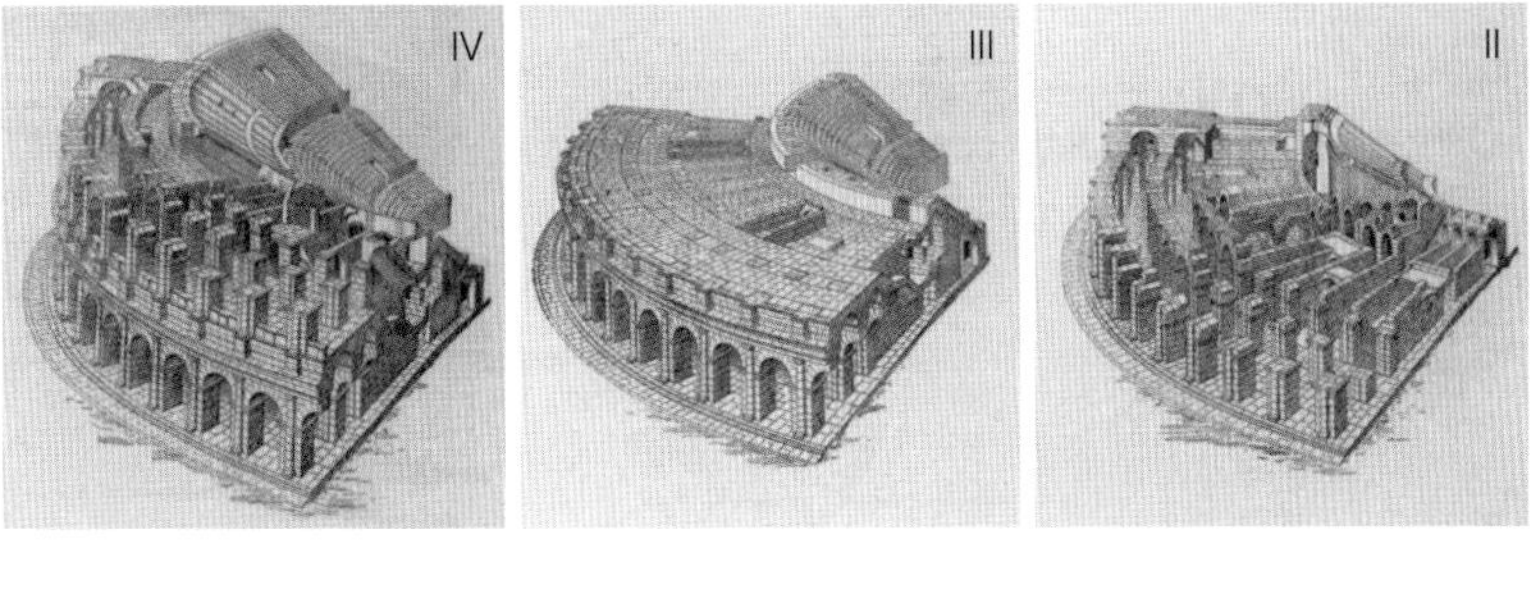

立体性が演出されました。

コロッセウムの外縁部ではアーチが4層積層しており、各層にコラムとエンタブレチュアが施され、後世にいう「オーダー」が積み重ねられています。第1層から第3層にみられる、下からドリス式、イオニア式、コリント式と重ねるスーパーコラムニエーション(supercolumniation)の手法は近世の多層の古典主義建築のファサード構成に大きな影響を与えました。

問題はコリント式の直上に位置する第4層の装飾です。古代ギリシア人から受け継いだコラムとエンタブレチュアの様式は3種類であり、第4層では第3層と同じくコリント式が採用されました。これではデザイン上、芸がありません。

このあたりのデザインの意図を確実に知ることはできず、後世の歴史家としては想像するのみです。おそらく、第4層はアーチ開口を設けない壁体のみとした上で、第3層までのハーフ・コラムをやめてピラスターを採用することで、第1層から第3層までの均一なデザインとコントラストをつけたということではないでしょうか。

## 3 スーパーコラムニエーションによって高さを求めるには限界があります

つまるところ、スーパーコラムニエーションによるファサード・デザインの限界はここにあります。デザイン上の多様性を保ちながら上方へ多層展開できるのは3層までなのです。

3層構成のファサードであっても、ルーヴル宮殿(palais du Louvre)レスコ棟の中庭側ファサードのように第1層がコリント式、第2層がコンポジット式の場合、第3層に配しうる様

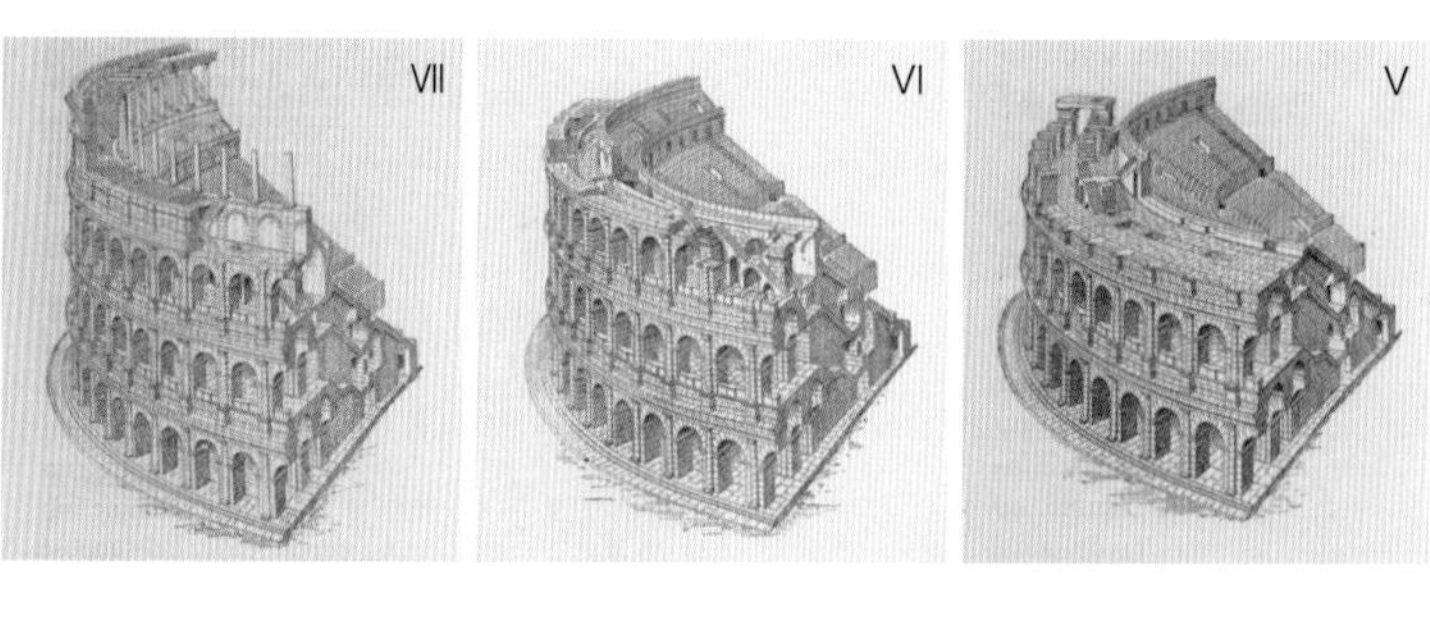

ローマのコロッセウムの建設過程
V〜VIII(前頁から続く)

## ローマのコロッセウム

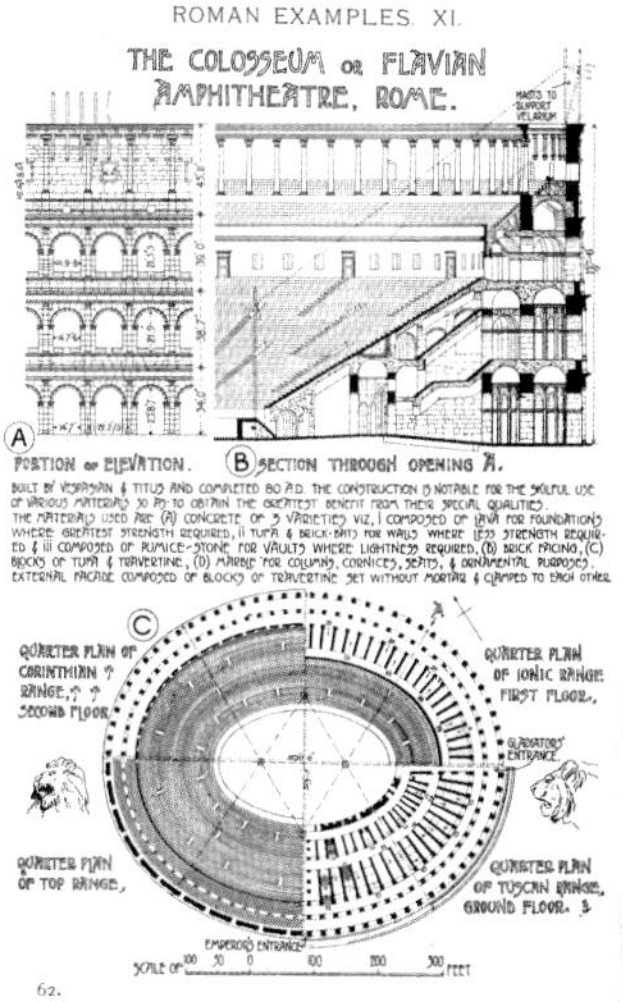

上：フォーリ・インペリアリ通り側から見る。第4層の上には木材とロープを用いて布で覆いがかけられた。これを「ウェールム」(velum)という。アレーナ直上は露天だったが、現代のドーム球場のような内部空間となっただろう。下左：各種図面。下右：アレーナ部分

式のオーダーは存在しません。レスコ棟では第3層にジャン・グージョン（Jean GOUJON, 1510頃–67頃）作のレリーフが施されました。

17世紀前半にルーヴル宮殿の中庭「クール・カレ」（正方形平面の中庭）を拡張し、新たなファサードを構築した際、レスコ棟ファサードのデザインが継承されましたが、第3層すべてに質の高いレリーフを施すことはあきらめたのか、レスコ棟が位置する中庭西側以外の三方のファサードでは第2層と同じコンポジット式オーダーが繰り返されました。

一方、2倍以上の幅に拡張された中庭西側では、レスコ棟の北側に新たに拡張された西翼棟がレスコ棟とまったく同じファサード・デザインとされました。

レスコ棟と西翼棟北側の間に設けられた「時計のパヴィリオン」（pavillon de l'horloge）の第4層では、コンポジット式オーダーの上方に配されるにふさわしい装飾としてカリアティッド（caryatid）8体が設けられました。

カリアティッドとは女性の身体全体を象ったコラムの一種であり、ウィトルウィウスも伝えている、ドリス式が男性、イオニア式が女性、コリント式が乙女の身体比例を円柱のプロポーションで表現したものという考え方を具象化したものでもありました。

このような工夫が必要だったのは、先に述べたように、スーパーコラムニエーションによる上方へのデザイン展開が3層までを限界としていたことによります。この限界はルネサンスの建築家達がトスカナ式とコンポジット式を加えたことによって5層までに拡張されましたが、それでも限界が存在することには変わりありません。

この限界が、ルネサンスやバロックの建築家たちが教会堂の鐘楼のような塔状の建築物のファサードをデザインする時に必ずぶつかる壁となりました。この限界をヴォリュームの自在な操作によってしのいだ作例として、トリノのモーレ・アントネッリアーナ（Mole Antonelliana, 1863–89）があります。高さ約167.5メートルで、煉瓦造建築物としてはヨー

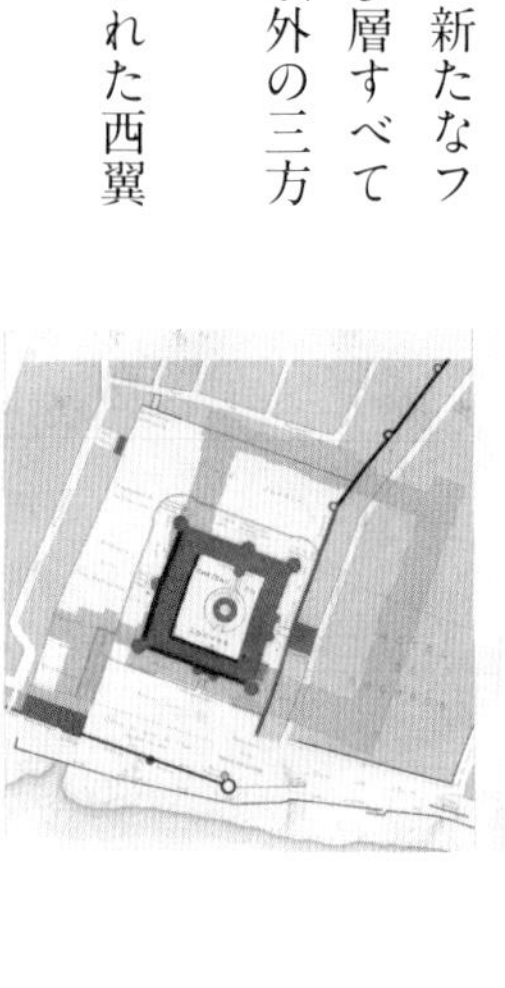
ルーヴル宮殿拡張事業配置図

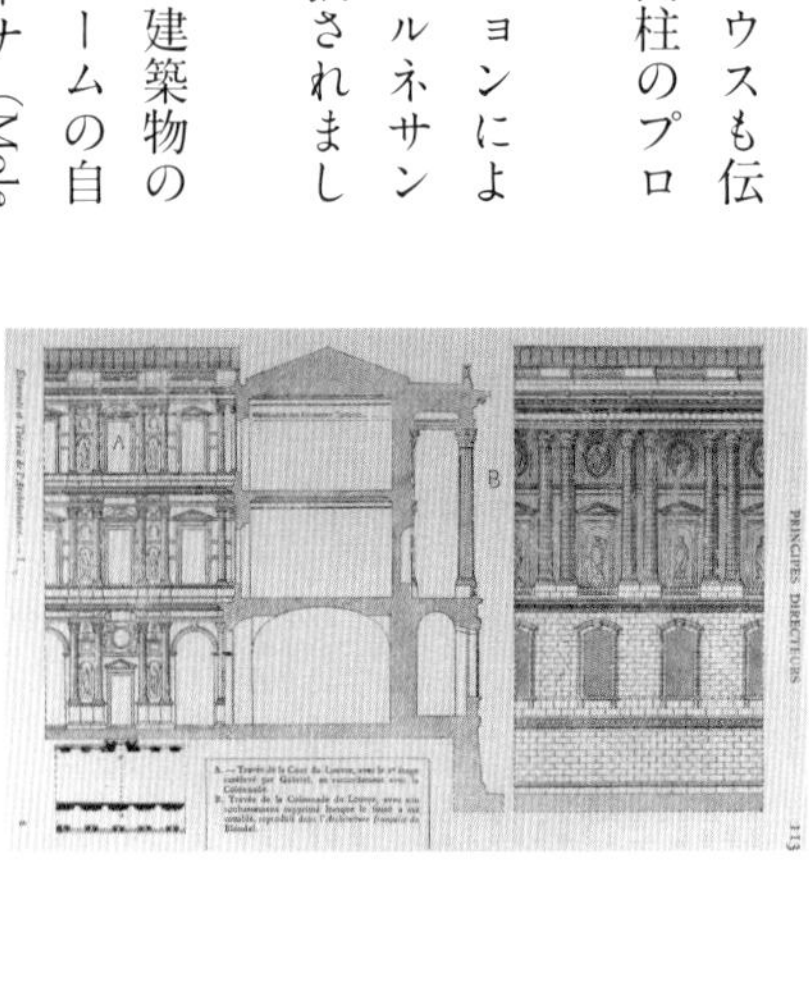

ルーヴル宮殿クール・カレ拡張事業断面図（左側）

## ルーヴル宮殿とモーレ・アントネッリアーナ

上：ルーヴル宮殿クール・カレとその西翼棟。中央の時計のパヴィリオンの左側がレスコ棟
下左上：同、時計のパヴィリオンのカリアティッド（女身柱）。下左下：モーレ・アントネッリアーナ。
下右：ルーヴル宮殿、時計のパヴィリオン

ロッパで最も高いといわれています。

# 4 フランス最大のゴシック教会堂建築はなんでしょう？

19世紀後半には、ケルン大司教座聖堂（157・22メートル）（1880）やウルム大聖堂（161・53メートル）（1890）のようなモーレ・アントネッリアーナに迫る高さを誇るゴシック様式の鐘楼が登場しました。これらは19世紀の産業力と経済力あってこそ実現にこぎつけた事例です。

では、産業革命よりも前に実現された高さはどの程度のものだったのでしょうか。18世紀半ばに活躍したフランスの建築家・建築理論家・教育者ジャック・フランソワ・ブロンデル（Jacques-François BLONDEL, 1705–74）は著書『フランス建築』で、当時、フランス最大のゴシック建築とみなされていたのはストラスブール大司教座聖堂だが、本当はパリのノートル・ダム大司教座聖堂の規模の方が大きいと指摘しています。

ブロンデルによるとそのような印象があるのはストラスブール大司教座聖堂の高さ140メートル以上の鐘楼によるところ大だといいます。中世、近世においてこの高さは例外的だったにせよ、多くのゴシックの大聖堂建築において高さ数十メートル、場合によっては高さ100メートルを超える鐘楼や尖塔が建立されていきました。

ブロンデル『フランス建築』より。パリのノートル・ダム大司教座聖堂平面図

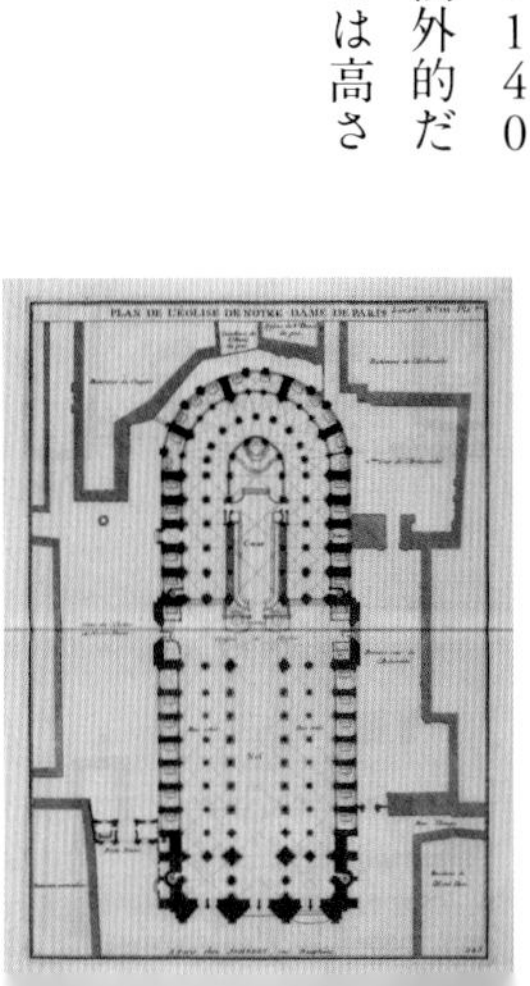

# 5 パリのノートル・ダム大司教座聖堂はわりと短い期間で建てられました

ブロンデルによると18世紀半ばにおけるフランス最大の教会堂建築だというパリのノートル・ダム大司教座聖堂は、1163年、パリ司教座聖堂として着工されました（大司教座聖堂となったのは1622年）。当時のパリ司教はモーリス・ド・シュリであり、司教座聖堂は彼の司教在職中に主要部が完成しています。

1177年に内陣（chœur）とその周囲が「完成」（小屋組と屋根も架構済み、石造ヴォールトは未完成）、1182年には内陣ヴォールトも完成し、献堂式が実施されています。これは教会堂として正式に機能し始めたことを意味します。建築中のトランセプト、交差部、身廊などの工事現場とは仮設壁面で隔離されました。

内陣は主祭壇（autel majeur, maître-autel）を中心とする教会堂の心臓部で、聖職者だけが立ち入ることを許された空間です。主祭壇はミサにおける「最後の晩餐」の食卓であり、そこで聖体拝領（communion）が行われます。すなわち、内陣だけでもミサの挙行は可能なのです。その後、内陣以外の部分の工事が進んでいきました。本教会堂平面はバシリカ式の中でも大規模な教会堂にみられる五廊式で、身廊のヴォールト高は約35メートルに達します。1220年頃、この身廊等が、ファサード南北の塔（tour）以外、屋根がかかった状態で「完成」しました。

1220年代には高窓（fenêtre haute）の高さを増すために小屋組と屋根の架け替えが実施され、1225年頃には内陣部分については終わり、身廊上で工事続行中でした。トリビューンの屋根形状も変更され、片流れ屋根（toit en appentis）が切妻屋根（toit à double pente）に変

パリのノートル・ダム大司教座聖堂の身廊見上げ

更されて、高窓が下側にも拡張されました。

前述したように、1245年の南北の塔の「完成」によって、大司教座聖堂本体（gros œuvre）が「完成」したといってよいでしょう。当初、鐘が設置されたのは北塔のみでしたが、鐘楼が設けられたことによってミサの時間などを知らせる時鐘の機能が備わることとなり、ここに至って教会堂として必要な機能が揃ったのです。すなわち、教会堂として「完成」したということです。

双塔は左右対称にみえますが、その対称性は完全ではありません。西側正面ファサードには教会堂への出入口となるポルタイユ（大扉口）が3箇所設けられていて、側廊に面した左右のポルタイユの形状は若干異なっています。

また、ポルタイユ直上には合計で28体の王の像が並んでいますが、左右端部とポルタイユの間の合計4箇所に配されたバットレス上には1体ずつ、左ポルタイユ直上には8体、中央ポルタイユ直上には9体、右ポルタイユ直上には7体というふうに割り振られていて、向かって左側の北塔（tour nord）の方が少し太いことがわかります。

それゆえ、北塔は「大塔」とよばれるようになります。高さは南北揃っており、ともに高さ69メートルです。

パリのノートル・ダム大司教座聖堂にはこれらの塔のほか、交差部直上に尖塔（flèche）が建立されました。この尖塔は13世紀半ばに建築されましたが、落雷等の被害が折り重なり、1786年から1792年の間に撤去されてしまいました。

その後、半世紀後にヴィオレ＝ル＝デュクの手で復元が検討されながらも情報が足らずに断念され、彼の手で新たにデザインされた尖塔が再建されました。2019年4月15日に炎上崩落したのはこの尖塔です。その高さは当初の尖塔よりも高い約97メートルに達していました。交差部直上に高い尖塔がそびえたつイメージは彼にとって理想のゴシックの姿そのも

パリのノートル・ダム大司教座聖堂を左岸（南）側から見る

## パリのノートル・ダム大司教座聖堂

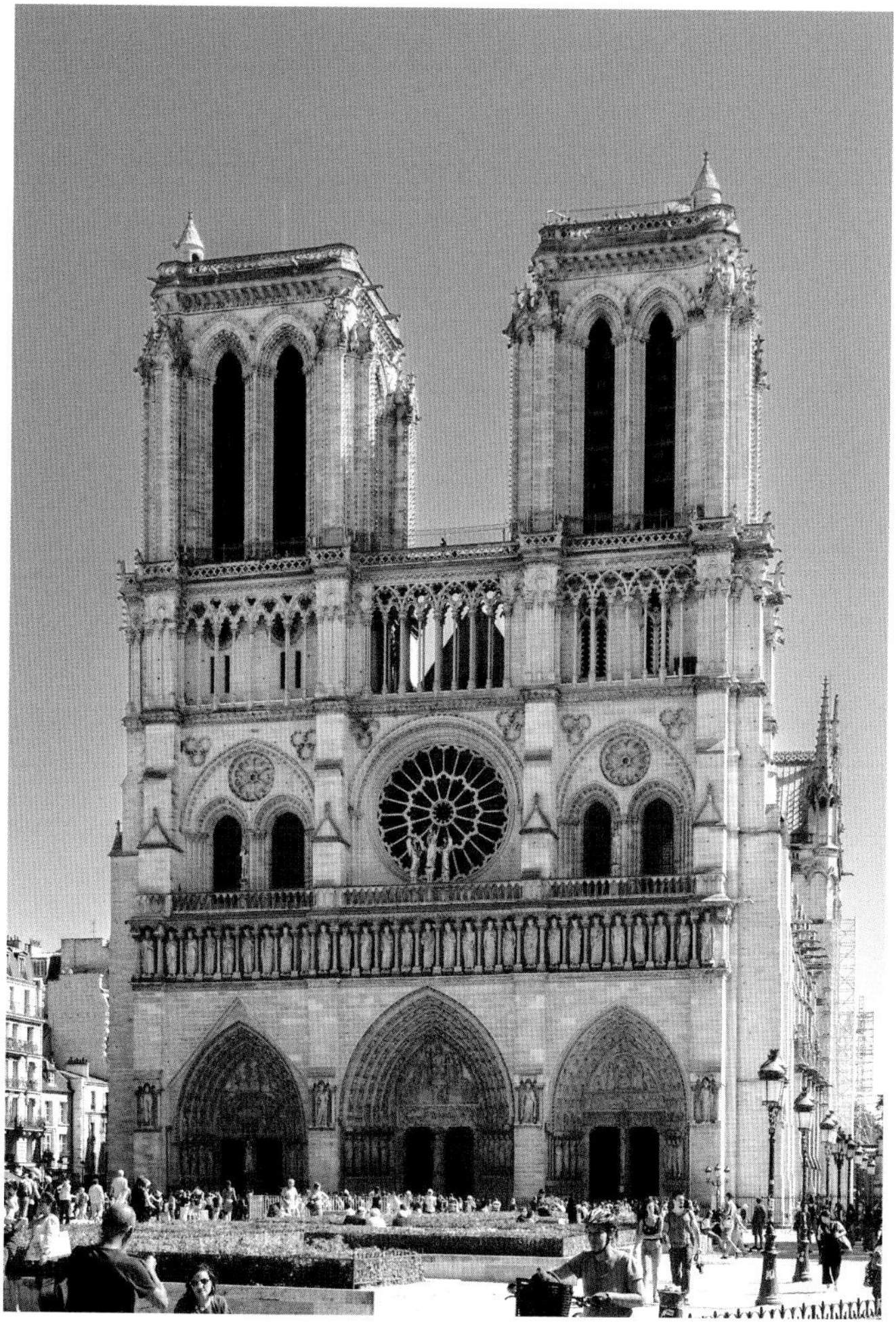

387. Section of Side Aisles, Cathedral of Paris. (From Gailhabaud, 'Architecture.') Scale 50 ft. to 1 in.

388. External Elevation, Cathedral of Paris. (From Gailhabaud.)

左：正面ファサードを見る。28体の諸王の像は1793年にヴァンダリスム（歴史的建造物への破壊行為）の犠牲となった。右上：側廊部分断面。右下：側面立面のだったのでしょう。

## 6 フランス王の戴冠式は パリではなくランスで行われました

パリのノートル・ダム大司教座聖堂はゴシック建築の中では初期の事例であり、ロマネスク建築の趣も残しています。私のみるところ、最もゴシック的な建築物は13世紀を通じて建築されたランスのノートル・ダム大司教座聖堂でしょう。

ランス大司教区は伝承によると4世紀以来の伝統を持ち、５００年前後にフランク王クロヴィスが歴代王で初めてローマ教会の洗礼を受けた地としての由緒があります。フランス王国はフランク王国から継続する国体として捉えられていたので、歴代フランス王にとってもランス大司教座聖堂は王国内で最も重要な宗教的中心だったのです。

今でもランス大司教座聖堂を訪れると、聖レミギウス（サン・レミ）がクロヴィスに洗礼を授けた地点と伝わる場所の床面にそれを示す文字が刻まれています。

それゆえ、特に12世紀以降、歴代のほとんどのフランス王がこの大司教座聖堂で「聖油」をもって戴冠式を行うようになりました。とりわけ、ジャンヌ・ダルクらの建言によって挙行されたシャルル7世の戴冠式（１４２９）が有名でしょう。

戴冠式の他、歴代王による「王の瘰癧《るいれき》触《さわ》り」も折に触れて行われました。王に触ってもらうと瘰癧が治るという俗信が「王の奇跡」として中世フランスの民衆の崇敬の的となっています。この儀式は近世になってもルイ14世などによって続けられていました。

このような重要な場所に、現在の教会堂が建築される前、パリのノートル・ダム大司教座

ランス大司教座聖堂。クロヴィス洗礼の地を示す文字

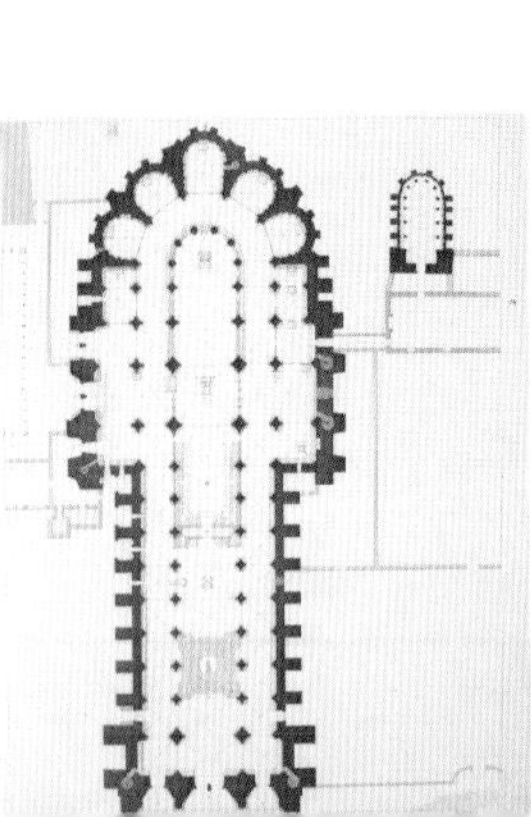

ランス大司教座聖堂平面図

## ランス大司教座聖堂

正面外観。正面ファサード左右の鐘楼はパリのノートル・ダム大司教座聖堂よりも10メートル以上高い

聖堂と同じくカロリング朝時代の教会堂が数棟建っていました。13世紀初頭に火災でそれらが焼失したため、1211年5月6日に現在の大司教座聖堂の建築物が着工されたのです。1252年に西側正面ファサードの美装が始まり、高さ80メートルの双塔は1416年から1452年にかけて建築されました。結局、パリの事例と同じく、ゴシックのカテドラルとしては60年間ほどという比較的短期間で概ね完成しています（双塔などを除く）。そのため、4名の棟梁が相次いでこの建築事業を主導したにも関わらず、全体の様式的統一感は中世のゴシック建築としては例外的に高くなっています。とりわけ、ファサードはほぼ完全に左右対称なデザインで完成されました。パリ、シャルトル、アミアンの司教座聖堂では完全にそうなっていないのとは対照的です。

ファサードは水平方向には3部分、鉛直方向には4部分からなっています。水平方向の分割はバシリカ式の三廊形式の平面に対応していて、それぞれ側廊、身廊、側廊のファサードということになります。

それぞれにポルタイユという大扉口があり、それぞれの周りに配された彫刻群にはテーマがあって、中央が聖母の生涯と戴冠、左側がキリストの受難、右側がヨハネ黙示録と最後の審判です。最後の審判はパリのノートル・ダム司教座聖堂では中央に配されましたが、ここではノートル・ダムの名にふさわしく聖母マリアがこの位置を占めました。

鉛直方向の分割は、下からポルタイユが配された層、身廊薔薇窓と側廊直上のフライング・バットレスが配された層、「諸王のギャラリー」(galerie des rois)の層、左右に配された鐘楼部分からなっています。「諸王のギャラリー」はパリのノートル・ダム大司教座聖堂ファサードにも存在しましたが、パリではポルタイユの層の直上という低い位置に設けられていました。

ランス大司教座聖堂身廊

パリのノートル・ダム大司教座聖堂内陣改装案

## パリのノートル・ダム大司教座聖堂とランス大司教座聖堂

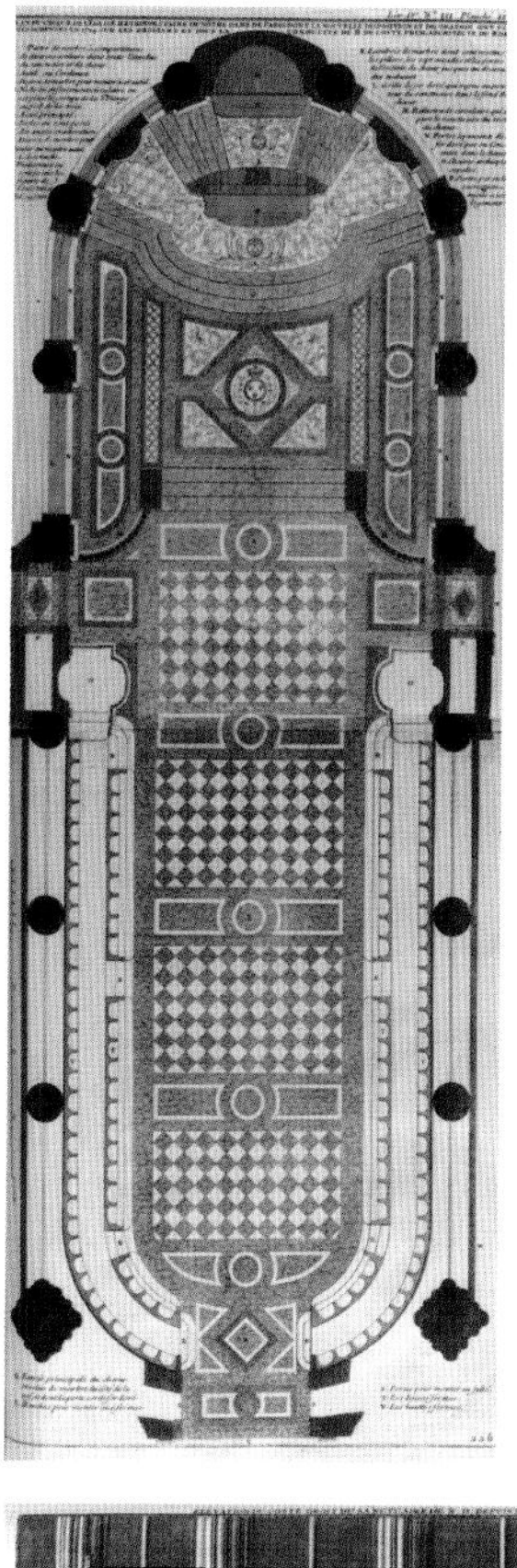

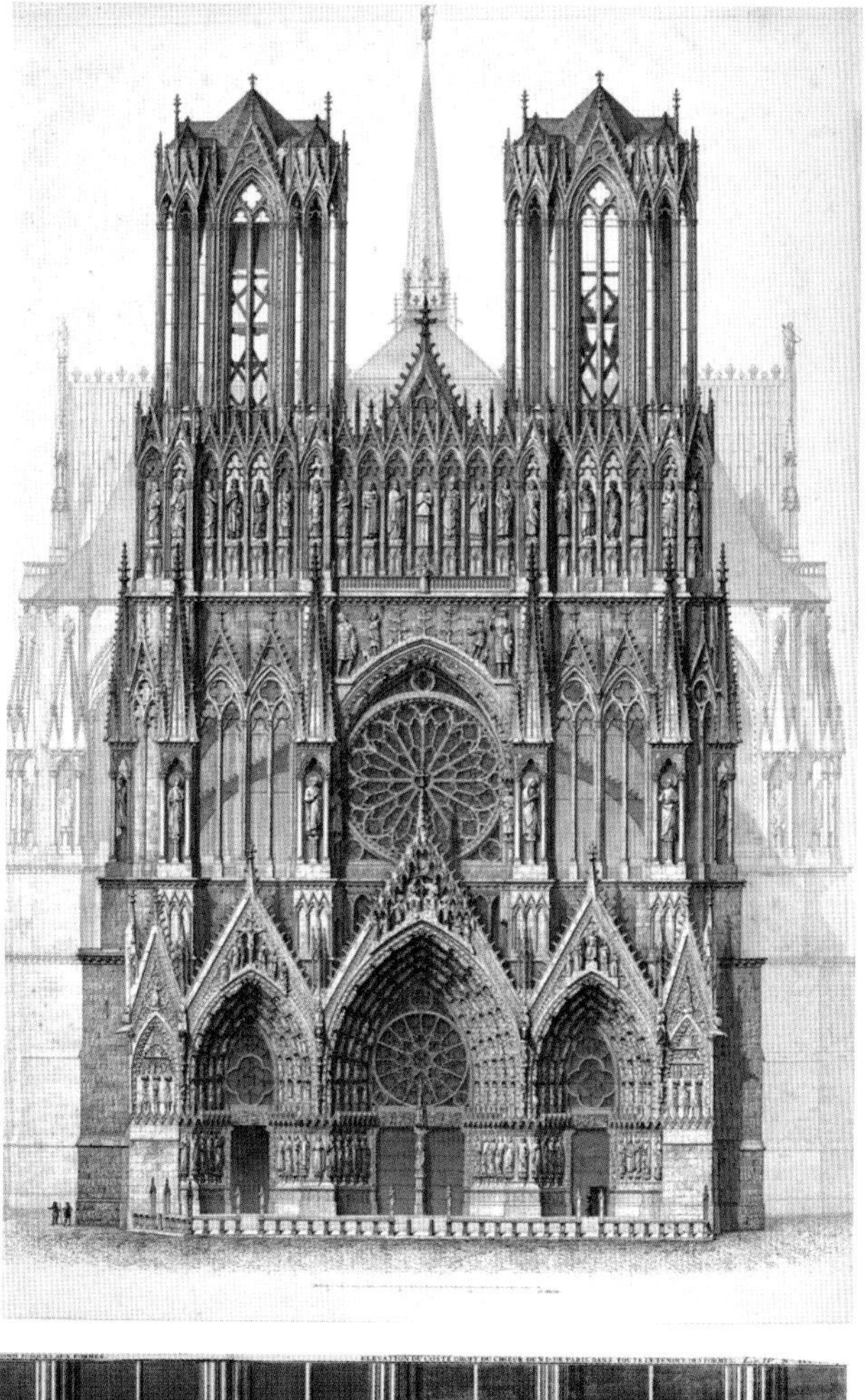

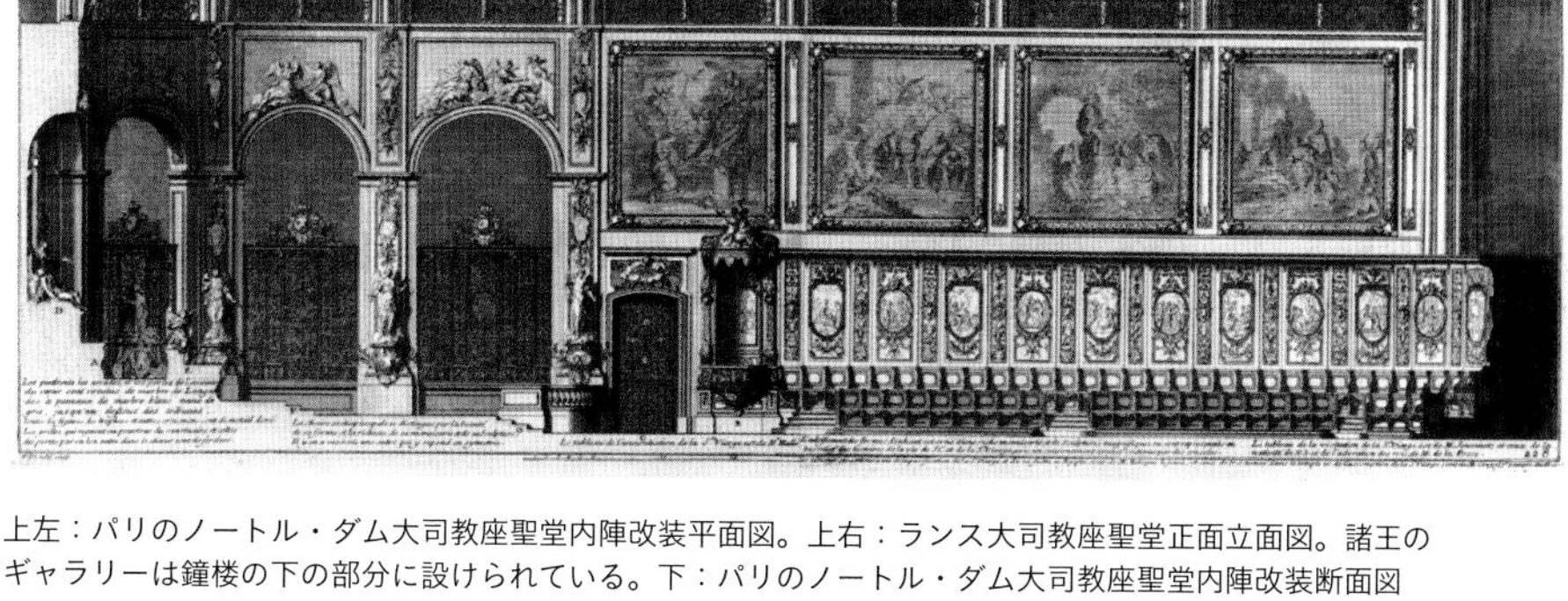

上左：パリのノートル・ダム大司教座聖堂内陣改装平面図。上右：ランス大司教座聖堂正面立面図。諸王のギャラリーは鐘楼の下の部分に設けられている。下：パリのノートル・ダム大司教座聖堂内陣改装断面図

# 7 パリのノートル・ダム大司教座聖堂のインテリアがバロック的装飾で満たされました

パリ司教区は1622年にサンス大司教区から独立してパリ大司教区となり、1638年2月10日には当時の王ルイ13世によって王国全土を聖母に捧げる誓願の場となって、カトリック教会においても王権にとっても重要性を増していきました。

それゆえ、1699年から内陣の大リニューアルが検討され、戦争による事業中断を経て1708年から実施されていきました[i]。当初、王の首席建築家アルドゥアン＝マンサールによって主導されており、その中には交差部中央に天蓋付き主祭壇を設置して交差部を鉛直方向に貫く強力な軸線が設定される案もありました。

身廊、交差部、内陣を貫く東西方向の水平軸、および、それと直行するトランセプトと交差部を貫く南北軸に対して、さらにそれらに直行する鉛直軸を挿入したこの構成は、天蓋付き主祭壇とともにサン・ピエトロ使徒座聖堂の空間を意識したものだと思われます。

アルドゥアン＝マンサールは新築の教会堂としてもパリの廃兵院ドーム教会堂でドームが高くそびえる鉛直軸を意識させるような集中式平面の空間を創造していました。サン・ピエトロ使徒座聖堂も廃兵院ドーム教会堂も古典主義建築ですが、ペンデンティヴ・ドームを中心とした求心的平面とあいまって、ある意味、鉛直軸において高さを追求した建築物でした。

ドーム直上のランタン（頂塔）を含む高さは前者で130メートル以上、後者でも約107メートルに達します。ドームが強烈な求心性と高さを備えている事例として、ドレスデンのフラウエンキルヒェ（Frauenkirche, Dresden, 1726–43）も秀逸で、高さは91メートル以上です。

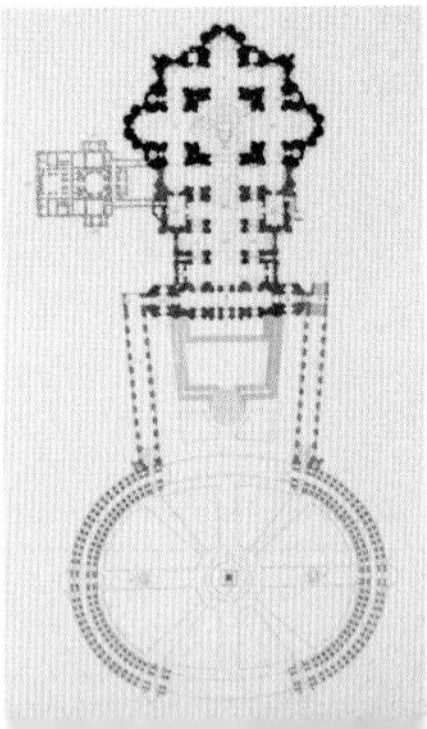
サン・ピエトロ使徒座聖堂平面図

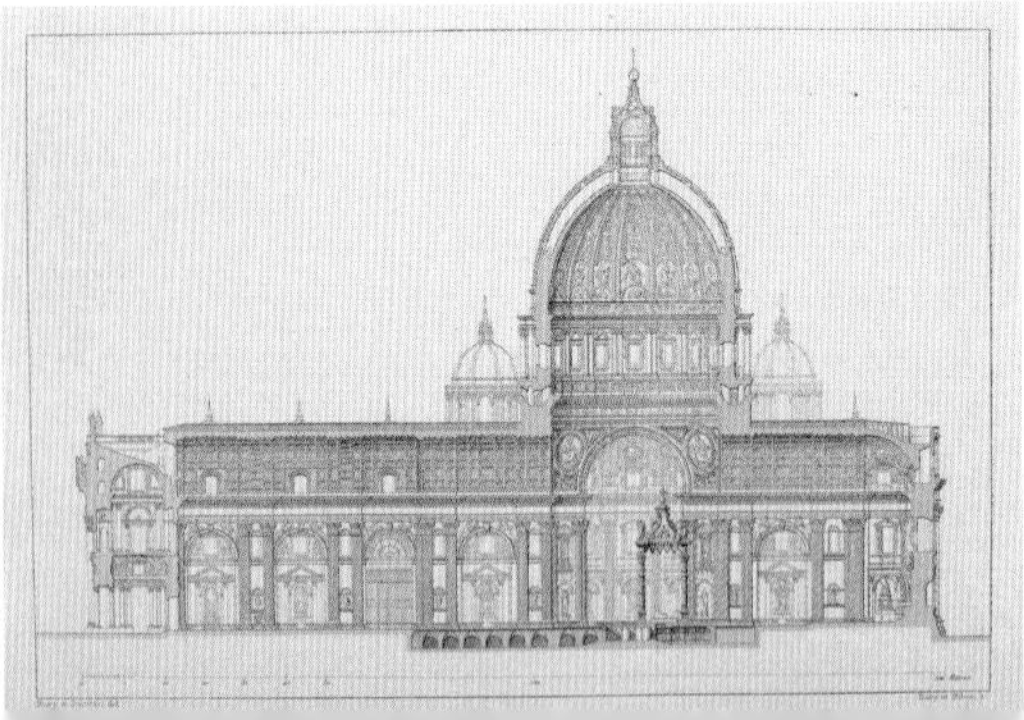
サン・ピエトロ使徒座聖堂断面図

## 廃兵院ドーム教会堂とフラウエンキルヒェ

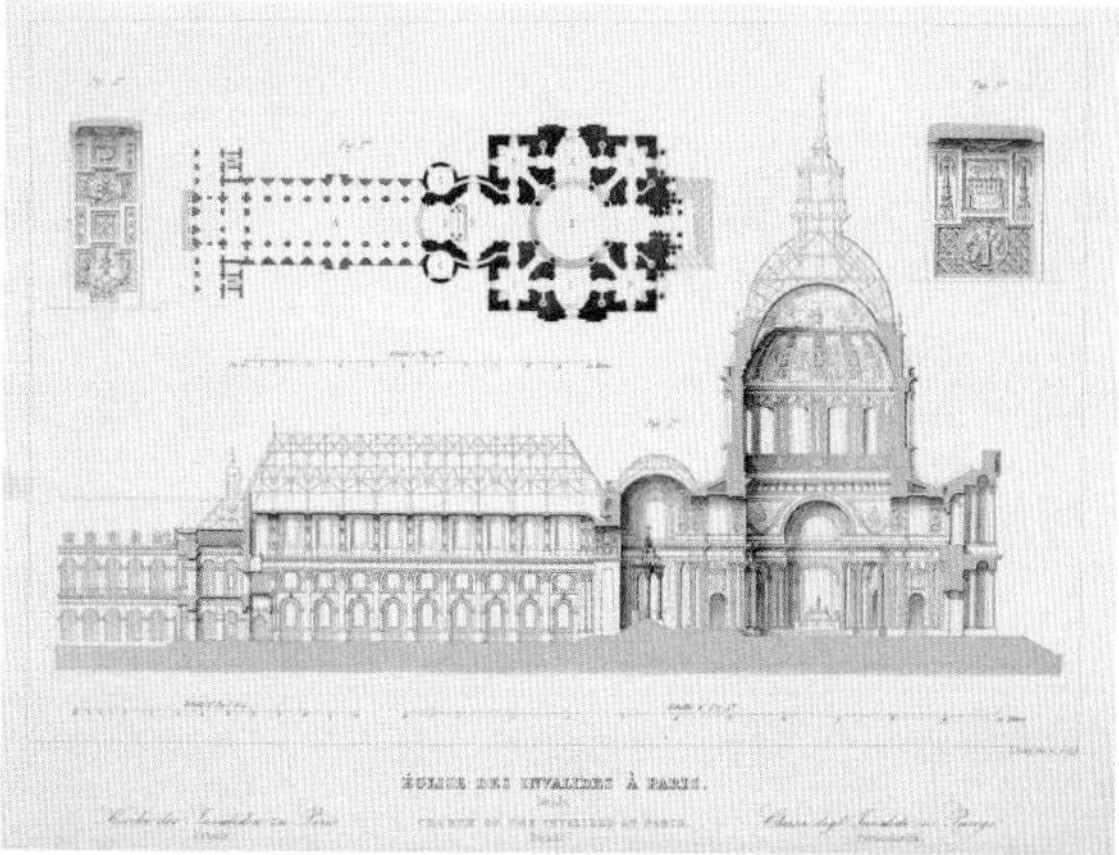

上左：廃兵院ドーム教会堂正面。ドーム上層の窓列は三重殻ドームの最下部の殻の上に配されていて内側からはみえない。上右：同、内観。下左：フラウエンキルヒェ外観。黒っぽい石材が当初材。1944年2月13～15日のドレスデン空襲によって灰燼に帰したが、1990年代以降に復原された。下右：廃兵院ドーム教会堂諸図面

# 8 ローマ・バロック建築は求心性と高さを追求します

このような求心性と高さを追求する傾向は、17世紀に建立された大中小の多くの教会堂にみられます。ローマ・バロック建築の代表事例といわれるフランチェスコ・ボッロミーニ（Francesco BORROMINI, 1599–1667）のサン・カルロ・アッレ・クワットロ・フォンターネ教会堂（chiesa di San Carlo alle Quattro Fontane, 1638–46、ファサードは1665–68）も例に漏れません。

なにやら長ったらしい名称ですが、これは「四つの泉のあるサン・カルロ教会堂」という意味で、四隅に泉のある交差点の南東隅に位置することに由来します。これでは長いので、「小さなサン・カルロ教会堂」という意味の「サン・カルリーノ教会堂」という通称もあります。サン・カルロとは、16世紀後半にカトリック改革の推進者として活躍した枢機卿・ミラノ大司教カルロ・ボッロメーオ（Carlo BORROMEO, 1538–84）のことです。

壁体そのものがうねっているダイナミックな立体的ファサードで知られ、2層からなるファサードのうち、下層のみがボッロミーニ自らの作です。その第1層では、大きなスケールのコリント式オーダーと小さなスケールのオーダーが併用されていて、ミケランジェロのパラッツォ・デイ・コンセルヴァトーリのファサードのローマ・バロック的翻案といえるでしょう。

内部空間は正三角形と円などの幾何学図形を複雑に組み合わせたもので、その中央に擬似楕円形平面のドームが、長軸を奥行き方向にして配置されています。全体はこのドームを中心とした集中式平面です。

ドーム頂点には採光のためのランタンが設けられ、ランタンの天井には白鳩が描かれまし

サン・カルロ・アッレ・クワットロ・フォンターネ教会堂内観見上げ

## サン・カルロ・アッレ・クワットロ・フォンターネ教会堂

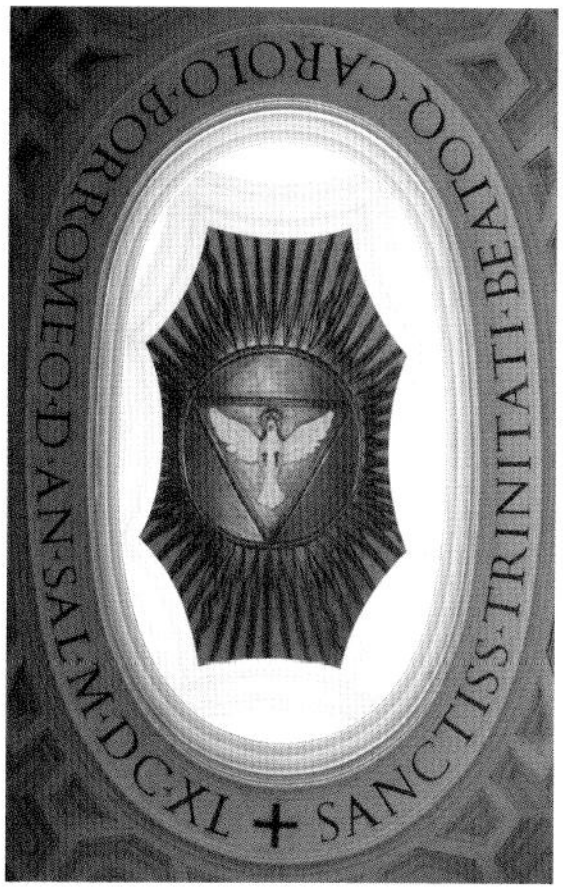

左上：正面ファサード。ボッロミーニ本人が設計したのは第1層（下層）のみ。左下：ランタンの天井には聖霊を表す白鳩が描かれている。右：中央に楕円形平面のドーム。それを中心とした複雑な造形がスタッコ職人の優れた技術で実現されている

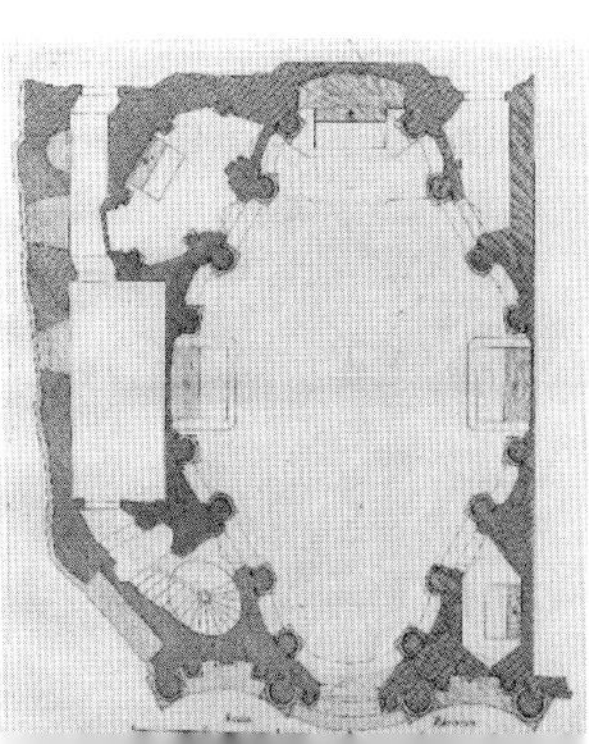

サン・カルロ・アッレ・クワットロ・フォンターネ教会堂平面図

た。白鳩は三位一体の神の第3の神格「聖霊」を表しています。このような白鳩の配置の事例はバロックの教会建築に数多くみられます。

バロックの教会建築におけるドームの鉛直軸の導入には、天から地上に降臨する聖霊のイメージが重ねられています。カトリック改革においては、聖体拝領時の聖体（パンとワイン）の実体変化とともに、三位一体説の再確認が重要視されており、聖霊の表現の重要性が増したことはそれを背景としているのでしょう。

## 9 西洋宮殿建築は高さを求めません

同じバロック建築でも世俗建築では状況は異なります。17世紀後半から18世紀にかけて、とりわけ、18世紀前半の半世紀間、ヨーロッパ各地で大規模な宮殿や貴族邸宅が多く建築されましたが、ほとんどの事例で天をつくような塔を備えることはありませんでした。

その代表例であり、他の事例の多くのモデルともなったのが、ヴェルサイユ城館です。ヴェルサイユ城館の特徴の一つは首都パリから遠すぎもしないが近すぎもしない郊外に営まれている点です。

14世紀後半にパリの東方に築かれ、当時の王シャルル5世（Charles V, 1338–80）の重要な根拠地となったヴァンセンヌ城塞を「中世のヴェルサイユ」と称することもあるのは、ヴェルサイユのこのような特徴と共通点があるからです。

その意味ではスペインの首都マドリードの北西45キロメートルほどに位置する農村地帯に営まれた「王の修道院」サン・ロレンソ・デ・エル・エスコリアル（Real Monasterio de San

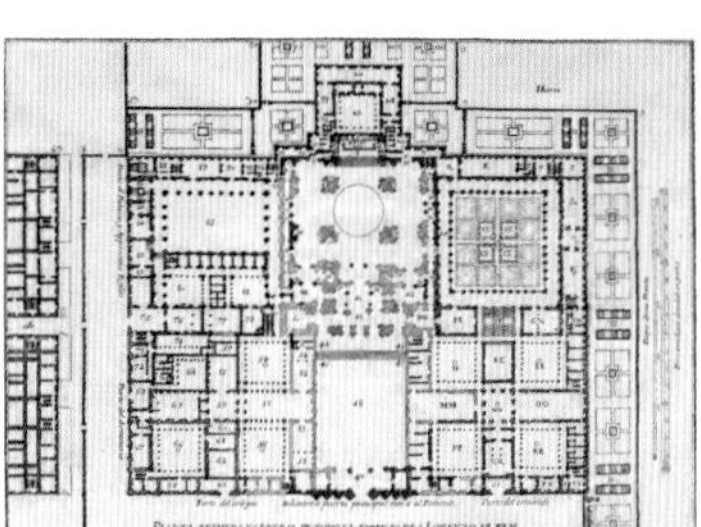
エル・エスコリアル1階平面図

エル・エスコリアル鳥瞰図

Lorenzo de El Escorial, 1563–84）はヴェルサイユより前の時代のヴェルサイユ的宮殿複合建築物といってよいでしょう。

ヴェルサイユとの大きな違いは教会堂と修道院が大きな割合を占めていることで、とりわけ、中央奥にドームを頂いた集中式平面の大規模教会堂がそびえていることでしょう。その部分に関しては前節で触れたカトリック改革以降の教会空間の特徴がよく出ています。

エル・エスコリアルを建築する契機は１５５７年８月10日（聖ラウレンティウスの日）のサン・カンタンの戦いでスペインがフランスに対して勝利を収めたところにあります。１５５６年にカルロス１世（神聖ローマ皇帝カール５世でもある）が生前に息子に譲位した直後であり、その息子フェリペ２世の治世最初期の勝利でもありました。

この時、同盟したサヴォイア公エマヌエーレ・フィリベルトとともに聖ラウレンティウス（225–258.8.10）に教会堂を捧げる誓いを立て、それを実現させたのがエル・エスコリアルでした。ちなみにサヴォイア公の方はこの誓いから半世紀以上も後、トリノ市街地中心部に「王の教会堂」サン・ロレンツォ（Real chiesa di San Lorenzo, 1634–96）を建立しています。

エル・エスコリアルは王家の墓所たるサン・ロレンソ教会堂を中心として、その周囲に修道院、神学校、図書館と王の居住する宮殿が、碁盤の目状に複数配されたパティオ（ほぼ正方形平面の中庭）を囲って設けられている複合建築物です。全体は横長の長方形平面で、その規模は幅２４０メートル超、奥行き１５０メートル超に達します。

当初案は建築家ファン・バウティスタ・デ・トレド（Juan Bautista de TOLEDO, 1515頃–67）によるものです。碁盤の目状の平面形態は、鉄の網（グリッド）の上で焼かれて殉教したと伝わる聖ラウレンティウスを思い起こさせるものであるといいます。

トレドの没後はスペイン・ルネサンスの重要な建築家ファン・デ・エレーラ（Juan de HERRERA, 1530–97）が引き継ぎました。外観にはオーダーが用いられておらず、ほとんど装

サン・ロレンツォ外観

サン・ロレンツォ内観

飾されていない平滑な石造壁面が荘厳かつ厳格な雰囲気を醸し出しています。

## 10 ヴェルサイユ城館と庭園は無限に広がる空間を目指します

エル・エスコリアルはスペイン・ルネサンス建築の代表作の一つで、スペインを代表する近世の大規模建築物です。その空間は長方形平面をなす強固な壁体に囲われた中で展開しています。エル・エスコリアル自体は強固な城壁等を備えた軍事建築ではありませんが、中世城塞を思わせる内と外の厳格な仕切りは存在します。

それに対して、およそ1世紀後に建設されていったヴェルサイユ城館・庭園には、その内外を明確に区切る建築的仕掛けは設けられていません。せいぜい、金属製の柵が敷地境界に設けられているくらいで、柵であるからには視線は遮られていないのです。

しかも、１７５７年のダミアン事件（ルイ15世暗殺未遂事件）までは、帯剣し帽子をかぶっていれば誰でも城館や庭園に入場することができ、王に直訴する機会もそれなりにあったといいます。

ヴェルサイユ城館の歴史は、狩猟好みのルイ13世が、狩猟が長引いた時に宿泊する狩猟館（ハンティング・ロッジ）として１６２３年から１６２４年にかけて建築した小さな館から始まります。

平面の形は、フランス近世の貴族住宅の典型的なもので、コの字形でした。コール＝ド＝ロジ（corps-de-logis）とよばれる主棟の両端から翼棟（aile）が前方に延びる形式です。この小さな館は正面を東側の街道に向けていて、このオリエンテーションが後の大宮殿と庭園のそ

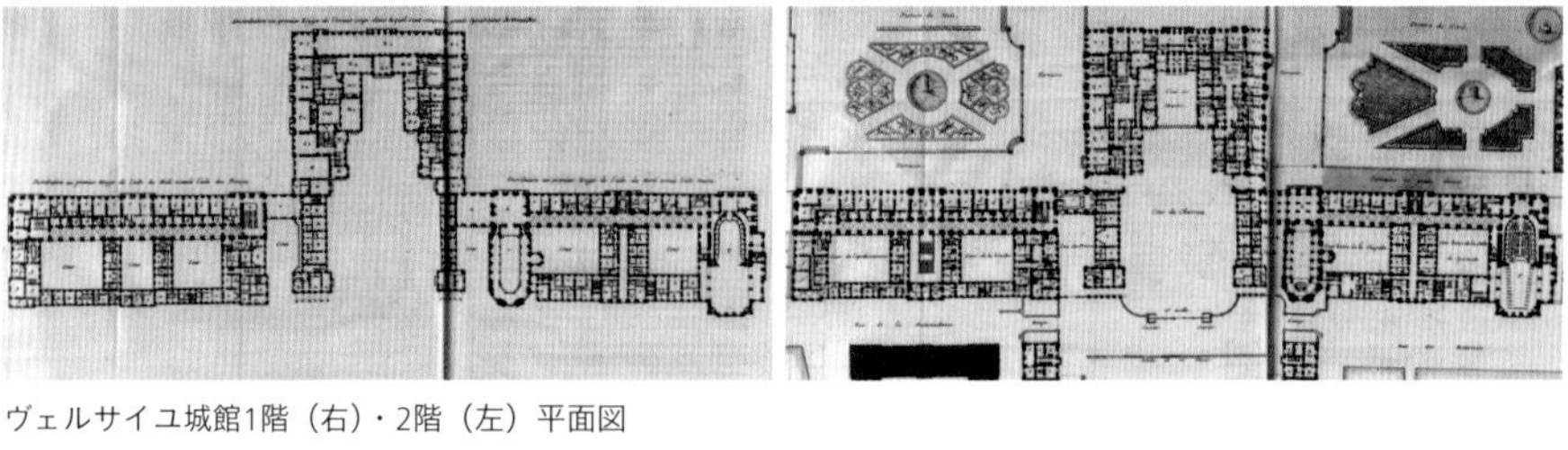

ヴェルサイユ城館1階（右）・2階（左）平面図

## ヴェルサイユ城館

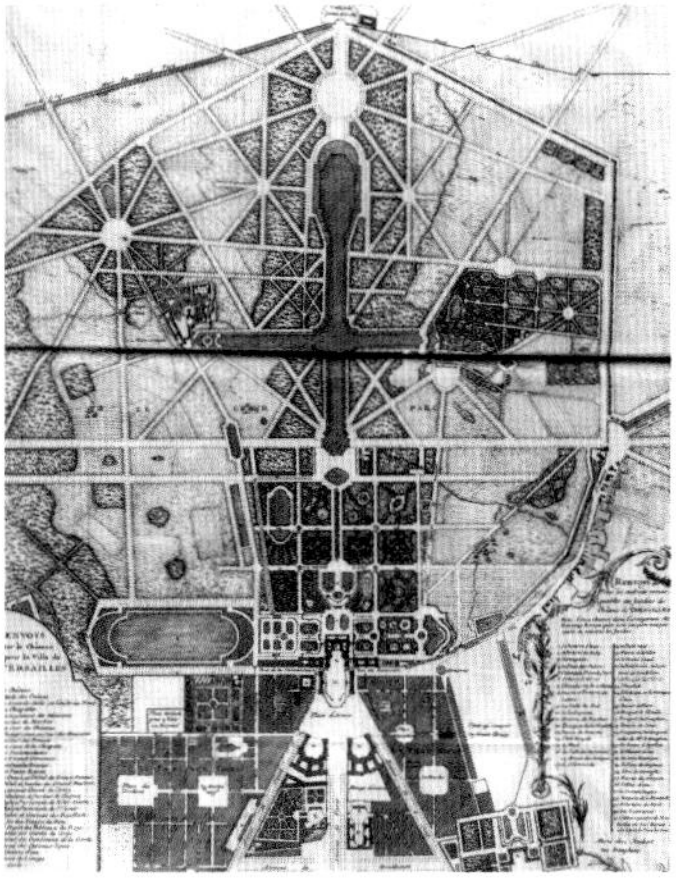

上：小城館外観。1680年の大改装でファサードはそれ以前よりも華やかさを増している。この西（庭園側）に新城館がある。中左：主入口。中右：ヴェルサイユの都市、城館、庭園の配置図。下：新城館外観

れをも規定し続けました。

ルイ13世はこの館をお気に召したようで、1630年に側近の枢機卿リシュリューらと語らって摂政母后マリー・ド・メディシスに対する宮廷内クーデタのための密議もここで行いました。

1631年から1634年にかけて、建築家フィリベール・ル・ロワ（Philibert LE ROY, ?–1646）により赤煉瓦とクリーム色の切石のツートンカラーの城館に生まれ変わります。この部分は後に「小城館」（petit château）とよばれるようになり、改変を加えられながらも現存しています。

息子のルイ14世（Louis XIV, 1638–1715）もこの地を愛し、当時の事実上の王の首席建築家ルイ・ル・ヴォー（Louis LE VAU, 1612–70）に命じてこの城館の両翼棟斜め前方に付属棟を建築させました（使用人空間および調理場を含む建築物と厩舎）。その後、さらに1668年から1670年にかけて、ル・ヴォーの手で「新城館」（château neuf）が建築されます。小城館の呼称はこの時以来のものです。

新城館は小城館を北側、西側（庭園側）、南側の三方から囲うように建築され、それゆえ、当時の建築総監ジャン・バティスト・コルベールは「包囲建築物」とよびました。

ルイ13世が残した小城館を取り壊して完全にすべて新築の新城館を建てることも検討されたようです。その方針に基づくコンペが1669年6月に実施された形跡がありますが、結局は新旧の建築物が混在する実施案となりました。

新城館はクリーム色の石灰岩のみを用いたモノトーンの外観の建築物で、入口側には古いルイ13世時代のツートンカラーをみせているのと対照的な外観となりました。

城館の拡張は、1678年、王宮をルーヴル宮殿からヴェルサイユ城館に移す意向を王が示した後に本格化します。新城館西側中央には鏡の間（Grande Galerie, Galerie des Glaces, 1678–

ヴェルサイユ城館閣僚棟（北棟）

84）が設えられ、1682年5月6日に事実上のヴェルサイユ遷都が行われた前後に南北2棟の閣僚の翼棟（1680頃）、南翼棟（1678–82）、大厩舎・小厩舎（1679–82）、大付属棟（1682–84）、北翼棟（1685–89）が増築されていきました。

これらの増築された建築物群は既存の新城館の高さを超えるものではなく、小城館と新城館で構成された城館中央部の北側、南側、東側へと水平的に展開していったのです。その結果、王族のアパルトマン群を収容した南翼棟、城館中央部、寵臣に与えるアパルトマン群等を収容した北翼棟を横断する城館の幅は400メートル強に達する一方、王室礼拝堂（1699–1710）が城館中央部と北翼棟の間に建築されるまで建築物の高さが増すことはありませんでした。

城館の東側に広がる新たな宮廷都市ヴェルサイユの町並みも、教会堂を除いて城館の高さを超えることは許されなかったので、低く水平的に展開していくこととなります。そして、東から西へ並んだ宮廷都市、城館、庭園を、東西に無限に延びるかのような中央軸線が貫くこととなり、ヴェルサイユのグランド・デザインを際立たせることとなりましたii。

## 11 フランス風グランド・デザインは都市計画にも用いられました

オーダーをどこまでも水平方向に延ばしていくことが可能な古典主義建築デザインと、軸線によって建築物群だけではなく都市や庭園の空間を律していくグランド・デザインの考え方の間には相通ずるものがありました。

18世紀のナンシーの都市計画にも反映されており、中世以来の旧市街地と、その南側に16

スタニスラス広場南側のナンシー市庁舎

世紀以降に開発された新市街地の間の結節点に、南から北へ現在のスタニスラス広場、カリエール広場、ロレーヌ公領政府庁舎とその前庭が整備されていきました。

スタニスラス広場（1751–55）は中央にルイ15世の彫像を据えた「王の広場」（place royale）であり、当時、ロレーヌ公領はフランス王国領ではありませんでしたが、ポーランド王位を追われたスタニスワフ・レシチニスキをロレーヌ公に据え、その娘マリー・レクザンスカを王妃に迎えたフランス王の援助に対する感謝の念を表すべく企画された事業でした。

フランス革命下で王像は撤去され、その後、1831年にロレーヌ公スタニスラス（スタニスワフのフランス語名）の像が設置されたため、現在の名称になりました。

広場の東側、南側、西側には1階が神殿基壇風仕上げ、2階と3階がコリント式ジャイアント・オーダー仕上げの、手摺壁によって屋根が隠蔽されたファサードを備えた5棟の建築物（南側の市庁舎が最大）が配置されています。広場の建築物群の間を繋ぐ鉄柵に施されたロココ様式の装飾も見事です。

カリエール広場に通ずる北側にはコンスタンティヌス帝記念門に着想を得た凱旋門モチーフのエレ門が設けられました。門の名称は、これらの事業を主導した在地の建築家エマニュエル・エレ（Emmanuel HÉRÉ, 1705–63）にちなみます。

スタニスラス広場を貫くナンシー新市街地の東西軸線をなす直線道路の両端には、やはり凱旋門モチーフによる市門が設けられました。現在、西門はスタニスラス門、東門はサント・カトリーヌ門とよばれています。

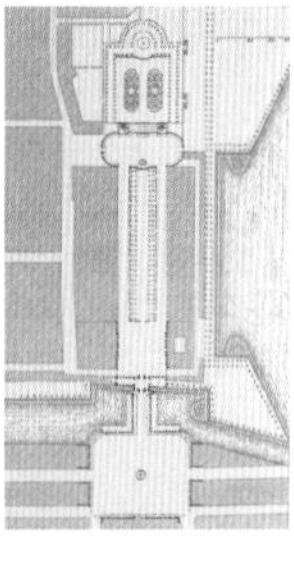

スタニスラス広場等配置図（上が北）

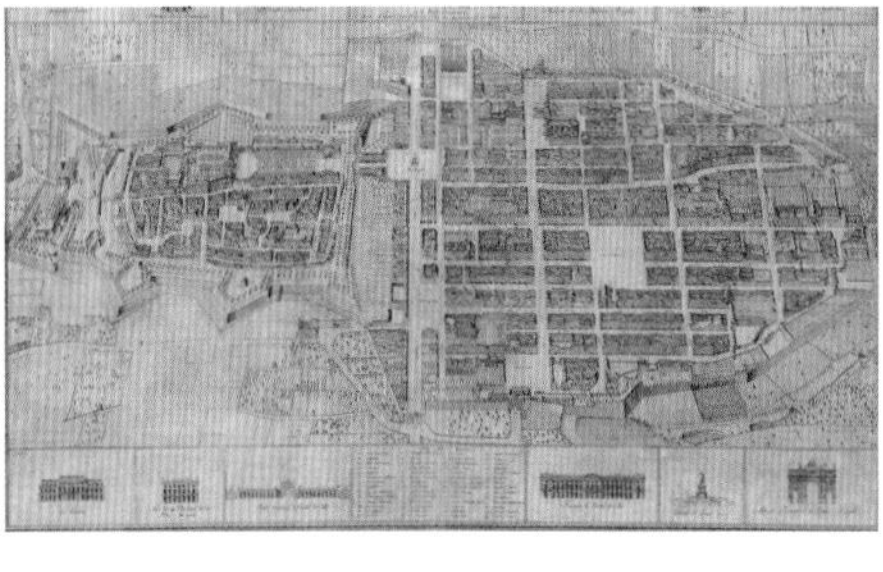

ナンシー市街図。左（北）に中世の市街地、右（南）に近世の市街地がみえる

## グランド・デザインに基づき配置されたナンシーの建築物

上：スタニスラス広場のメタルワーク。中左：エレ門南面。中右：スタニスラス門西面。下左：ロレーヌ公領政府庁舎。下右：サント・カトリーヌ門西面

# 12 エッフェル塔が建てられたのはパリの新たな都市軸の上でした

このような軸線が支配するグランド・デザインによる都市計画は19世紀後半の第二帝政から第三共和政前期にかけての都市計画にも引き継がれています。

パリの都市改造に辣腕を振るった第二帝政下のセーヌ県知事ジョルジュ・ウジェーヌ・オースマン（Georges-Eugène HAUSSMANN, 1809–91）の名をとって「オスマニザシオン」（haussmannisation）ともいいます。

オースマン風の都市計画は第三共和政下も行われ、普仏戦争からの復興を寿ぐために1878年に開催されたパリ万国博覧会（ドイツ帝国は招待されず）では、18世紀半ばに建築されたフランス陸軍士官学校からみてセーヌ川を挟んで西側に位置する丘上にトロカデロ宮殿が建築されて、パリに北西・南東方向に延びる新たな都市軸が形成されました。

1889年の万博ではこの軸線上にエッフェル塔（Tour Eiffel）が建設されています。1937年の万博もこの都市軸上を会場とし、トロカデロ宮殿に代わって現在も残るシャイヨ宮殿が新築されました。現在ではこの都市軸の北西方向に新都心ラ・デファンスがあり、ルーヴルからコンコルド広場やエトワール凱旋門を通るパリの東西軸とそこで交わっています。

エッフェル塔から北西方向をみるとラ・デファンスがみえます。かつてのトロカデロ宮殿が軸線上に建築物の中心を置いていたのに対し、シャイヨ宮殿では軸線上はオープンスペースとなっていて、南東側からの軸線の延びがさらに強調されています。このオープンスペースは第二次世界大戦時のドイツ軍のパリ占領時に、アドルフ・ヒトラー（Adolf HITLER, 1889–1945）がエッフェル塔を背景にして写真撮影させた場としても知られています。

シャイヨ宮殿（Palais de Chaillot）の建築物自体は完全に歴史的な建築様式に則ったデザインではありませんが、新古典主義建築の趣を持つアール・デコ様式であり、やはり高さよりも水平方向へ展開しやすいデザインです。

註

i　坂野正則、坂田奈々絵、嵩井里恵子、中島智章、加藤耕一、松嶌明男：『パリ・ノートル＝ダム大聖堂の伝統と再生　歴史・信仰・空間から考える』、勉誠出版、2021, pp.151-192 で取り上げたことがある。

ii　「グランド・デザイン」については三宅理一：『パリのグランド・デザイン ルイ十四世が創った世界都市』、中央公論社、2010 を参照。本書でも同じ意味で使用している。

上：エッフェル塔からシャイヨ宮殿を望む。中：エッフェル塔からの軸線上につくられたオープンスペースとシャイヨ宮殿(右)。下：エッフェル塔

アルベルティが述べるように壁体をもって構造体とする西洋建築の空間は基本的に壁面に囲われていました。この壁面と天井と床で規定された直方体が西洋建築のインテリアが展開する場なのです。

そこで古代以来、閉じられた空間を豊かにすべく、壁面と天井、床が、モザイク装飾やフレスコ画などの豊かな装飾で彩られてきました。また、空間を広くみせる工夫として壁面に仮想の窓と風景が、天井に仮想の空が描かれてもきました。

そして、17世紀末以降は鏡を大々的に用いることで壁面の向こうに豊穣な仮想空間を獲得するに至ったのです。高価な鏡がきらめくロココ（Rococo）のインテリアはこうして誕生しました。

七の書

# 建築とインテリア

——美術と手を携えて空間を彩り広げましょう

# 1 教会堂はキリスト教の物語を壁で語ります

古代や中世の教会堂の魅力の一端は壁面やヴォールトを彩る装飾にあります。古代末期の初期キリスト教時代の教会堂ではモザイク装飾が多く用いられました。

モザイク装飾とは、テッセラ（tessera）とよばれる、石やガラスなどでできた色のついた直方体に近い小片を並べて絵画や幾何学紋様を描き出す古代の技法で、古代建築では富裕層住宅の床面など、多くの建築物でみられた装飾技術です。

このようなモザイク装飾のみられる教会堂の中でも、古代モザイクの最高傑作と名高い作品がラヴェンナのサン・ヴィターレ教会堂内陣にあります。

サン・ヴィターレ教会堂は、ラヴェンナが東ゴート王国の中心地だった525年にラヴェンナ司教エクレシウスによって聖ウィタリスの殉教者記念教会堂として建立されはじめました。エクレシウスは東ローマ帝国の首都コンスタンティヌポリスに赴く機会があり、この時、当地の資産家ユリアヌス・アルゲンタリウスの資金援助を得ることができたのです。

525年の時点では東ゴート王国の大立者テオドリクス大王は存命でしたが、サン・ヴィターレ教会堂は東ローマ帝国の建築の流儀で建立されたので、西方ヨーロッパにおける代表的なビザンツ建築の事例といわれています。

テオドリクス没後に東ゴート王国が後継者問題に揺れると、それに乗じて東ローマ皇帝ユスティニアヌス1世(483–527–565)がイタリア侵攻を開始し、540年には将軍ベリサリウスがラヴェンナを攻略しました。

皇帝はローマ帝国再興を目指して、ベリサリウス、次いでナルセスを派遣して東ゴート王

## サン・ヴィターレ教会堂

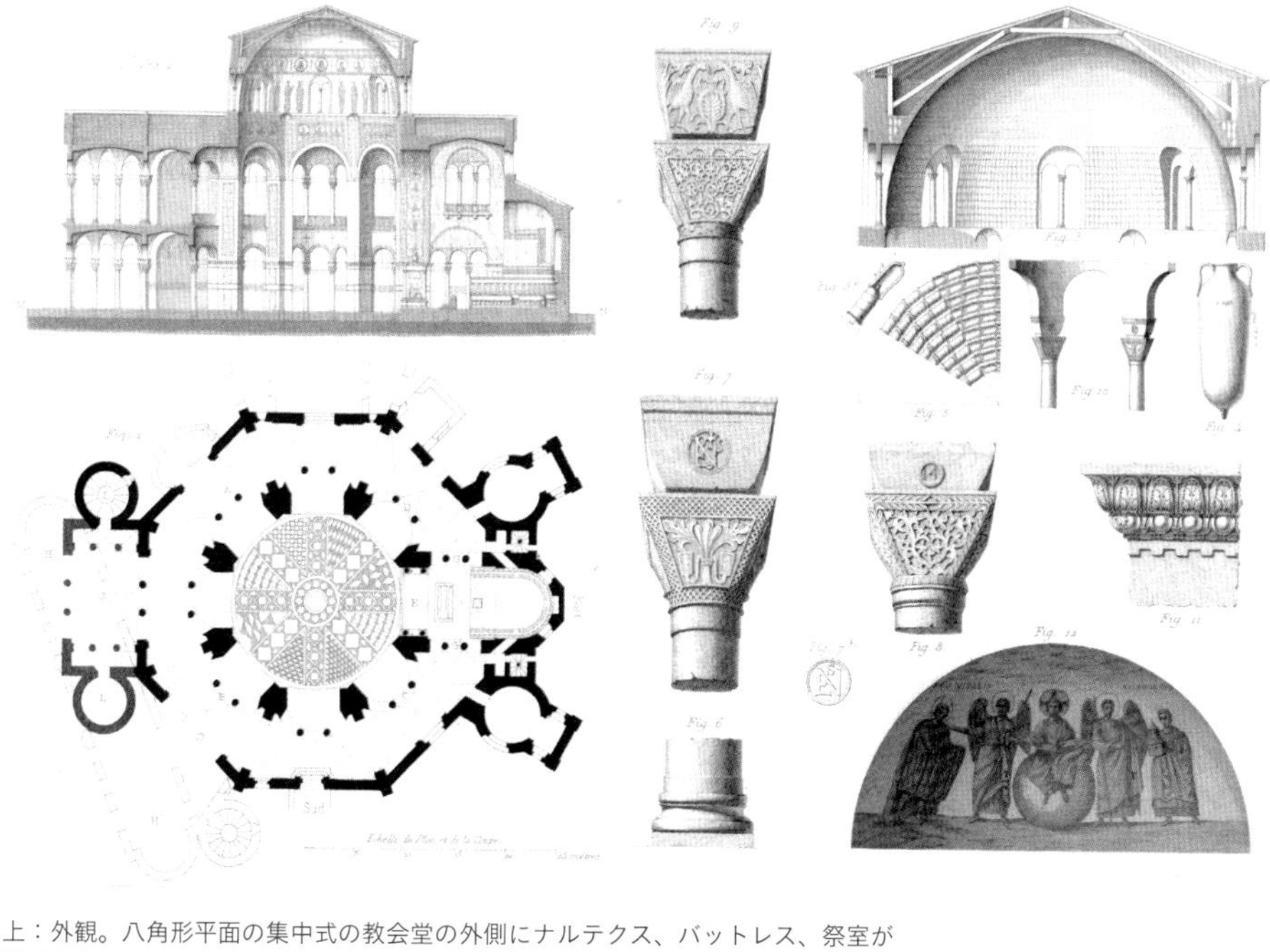

上：外観。八角形平面の集中式の教会堂の外側にナルテクス、バットレス、祭室が設けられている。下：図面各種。二重キャピタル（柱頭）は彩色されている

国を滅ぼしたのです。かくして、547年、東ローマ帝国支配下においてラヴェンナ大司教マクシミアヌスが献堂式を挙行しました。先に述べたモザイクを発注したのはこの大司教でした。

この教会堂のインテリアには、様々な時代に由来する大理石、モザイク、籠彫《かごぼり》の柱頭、18世紀のフレスコ画で彩られたドーム等がみられ、とても華やかです。

全体は八角形平面で、八角形平面のドームを中心とした集中式平面の空間ですが、主祭壇を含む内陣が入口とは反対側に設けられており、入口外側に配されたナルテクスから内陣へと抜ける指向性のある中央軸も存在して、バシリカ式平面のような空間の特質もあわせ持っています。

この内陣の両側とアプス壁面中央窓の左右に素晴らしいモザイクが今もみられます。内陣両側は2層構成になっていて、下層に『旧約聖書』「創世記」の内容（アブラハムとイサク、カインとアベル）、上層に『新約聖書』の四福音史家（マタイ、マルコ、ルカ、ヨハネ）が描かれています。下層にみられる彩色された二重キャピタル（柱頭）も見事です。

内陣奥にはユスティニアヌス1世と皇妃テオドラが中心となった群像が描かれました。左側に配されたユスティニアヌス1世らの群像の中には大司教の姿もみえ、群像の左の方には皇帝権力の象徴たる盾もあります。

サン・ヴィターレ教会堂の献堂式を象徴的に表したものだといわれていますが、実際には皇帝はその場にいませんでした。テオドラは治世最初期に勃発した反乱に尻込みを示した皇帝を励ました女傑として知られます。モザイクにも彼女の強烈な意思が込められているようにみえます。

サン・ヴィターレ教会堂内陣の二重キャピタル（柱頭）

サン・ヴィターレ教会堂内陣アプスのモザイク装飾

## サン・ヴィターレ教会堂

上：内陣全体がモザイク画で埋まる。中央下にアブラハムとイサクの画が見える。下：左上から時計回りで、福音史家マタイとマルコ、カインとアベル、皇妃テオドラ群像、ユスティニアヌス1世群像

# 2 教会堂はキリスト教の物語を窓でも語ります

サン・ヴィターレ教会堂には暖色系の淡い光が上から降り注いでいます。それをもたらしているのは石材を薄くスライスして作られた窓でした。ガラスではありませんが、ステンドグラスのような効果をもたらしています。

教会堂といえばステンドグラスを思い起こす人が多いと思いますが、ステンドグラスが大量に用いられるようになるにはゴシック建築の登場を待たなければならないでしょう。

ゴシック建築は、サン・ドニ大修道院において、当時の大修道院長スゲリウスにより、1140年から1144年にかけて、カロリング朝時代の身廊、側廊、交差部、トランセプトを保存しつつ、新たに内陣と周歩廊等を建築した際に誕生したといわれています。

ゴシックの教会建築の特徴は、1)尖頭アーチ(pointed arch)、2)フライング・バットレス(flying buttress)、3)リブ・ヴォールト(rib vault)の使用といわれます。特に1)と2)の採用によって、教会建築は窓が小さくて分厚いロマネスクの重厚な壁体から解放されたのです。

尖頭アーチでは半円形アーチと比べて同一の幅の場合にスラストとよばれるアーチを開こうという力が弱くなるとともに、フライング・バットレスによってスラストに対抗する力が外壁面の外側から加えられるので、壁体を薄く、窓を大きく取ることができました。

サン・ドニ修道院教会堂の後陣では、この大きく開けられた開口部にステンドグラスを嵌めました。ルイ9世(Louis IX, roi de France, 1214–70)治世下に身廊、側廊、交差部、内陣等の増改築が進められ、スゲリウスが建築したファサードと内陣の規模に合わせて身廊、側廊、交差部、トランセプトが更新されていくと、外陣の方にもヴォールト高さ約29メートルの大空

右：サン・ドニ教会堂トランセプト。左：同、クリアストーリー

## サン・ヴィターレ教会堂

ドーム内観。開口部にはガラスではなく薄く切った石板がはめられている

間が登場しました。

その後、スゲリウスの内陣も新たに登場した外陣に合わせて更新されましたが、周歩廊はスゲリウス時代のままで保存されています。ここに全体がステンドグラスで覆われた繊細な伽藍が完成したのです。

ステンドグラスには『旧約聖書』や『新約聖書』、聖人伝などのエピソードが描かれ、文字の読めない人々にキリスト教の教えを伝えていきました。中世の教会堂で最も重視されて描かれたエピソードは『新約聖書』最後の章「ヨハネの黙示録」による「最後の審判」の図像です。

シャルトルやパリのノートル・ダム司教座聖堂の正面中央の薔薇窓はこの主題によっています。パリのノートル・ダム大司教座聖堂では薔薇窓の真下に「最後の審判」の主題による彫刻群が正面中央ポルタイユのテュンパヌムに刻まれました。

## 3 キリスト教の宝物箱として礼拝堂を建てた王様がいました

ステンドグラスの美しさで知られる教会建築として、まず挙げられるのはパリのシテ島に建つかつての王宮付属礼拝堂サント・シャペル（Sainte-Chapelle）でしょう。サント・シャペルを建立したのはカペ朝のフランス王ルイ9世です。ルイ9世は南仏の（カトリック教会からみて）異端のカタリ派討伐やアフリカ方面への十字軍派遣で知られ、没後、聖人に列せられた敬虔《けいけん》な王だといわれています。

サント・シャペルは、1239年、王がコンスタンティヌポリスのラテン皇帝から13万5千

パリのノートル・ダム大司教座聖堂の中央ポルタイユ

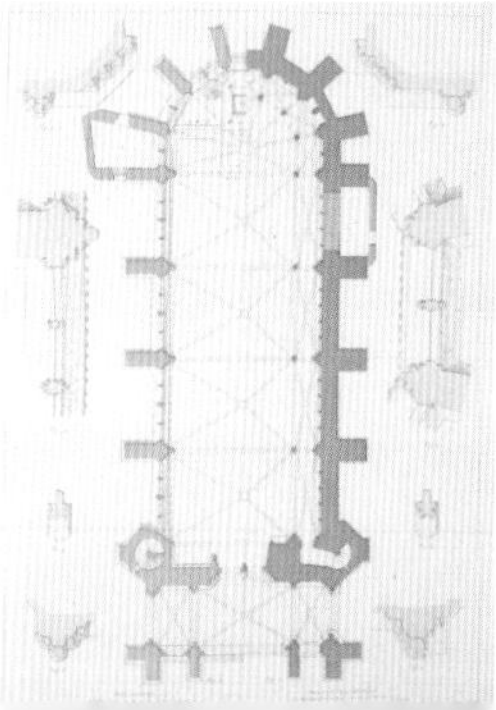
サント・シャペル平面図

## サント・シャペル

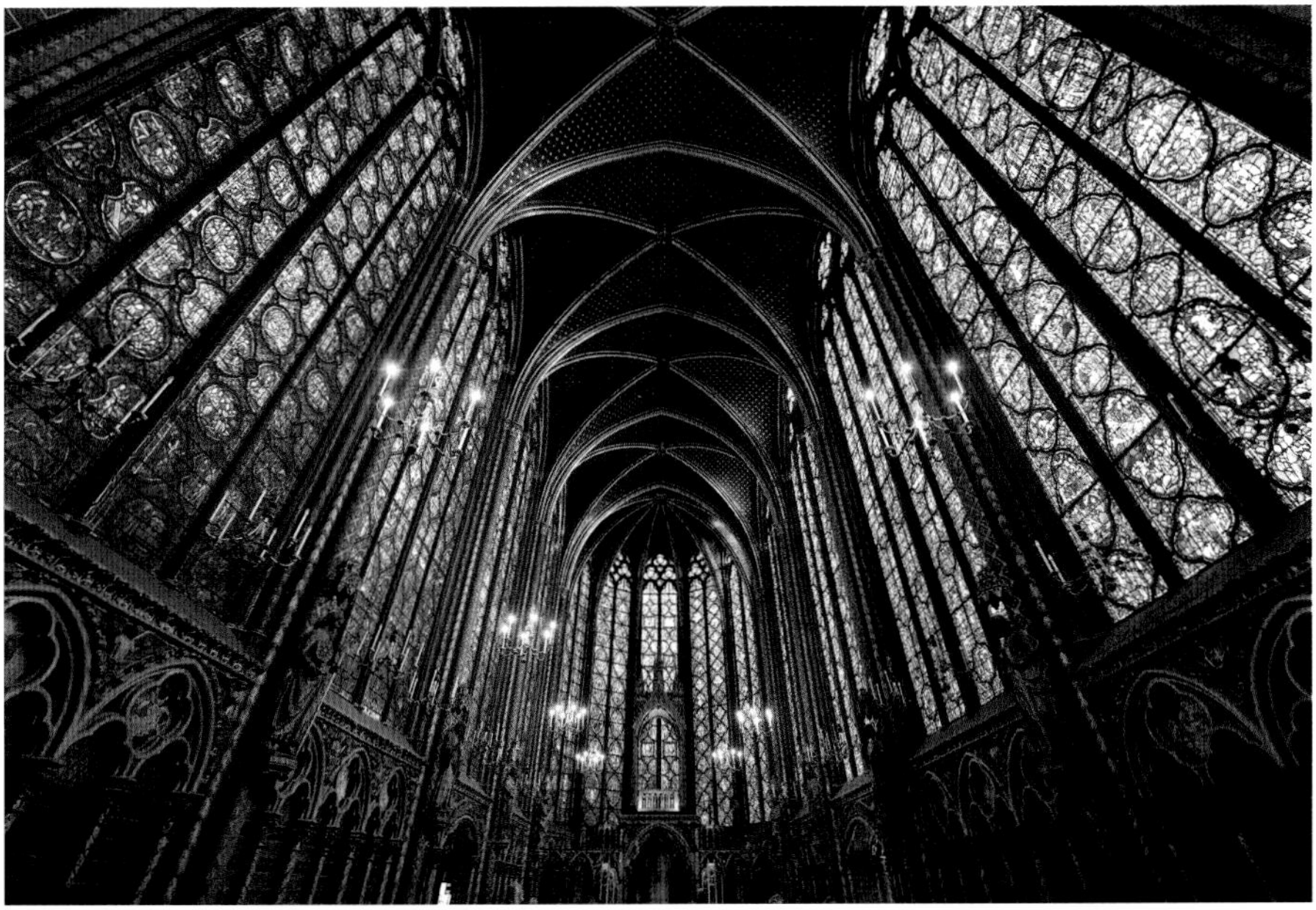

上：立面図。正面入口にはポーチがあり、王宮と直接通じていた
下：内観。「荊の冠」は1806年8月10日にパリのノートル・ダム大司教座聖堂宝物庫に移された

リーヴル・トゥールノワ（リーヴル・トゥールノワは中世〜近世フランスの通貨単位）もの巨費を投じて購入したキリストの「荊《いばら》の冠《かんむり》」を収めるための建築スケールの「聖遺物箱」として、１２４２年から１２４８年にかけての７年間、４万リーヴル・トゥールノワをかけて建立した王室礼拝堂でした。パリのノートル・ダム司教座聖堂の建築現場でも活躍した石工棟梁ピエール・ド・モントルイユ（Pierre de Montreuil, 1200–67）が設計したといわれています。

サント・シャペルは王のための礼拝堂を２階、臣下のための礼拝堂を１階に設けた２層構成で、平面形式は側廊を持たない身廊のみの単廊形式です。そのため、外壁にかかる外向きのスラストは外壁に直接付いているバットレスのみで支持可能で、側廊の屋根をまたいで設けられるフライング・バットレスはありません。

屋根の上には尖塔がそびえていますが、この尖塔は、ヴィオレ＝ル＝デュクとともに１８４６年以降にパリのノートル・ダム大司教座聖堂の修復事業にあたったジャン・バティスト・ラシュス（1807–57）によるネオ・ゴシック建築です。「レヨナン」(rayonnant)（フランス語で「燦光《さんこう》輝く」の意）とよばれる中期ゴシックではなく、「フランボワイヤン」(flamboyant)（フランス語で「炎立つ」の意）とよばれる後期ゴシックの流儀で設計されています。

主だったステンドグラスは２階の王の礼拝堂に設けられています。高さ約15メートルのステンドグラス15面が身廊と内陣を囲む様子は、まるで宝石箱の中にいるかのように感じさせて壮観です。

これらのステンドグラスは１１１３面に区切られ、『旧約聖書』と『新約聖書』のエピソードに取材した「世界の歴史」が、「荊の冠」がパリに到来するまでの時系列で描かれており、ステンドグラスとステンドグラスの間に置かれた12使徒の影像が参拝者を見守ります。

サント・シャペルの外観（右）と尖頭部分（左）

# 4 絵の中に空や建築物を描き込んでみると空間が広くみえます

現在の私たちはステンドグラスの向こうに太陽などの光源があるからステンドグラスを通して色とりどりの光が落ちてくるのだということを知っています。しかし、中世の人々はガラスを通して外部の光が入ってくるのではなく、壁面自体が神のもたらす光によって輝いていると捉えていたようです。すなわち、ステンドグラスは一種の絵でもあったのでしょう。イタリアの教会堂ではステンドグラスを大きく展開させるよりも壁面にフレスコ画が描かれてキリスト教の教えを人々に示しました。

「フレスコ」（fresco）というイタリア語は英語の「フレッシュ」（fresh）に近い形容詞で、壁面のスタッコ（stucco）が新鮮で湿っているうちに水や石灰水で溶いた顔料で着色していく絵画の技法です。スタッコが乾かないうちに着色していかなければならないので、スピード勝負なところはありましたが、一度定着すると絵と色が長持ちするという利点がありました。

イタリア中世において、この技法で教会建築の内装を美々しく飾った名手はフィレンツェで活躍したジョット・ディ・ボンドーネ（Giotto di Bondone, 1267頃–1337）でしょう。当地のサンタ・マリア・デル・フィオーレ大司教座聖堂の正面向かって右側に彼がデザインしたと伝わる美しい鐘楼が、今もフィレンツェの旧市街地にそびえたっています。

彼のものと伝わるフレスコ画作品はイタリア各地に残っており、とりわけ、パドヴァのスクロヴェーニ礼拝堂（cappella degli Scrovegni, Padova, 1305）の「受胎告知」等の聖母マリアの生涯を描いた作品が傑作として知られています。

ロマネスクの「下の教会堂」（chiesa inferiore, 1228–30）とゴシックの「上の教会堂」（chiesa

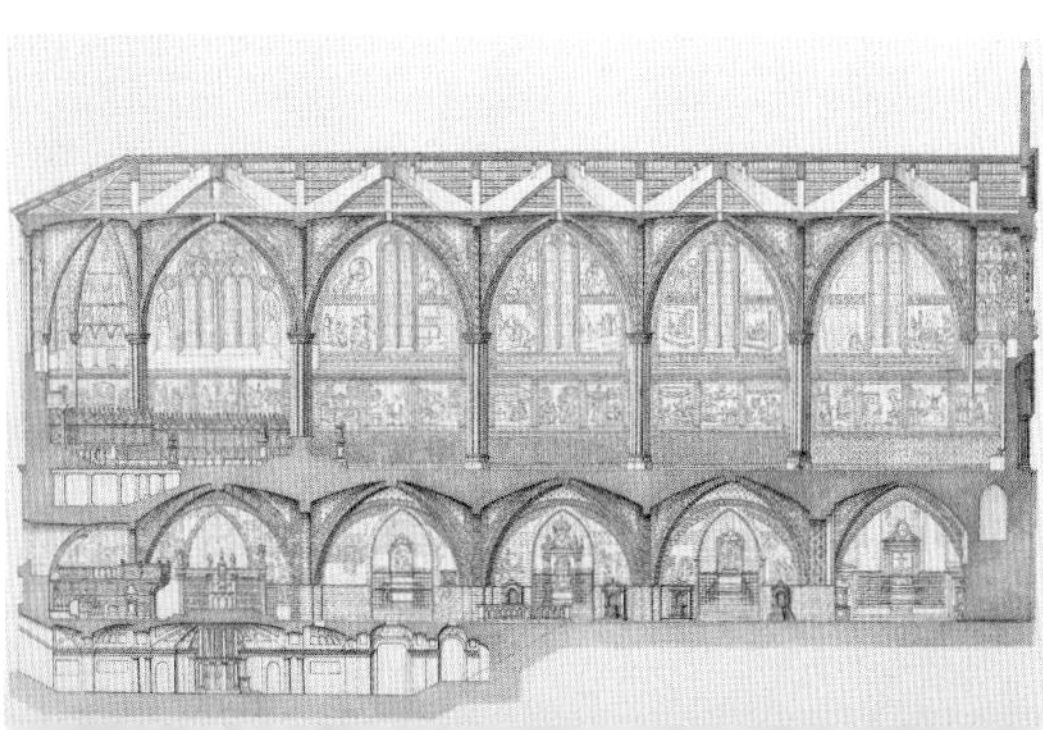

アッシジのサン・フランチェスコ教会堂の東西断面図。上がゴシックで下がロマネスクという2層構成

アッシジのサン・フランチェスコ教会堂の身廊展開図（一部）

superiore, –1253）という2層構成をとるアッシジのサン・フランチェスコ教会堂（basilica papale di San Francesco in Assisi）においても彼の作品はみられます。「下の教会堂」の主祭壇とその装飾、ラ・マッダレーナ祭室（cappella della Maddalena）のフレスコ画等です。その他、「上の教会堂」の聖フランチェスコ伝を描いたフレスコ壁画もジョットの作品とする説もあります。

ルネサンス建築の時代になっても教会堂やその他の主要な建築物の内壁面はフレスコ画で彩られ続けました。なかでもミラノのサンタ・マリア・プレッソ・サン・サティロ教会堂（chiesa di Santa Maria presso San Satiro, Milano, 1472–82）の作例は、建築ディテールのレリーフによる再現も併用されつつ、透視図法が積極的に活用されたという点で特筆に値します。内陣アプスが存在しないT字形平面であるにもかかわらず、入口から内陣を望むと古代ローマ風の立派なアプスが存在しているようにみえるのです。この教会堂は中期ルネサンスの代表的建築家ブラマンテの手になるといわれ、その透視図法への造詣の深さがうかがえます。

## 5 邸宅の中央で小宇宙が燃えています

後期ルネサンスを代表する建築家といわれるパラーディオの傑作ヴィッラ・ラ・ロトンダ（Villa La Rotonda, Vicenza, –1591）の「ロトンダ」の部分のインテリアにも豊かなフレスコ画装飾がみられます。施主の名をとってヴィッラ・アルメリコ・カプラ（Villa Almerico Capra）ともいいます。

「ヴィッラ」（villa）とは近世以降に農村地帯に建築された貴族や富裕層の邸宅建築のことで

アッシジのサン・フランチェスコの「上の教会堂」内観

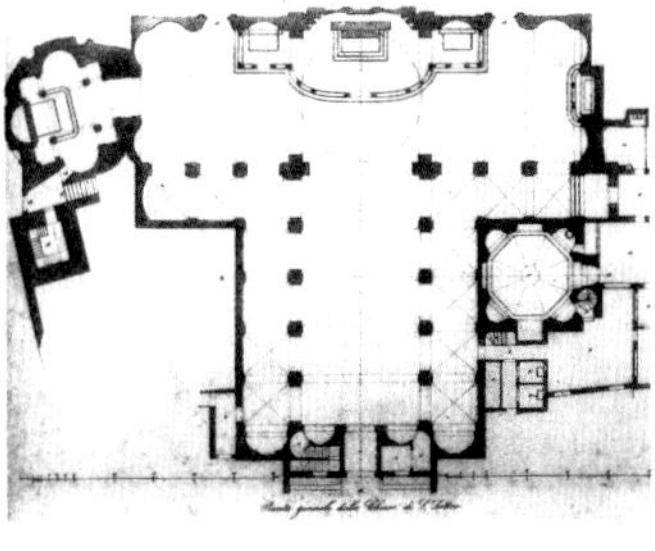

サンタ・マリア・プレッソ・サン・サティロ教会堂平面図

## イタリア中世・ルネサンス期のインテリア

上：サンタ・マリア・プレッソ・サン・サティロ教会堂の交差部と内陣。入口から見ると存在しない内陣アプスが透視図法によってあるようにみえる。下左：アッシジのサン・フランチェスコ断面図・平面図。下右：サンタ・マリア・プレッソ・サン・サティロ教会堂の交差部とトランセプト

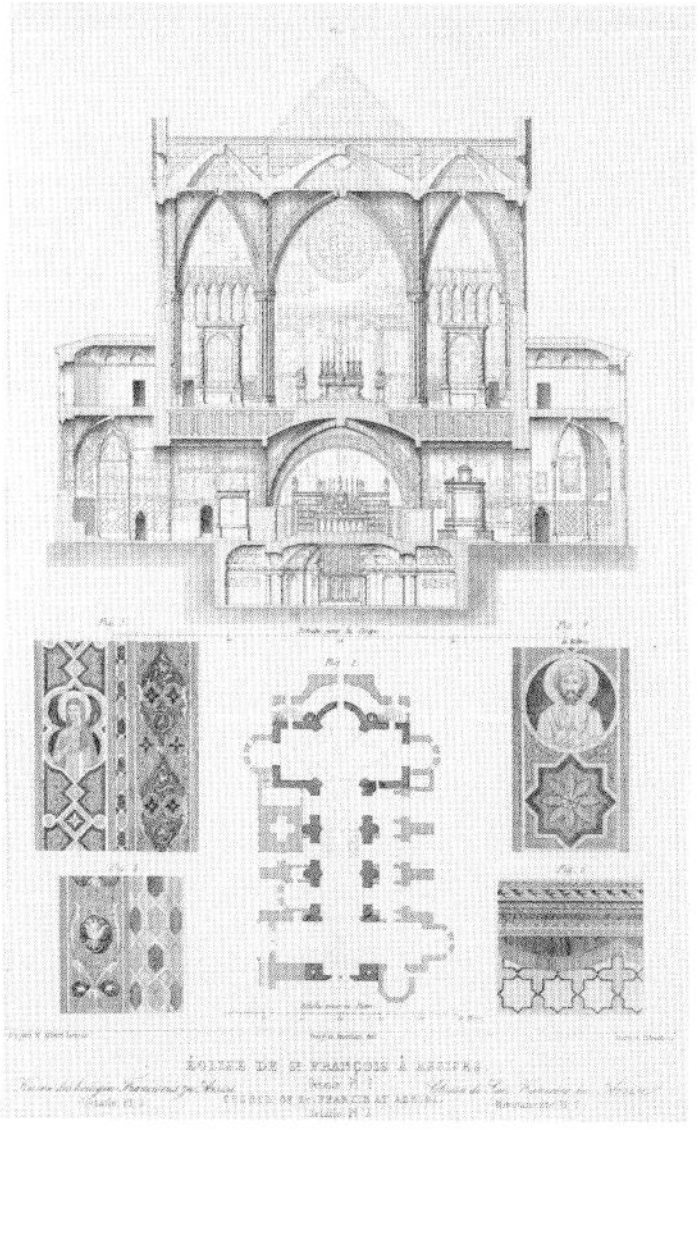

あり、都市内の邸宅を指す「パラッツォ」(palazzo)と対をなす用語です。近世以降のフランスで使われた農村地帯の邸宅建築としての「シャトー」(château)と都市内の邸宅建築としての「オテル」(hôtel)の区別に近いかもしれません。

ヴィッラ・ラ・ロトンダの平面形態は正方形であり、すべてのファサードがほぼ同一のデザインに基づきます。この正方形の対角線がほぼ正確に南北軸と東西軸となっています。ファサード中央には六柱式のイオニア式神殿正面のような突出部があって、パラーディオのファサード・デザインの典型例を示しています。

正方形平面の中央にはドームを頂いた2階吹き抜けの直径約11メートルの円筒形大空間があって、この大空間のことをイタリア語で「ロトンダ」というので、通称「ヴィッラ・ラ・ロトンダ」といいます。

先ほど述べたフレスコ画はこのロトンダの壁面に展開しています。コンポジット式のコラムとその向こうの景色、そして8柱のオリュンポスの神々がトロンプ・ルイユ(騙し絵)の技法で描かれています。8柱の神々は酒の神バッコ以外、七惑星をそれぞれ表しています。

太陽：アポッロ(アポッロ、アポロン)
月　：ディアーナ(ディアナ、アルテミス)
火星：マルテ(マルス、アレス)
水星：メルクーリオ(メルクリウス、ヘルメス)
木星：ジョーヴェ(ユピテル、ゼウス)
酒　：バッコ(バックス、ディオニュソス)
金星：ヴェーネレ(ウェヌス、アフロディーテ)
土星：サトゥルノ(サトゥルヌス、クロノス)

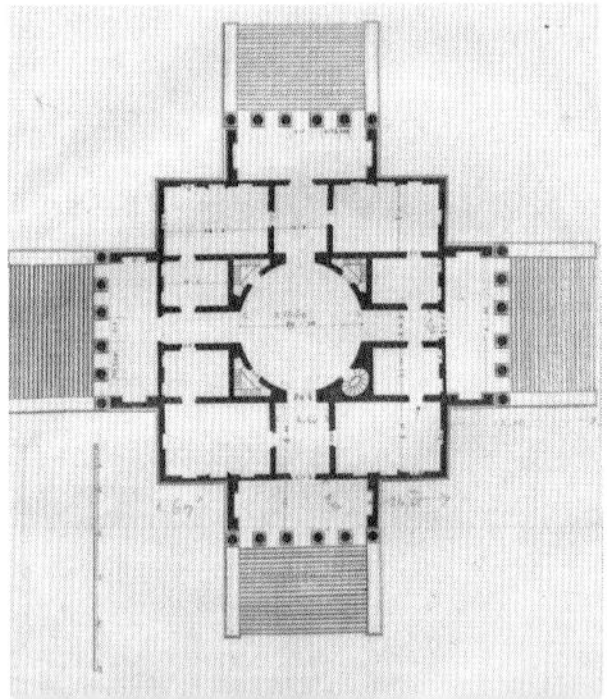
ヴィッラ・ラ・ロトンダ平面図

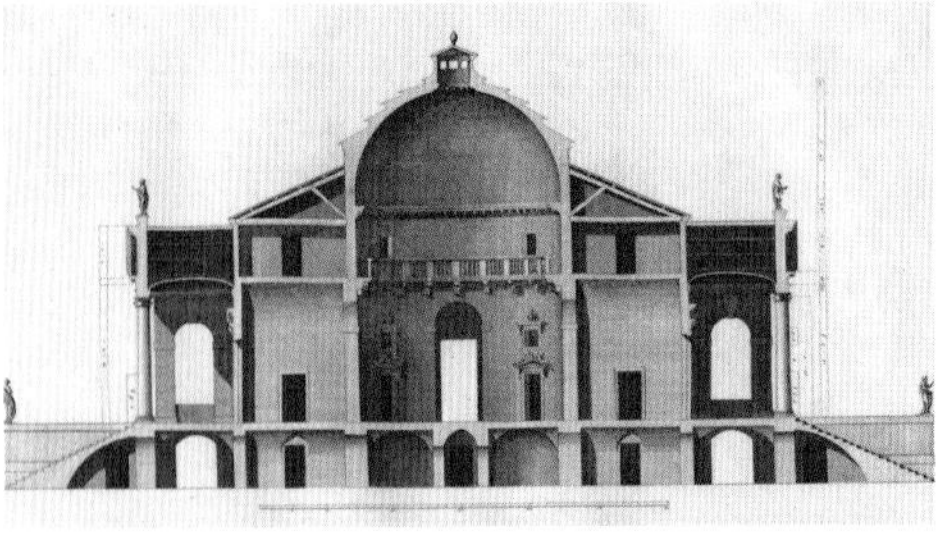
ヴィッラ・ラ・ロトンダ立面図

## ヴィッラ・ラ・ロトンダ

上：正面ファサード。中央部の神殿風ポルティコがパラーディオのファサード・デザインの特徴
下：平面中央部にある直径約11メートルの円筒形空間

七惑星とは天動説の宇宙観の中で地球を中心にして回っている惑星のことで、その中には太陽も含まれています。つまり、このロトンダは宇宙を表しているのです。

そして、コラムの向こうにポルティコが描かれていることとドームを頂いていることから、このロトンダがブラマンテのテンピエットの内部空間を擬していることがわかります。また、8柱のオリュンポスの神々が描かれていることとドームの頂部に採光のための窓があることから、小なりといえども着想の元にはローマのパンテオンもあるのでしょう。

## 6 古代の神々が登場する絵画や彫刻はヨーロッパ諸国にも伝わっていきます

フレスコ画によって壁面や天井を装飾する技法はイタリア以外のヨーロッパ諸国にも伝わりました。16世紀のフランスではフォンテーヌブロー城館のフランソワ1世のギャラリー（Galerie François I$^{\text{er}}$）や舞踏の間（salle de bal）のように、イル・ロッソ・フィオレンティーノやフランチェスコ・プリマティッチョといったイタリアからやってきた美術家によって美しいフレスコ画が描かれたインテリアが登場しました。

一方で、ほぼ同時代のフランスではルーヴル宮殿の西翼棟1階の舞踏の間のように絵画ではなく彫刻の力で精妙なインテリアを実現した作例もあります。石材の白をそのまま生かしたコリント式オーダーによるインテリアが眩く輝く中、楽士用バルコニーを支える4体の大きなカリアティッド（女身柱）が何よりも目を引きます。

オーダーなどの建築ディテールと彫刻作品が引き立て合う類稀なこのインテリアは、建築

フォンテーヌブロー城館フランソワ1世ギャラリーのスタッコ装飾（右）と王像（左）

## フォンテーヌブロー城館とメゾン城館

上：フォンテーヌブロー城館舞踏の間。プリマティッチョの指導の下、古代ギリシア・ローマ神話を主題としたフレスコ画が描かれている。中：メゾン城館外観。下：すべてメゾン城館。左上から時計回りで鷲像、ジュノン、シベル、ジュピテール、ネプテューヌのレリーフ、ドリス式円柱

家ピエール・レスコと彫刻家ジャン・グージョンの協力によって生み出されました。

精妙な彫刻作品がモノクロームのインテリア空間を華やかに演出する方向性は、ルーヴル宮殿レスコ棟の１００年ほど後に登場した、フランソワ・マンサール（François MANSART, 1598–1666）のメゾン城館（château de Maisons, 1650頃）玄関ホールと階段室にもうかがえます。とりわけ、施主メゾン侯爵ルネ・ド・ロングイユの家紋に由来する玄関ホール四隅の鷲の像とドリス式コラムの繊細さはグージョンのカリアティッドに通ずるものがあります。

また、天井周縁の湾曲部に配置された四大元素（大気、水、火、土）を表すジュノン（ユーノー、ヘラ）、ネプテューヌ（ネプトゥーヌス、ポセイドン）、ジュピテール（ユピテル、ゼウス）、シベル（キュベレー）といった神々のレリーフも必見です。

## 7 メディチ家の宮殿でもヴェルサイユ城館でも小宇宙が燃えています

七惑星のテーマはフィレンツェの名門都市貴族ピッティ家やメディチ家のパラッツォとして営まれたパラッツォ・ピッティ（Palazzo Pitti, Firenze）の2階の諸室でも展開されました。「諸惑星の広間群」（Sale dei Pianeti）といいます。

パラッツォ・ピッティの主要階である2階の正面側北棟の東側に次に挙げる広間が西から東に向かって5室並べられ、サトゥルノの間を除く4室には１６４１年から１６４７年にかけてピエトロ・ダ・コルトーナ（Pietro da Cortona, 1596–1669）によって天井画が構想され描かれました。

ルーヴル宮殿舞踏の間のカリアティッド

ヴェルサイユ城館ジュピテールの間

ヴェーネレの間：臣民の控えの間
アポッロの間　：貴族の控えの間
マルテの間　　：大使の控えの間
ジョーヴェの間：玉座の間、または謁見の間
サトゥルノの間：おそらく非公式の謁見の間

この順番は天動説に則っており、地球から近い順になっています。これらの天井画の主役はエルコレ（ヘラクレス）とトスカーナ大公フェルディナンド2世を表す若き君主です。君主はエルコレの導きでヴェーネレが司る愛の誘惑を振り払い、アポッロ以下の神々から君主に必要な美徳を授けられていきます。

神々から美徳を授けられる君主という図式はフランスのヴォー＝ル＝ヴィコント城館（château de Vaux-le-Vicomte, 1656–61）の王の寝室のインテリアでもみられ、そのアイデアはヴェルサイユの新城館（1668–70）の王のアパルトマン（appartement du roi）の天井画で大きく展開されることになります。

これらのインテリア・デザインを手掛けたのは王の首席画家シャルル・ル・ブラン（Charles LE BRUN, 1619–90）で、都市ローマで学んだ後にフィレンツェに立ち寄り、パラッツォ・ピッティの「諸惑星の広間群」の現場を見学したといいます。

もっとも、どちらのインテリアの天井画もフレスコ画ではなく油彩画でした。天井画や壁画の技法としてはフレスコ画よりも格が落ちるといわれますが、ヴェルサイユにおいては後の鏡の間の整備に伴う王のアパルトマンの移動と鏡の間に隣接する広間群の装飾計画の変更に臨機応変に対応できたのは、取り外し可能な油彩画だったからこそでしょう。

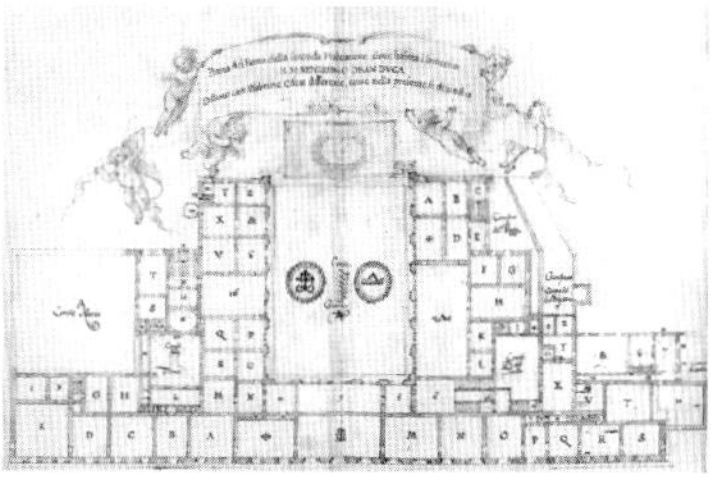

左：パラッツォ・ピッティのヴェーネレの間の天井画（一部）。中：同、ジョーヴェの間の天井画。右：同、平面図

# 8 壁面に描かれた諸国の人々が私たちを見下ろしてきます

一方、ヴェルサイユの新城館の主要階である2階の王のアパルトマンへと通ずる大階段「大使の階段」(escalier des ambassadeurs, 1672–79) では壁面にフレスコ画が採用されました。トロンプ・ルイユの技法により、壁面にイオニア式コラムを備えたポルティコが描かれ、欄干《らんかん》に世界中からやってきた諸国民がもたれかかっている姿も描かれました。

また、ポルティコの一部のコラム間の4箇所にタペストリーがかかっているかのようなトロンプ・ルイユもみられました。オランダ戦争(1672–79)中の1677年の四つの戦い「ヴァランシエンヌ攻略」(3月17日)、「カッセルの合戦」(4月11日)、「カンブレ攻囲戦」(4月19日)、「サントメール攻略」(4月22日)が描かれました。ブリュッセル出身の戦争画家アダム・フランス・ヴァン・デル・ムーレン(Adam Frans VAN DER MEULEN, 1632–90)の作品です。

大使の階段のトロンプ・ルイユによる壁面フレスコ画はローマの教皇のための宮殿パラッツォ・クイリナーレのサーラ・レジアなどのイタリア・バロックの先例の影響を受けていましたが、ヴェルサイユ自体も当時のヨーロッパを代表する宮殿建築として18世紀以降の諸国の宮殿建築のモデルとなりました。

スペイン継承戦争(1701–14)のブリントハイムの合戦でフランス軍を破ったイングランド軍のマールバラ公のために建築されたブレナム宮殿(Blenheim Palace, Woodstock, 1705–22)の主要な諸室ではルイ14世様式のインテリアがなされました。

中でも背面中央に配された正餐の間(Saloon)の壁面に「大使の階段」のようなポルティコと欄干に寄りかかる人々が描かれたことは注目に値するでしょう。これはヴェルサイユ出身

ヴェルサイユ新城館大使の階段戦争画「ヴァランシエンヌ攻略」

ヴェルサイユ新城館大使の階段「諸国の人々」

## ヴェルサイユ新城館王のアパルトマンの天井画と大使の階段

左上：ヴェニュスの間天井。左下：マルスの間天井。右上：ディアーヌの間天井。右中：大使の階段天井伏図。右下：大使の階段内観透視図

の画家ルイ・ラゲールの手になるものです。

大使の階段は1752年に取り壊されたので、その様相を知りうる人々による18世紀前半の貴重な大規模作例です。ヴェルサイユに今も残る「王妃の階段」（escalier de la reine）は大使の階段の半分以下の規模ですし、バイエルン国王ルートヴィヒ2世が建築したヘーレンキームゼー城館で大使の階段が復元されたものの、これは19世紀後半の作例です。

## 9 バロックの教会建築でも空が描かれました

パラッツォ・ピッティやヴェルサイユ城館の天井がトロンプ・ルイユによって装飾されていた頃、教会建築でも同じような空間の拡張がなされていました[ii]。代表作としては、サンティニャーツィオ・ディ・ロヨラ教会堂（chiesa di Sant'Ignazio di Loyola, Roma, 1626–50）のヴォールトにアンドレア・ポッツォ（Andrea POZZO, 1642–1709）によって描かれたトロンプ・ルイユの傑作「偽ドーム」（la finta cupola, 1685）と「サンティニャーツィオの栄光」（gloria di Sant'Ignazio di Loyola, 1691–94）が挙げられます。

このような教会堂のインテリア空間はイタリア以外のヨーロッパ諸国にも広まっていきました。プラハのマラ・ストラナ地区に建つ聖ミクローシュ教会堂（Kostel sv. Mikuláše）はそのような作品の一つです。チェコ・バロックの代表的な建築家ディーンツェンホーファー（DIENTZENHOFER, Christoph, 1655–1722, DIENTZENHOFER, Kilian Ignaz, 1689–1751）父子による傑作です。

プラハ市内スタレ・ミェスト地区（旧市街地）には息子の方の手になる同名の教会堂がもう

ヘーレンキームゼー城館大階段内観

サンティニャーツィオ・ディ・ロヨラ教会堂交差部の偽ドーム

## バロック建築の様々なインテリア

上：サンティニャーツィオ・ディ・ロヨラ教会堂身廊のヴォールト天井
下左：ヴェルサイユ城館王妃の階段内観。下右：ブレナム宮殿サルーン内観

1棟建っています。入口側ではなく広場に面した側面にメイン・ファサードをデザインした点が面白い作品です。

一方、ローマ・バロックの巨匠ベルニーニのサンタンドレア・アル・クイリナーレ教会堂(chiesa di Sant'Andrea al Quirinale, Roma, 1658–70)では仮想の空は描かれませんでしたが、彫刻と建築インテリアの積極的な融合が楕円形平面のドームや主祭壇の周囲でみられます。

このような彫刻やレリーフを大量に用いるという特徴が著しく現れたのが、南イタリア・プーリア地方の都市レッチェに建つ一連の教会建築のインテリアです。彫刻のしやすい砂岩による彫りの深いコラムや天使の彫像が施された祭壇装飾が堂内にずらりと並んでいます。レッチェで活躍したバロック建築家としてはジュゼッペ・ジンバロ(Giuseppe ZINBALO, 1620–1710)が挙げられます。彼が手を加えたレッチェ司教座聖堂(cattedrale di Lecce)ファサードも、プラハのスタレ・ミエストの聖ミクローシュ教会堂のように都市の文脈にあわせてデザインされていて、目抜き通りに正対した側面にメイン・ファサードが設けられました。

## 10 絵画に代わって鏡が空間を広くみせるようになりました

17世紀後半、壁面を絵画や彫刻で埋め尽くして空間を仮想的に拡張してきた西洋建築のインテリア空間において、それとは別の方法が本格的に登場しました。鏡の大量使用です。ヴェネツィア製の鏡を4面並べたマドリードのアルカサルの「鏡の間」を凌駕する規模で鏡が使われたヴェルサイユ城館の「鏡の間」は、トロンプ・ルイユを用いたイタリア・バロック風インテリアと大量の鏡が同時に用いられており、仮想空間を拡張する新旧2種類の方

サンタンドレア・アル・クイリナーレ教会堂内観

レッチェ司教座聖堂外観

## 聖ミクローシュ教会堂（マラ・ストラナ、および、旧市街）

上左：聖ミクローシュ教会堂（マラ・ストラナ）内観。上右：同、外観
下左：聖ミクローシュ教会堂（旧市街）内観。下右：同、外観

法が同居していて、西洋インテリア史上、重要な転換点に位置する作例です。

ヴェルサイユの鏡の間では17箇所の窓に対応して、片方の壁面に17面の鏡面が作られました。ノルマンディー地方トゥールラヴィルのガラス工場で製作された鏡を21枚組み合わせて鏡面1面を構成しています。長さ1メートル以上に及ぶ巨大な瓶を吹きガラスの技法で製作して、それを切り開いて板ガラスを作るという当時の製法では、1メートル四方を超えるような大きなガラスや鏡は安定して製造できなかったからです。

しかし、1690年代前半にはピカルディ地方サン・ゴバン村に新工場が設立され、大きな金属製テーブルに溶解したガラスを流して板ガラスを製作する流しガラスの製法が本格的に熟してくると、もっと大きな鏡を製作することができるようになりましたiii。

## 11 大きな鏡の向こうに別世界が広がります

同じ頃、フランスではフレスコ画などの絵画ではなくレリーフを刻んだ木製パネルがインテリアの主流となってきました。やがて、パネルのレリーフの形が優美な曲線を描く左右非対称なものになっていき、繊細なロココ様式のインテリアが誕生しました。西洋インテリア史ではレジャンス様式（Style Régence）とルイ15世様式（Style Louis XV）にあたります。

ロココ様式は基本的にインテリアや調度品にのみ用いられる様式概念で、もっと大きな様式概念で述べるなら後期バロック様式がインテリアにおいて現れたものということになるでしょう。1710年代から始まるレジャンス様式よりも、1730年代以降のルイ15世様式こそ本格的なロココとみることが多いようです。

サン・ゴバン工場正門

## ヴェルサイユ城館鏡の間

上：鏡の間天井画の中央部分。下方に古代ローマ皇帝風のコスチュームをまとったルイ14世がみえる
下左：鏡の間の1ベイ。21枚の鏡を組み合わせて構成されている。下右：鏡の間天井画の一部

その意味ではスービーズ邸館大公夫人の間（Salon de la princesse, hôtel de Soubise, Paris, 1736–）がロココのインテリアの代表事例といえるでしょう。楕円形平面のそれほど大きくない広間で、天井湾曲部の8箇所に愛の神と美少女プシシェ（プシュケー）の物語を描いたシャルル・ナトワールによる神話画が目を惹きますが、暖炉の上に大きな鏡が配置されて、広間を実際よりも広く明るくみせています。これを手がけたジェルマン・ボフラン（Germain BOFFRAND, 1667–1754）はロココの名手として知られています。

木製パネルという比較的安価な材料を用いるゆえに、フランスだけでなくヨーロッパ諸国で、ある程度豊かな平民の住宅にも用いられるようになっていきました。一方で、東洋の螺《ら》鈿《でん》細工のような高価な材料を援用した作例もドイツ語圏等で多くみられるようになります。

ドイツ語圏では、南ドイツの名門ヴィッテルスバハ家に仕えた、エノー伯領（現ベルギー・エノー州）出身の建築家フランソワ・ド・キュヴィエ（François de CUVILLIÉS, 1695–1768）が代表的なロココのデザイナーです。元々は小人症の道化でしたが、建築の才を見出され、フランス王の首席建築家ロベール・ド・コットの下で本格的なロココのデザインを学びました。ミュンヘン郊外のバイエルン選帝侯の宮殿であるニンフェンブルク城館付属庭園内にたたずむアマリエンブルク離宮（Amalienburg, Schlosspark Nymphenburg）、ミュンヘン市内のレジデンツ内のキュヴィエテアーター、ケルン選帝侯の宮殿であるブリュールのアウグストゥスブルク城館のインテリアはドイツ語圏のロココの中でも一頭地を抜くといってよいでしょう。

スービーズ邸館大公夫人の間と同じく１７３０年代に設られたアマリエンブルク離宮の「鏡の間」では大量の鏡が使用されています。「アマリエンブルク」という名称はバイエルン選帝侯カール・アルブレヒトの妃マリア・アマーリアにちなみます。

ここではヴェルサイユ城館の鏡の間のように鏡面1面を複数枚の鏡を組み合わせて構成していますが、このあたりに、18世紀にはヴェネツィアをしのいで高品質な鏡の生産でヘゲモ

## スーピーズ邸館とアマリエンブルク離宮

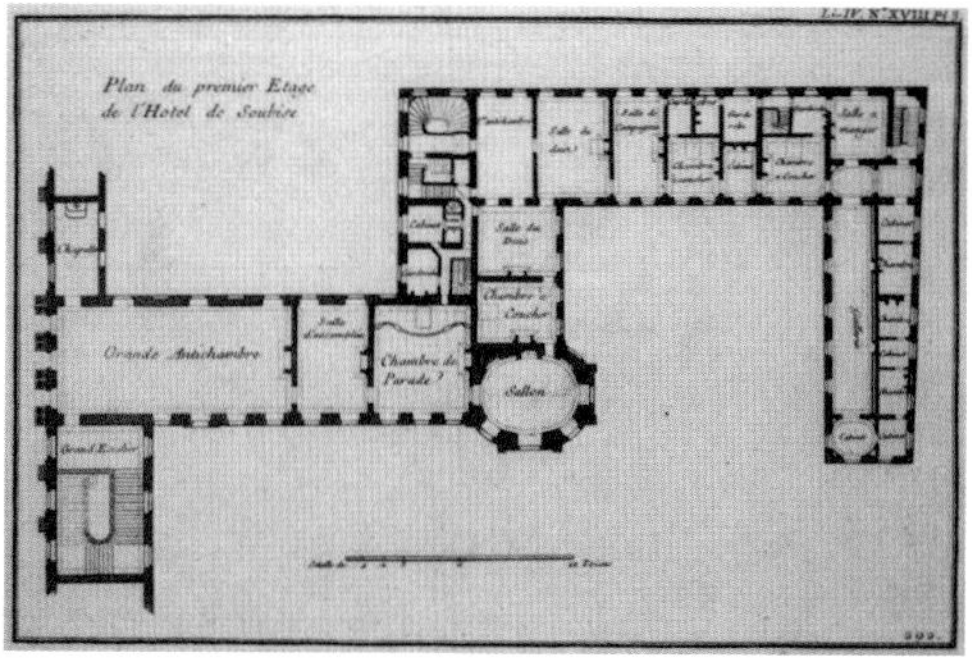


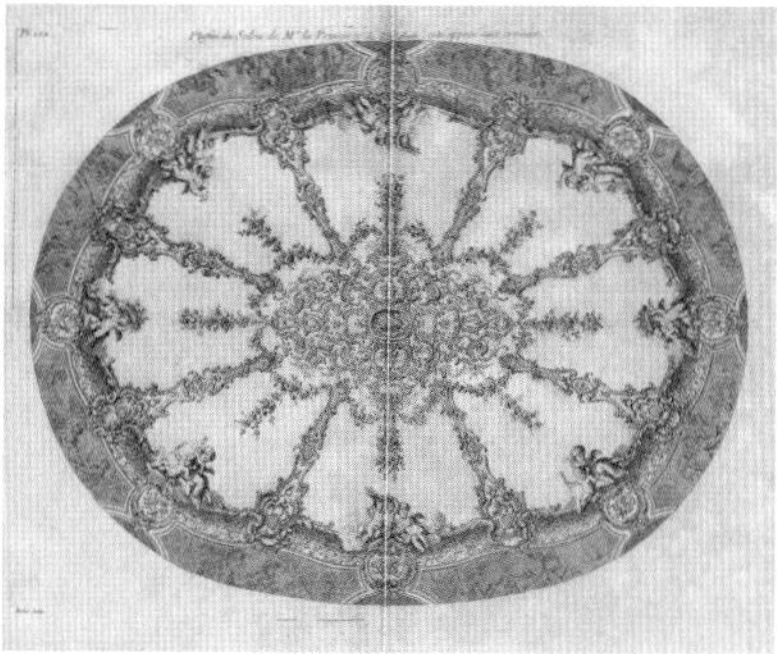

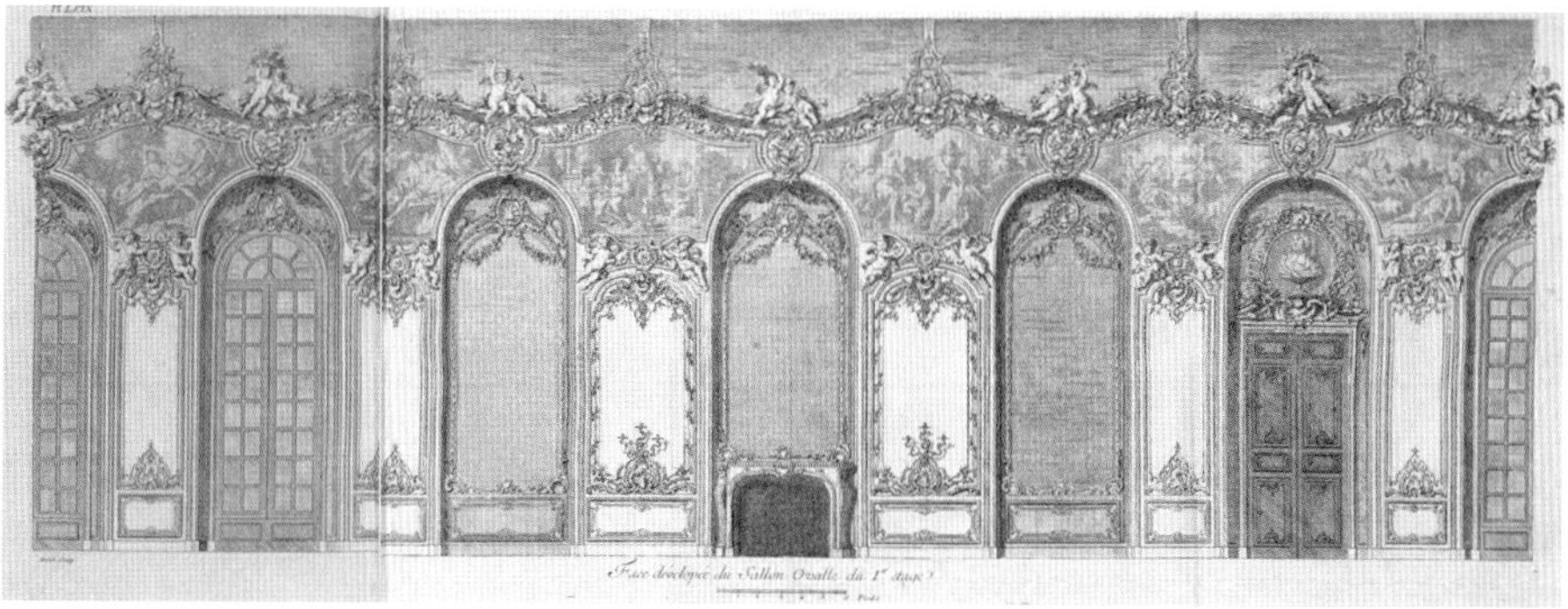

上左：スービーズ邸館2階平面図。上右：同邸館、大公夫人の間天井伏図。中：同、大公夫人の間展開図。真ん中の暖炉の上とその左右に大きな鏡が配置されている。下左：アマリエンブルク離宮内観。複数の鏡により鏡面が構成されており、同時代のフランスより鏡の生産技術が遅れている。下右：同、外観

ニーを握ったフランスとの時差を感じます。

1710年、選帝侯に名を連ねるブランデンブルク辺境伯からプロイセン王の王号を持つに至ったホーエンツォレルン家の方でも優れたロココのインテリアが生み出されました。ベルリン郊外ポツダムのサンスーシ城館（Schloss Sanssouci）です。フランスかぶれだった啓蒙専制君主フリードリヒ2世（Friedrich II., 1712–86）が建築しました。「サンスーシ」とはフランス語で「憂いのない」という意味で、日本では「無憂宮」とよばれることもあります。

ロココ様式のレリーフがみられながらも新古典主義的な特徴が色濃い、楕円形平面の「マルモルザール」をはじめとして、ロココ様式と新古典主義が共存しているサンスーシ城館の中で、最もロココ的なのは、ヨーハン・ゼバスティアン・バッハが大王に仕えていた次男カール・フィーリプ・エマヌエル・バッハとともに演奏した「コンツェルトツィマー」（コンチェルトの間）でしょう。ここでも大きなスケールの鏡が惜しげもなく使われています。

流しガラスの製法は、1920年代に圧延法という製法が登場するまで、基本的な方法が変わることなく、技術として成熟していきました。パリの旧オペラ座（パレ・ガルニエ）のホワイエ等では高さ7メートル幅3メートルほどにも及ぶスケールの鏡が使われています。このあたりが、この製法のガラスの技術的到達点といえるでしょう[iv]。

註

i　詳しくは、中島智章：『図説ヴェルサイユ宮殿　太陽王ルイ一四世とブルボン王朝の建築遺産』増補新装版、河出書房新社、2020を参照。

ii　詳しくは中島智章：『図説バロック　華麗なる建築・音楽・美術の世界』、河出書房新社、2010を参照。

iii　近世フランスの鏡・ガラスと建築・インテリアは、三宅理一、中島智章、前島美知子：『サンゴバン　ガラス・テクノロジーが支えた建築のイノベーション』武田ランダムハウスジャパン、2010で取り上げた。

iv　パレ・ガルニエは、澤田肇、佐藤朋之、黒木朋興、安田智子、岡田安樹浩、中島智章、他：『《悪魔のロベール》とパリ・オペラ座　19世紀グランド・オペラ研究』、上智大学出版、2019、pp.236-257で取り上げた。

サンスーシ城館コンツェルトツィマー天井（右）とパレ・ガルニエのホワイエ天井画（左）

## サンスーシ城館とパレ・ガルニエ

上左：サンスーシ城館マルモルザール内観。バロック的な楕円形平面のドームを新古典主義的なコリント式列柱が支える。ドーム表面にロココ様式の装飾がみられる。上右：同、ロココ様式のコンツェルトツィマー内観。下左：パレ・ガルニエのホワイエの鏡。下右：同、ホワイエ内観。長さ約54メートル、幅約13メートル、高さ約18メートルの大空間

# 西洋建築をよみとくためのキーワード

## 1 建築の基本用語

**柱、梁、桁、軸組構法**
「柱」とは、基礎上、または地面に直接立てられた鉛直方向（水平面に対して垂直の方向）の部材のこと。通常はその直上に屋根や床などを支えており、その多くには水平方向の部材である「横架材」（梁、桁）が載っている。通常、長方形平面の短手方向に、屋根の載る「小屋」を支える「梁」、長手方向に「桁」が柱上に配される。このように柱と横架材によって構造体を構成する構法を「軸組構法」という。

**組積造**
石材や煉瓦のような比重の大きな材料を用いて建築する場合、基礎の上にそれらを積み上げて構造壁を築造する構法が有利である。このような構法を「組積造」という。煉瓦を用いる場合は、さまざまな積み方（「ボンド」という）があり、大きく分けて「イギリス積み」（English bond:英）と「フランドル積み」（Flemish bond:英）がある。前者は長手（直方体の長い方の側面）のみの層と小口（直方体の短い方の側面）のみの層を交互に積み重ねたもの、後者は各層で長手と小口を交互に並べたものである。

**アーチ(arch:英)**
壁体に開口部を開ける場合、開口部直上の壁体を支えるために「楣《まぐさ》」（lintel:英）という横架材を開口部の上に配するが、石材や煉瓦はせん断力に比較的弱く、開口部の幅には限界がある。これを少しでも広げるための構法がアーチであり、ピア（pier:英）最上部の迫り元（impost:英）直上に起拱石（springer:英）、その上に扇形断面の迫り石（voussoir:仏英）群を、円弧を描くように重ね、頂部に要石（keystone:英）を配したものである。このような仕組みにより開口部直上の壁体の荷重を支えている。ゴシック建築やイスラーム建築では、2本の円弧を組み合わせ、上端が尖った尖頭アーチ（pointed arch）がみられる。

**ヴォールト(vault:英)、ドーム(クーポラ)(dome:英、cupola:伊)、ドラム(drum:英)**
石材や煉瓦などで立体的に構築された天井を「ヴォールト」といい、四面対称平面（円形、八角形など）のヴォールトを「ドーム」という。ヴォールトの稜線に「リブ」（rib:英）とよばれる骨組み形の凸部が施されているものを「リブ・ヴォールト」という。「ドラム」とは、ドーム本体を高く立ち上げる円筒形の部分のことで、窓が設けられて採光がなされることが多い。

**ファサード(façade:仏)**
柱と梁・桁ではなく壁体で構築される組積造の建築において、外観を構成する外壁面の立面のこと。いわば「建築の顔」にあたる。

**パヴィリオン(pavilion:英)**
フランス語ではアヴァン・コール（avant-corps）といい、城館/邸館本体の壁面から前方に突出したファサード要素のこと。

**ポルティコ(柱廊)(portico:伊)**
外部空間と円柱のみによって区切られた内部空間のこと。壁体で区切られた通常の室内空間よりも外に対して開放的である。古代の神殿建築の外観を構成する列柱空間のことを指すこともある。多くのパラーディオ主義建築のファサード正面には、ペディメント（後述参照）を頂いたポルティコが設けられる。

## 2 オーダーの用語

**オーダー(order:英)**
古代ギリシア・ローマの神殿建築の外観を構成する円柱（コラム）と梁・桁（エンタブレチュア）の比例・装飾体系のこと。ドリス式、イオニア式、コリント式の3種、あるいはそれにトスカナシモが初の適用例といわれる。

**エンタブレチュア(entablature:英)**
古代ギリシア・ローマの神殿建築の外観に現れる梁と桁に由来する、横架材を象った装飾要素。コーニス、フリーズ、アーキトレーヴからなる。

**コーニス(cornice:英)**
エンタブレチュアの最上部で、軒のように前方に突き出した部分のこと。内装ではコーニス単独で用いられることもある。

**フリーズ(frieze:英)**
エンタブレチュアの中間部のこと。ドリス式ではトリグリフ（triglyph:英）とメトープ（metope:英)、イオニア式とコリント式ではレリーフが施されることが多い。

**アーキトレーヴ(architrave:英)**
エンタブレチュアの最下部で、コラムを直接受ける部分のこと。古代ローマ時代にはエピステュリウム（柱上帯）といった。

**コラム(column:英)**
古代ギリシア・ローマの神殿建築の外観に現れる円柱に由来する、柱を象った装飾要素。柱頭(キャピタル)、柱身（シャフト)、柱礎（ベース）からなる。

**柱頭(capital:英)**
コラム最上部の刳形《くりかた》や装飾で構成された部分のこと。オーダーの種類ごとに特徴があり、オーダーの種類を判別する手がかりとなる。

**柱身(shaft:英)**
コラムの本体部分のこと。フルート（縦溝）が彫られることもあり、通常はエンタシス（微妙な膨らみ）が施される。

**柱礎(base:英)**
コラム最下部の刳形で構成された部分のこと。古代ギリシアのドリス式には柱礎はないが、古代ローマとその影響を受けた古典主義建築のドリス式とコンポジット式を加えた5種の様式がある。

**インターコラムニエーション**
**(intercolumniation:英)**
コラムとコラムの間の寸法、あるいはコラム最大半径を基準とした比例値のこと。古代ギリシア・ローマの神殿の立面形式を定めるものであり、密柱式（pycnostyle:英)、集柱式（systyle:英)、正柱式（eustyle:英)、疎柱式（diastyle:英)、隔柱式（araeostyle:英）の5種が知られる。

**スーパーコラムニエーション**
**(supercolumniation:英)**
通常、オーダーを多層建築に適用する場合、各階に独立したエンタブレチュアとコラムが設けられ、古代ローマ建築のコロッセウムにみられるように、比例の太い方から順番に下層から上層へと重ねられる。これをスーパーコラムニエーションといい、ルネサンス建築の一般的な手法となった。3階建ての建築物をそのまま3階建てに見せる手法であり、建築に均整感を与える。

**大オーダー**
**(giant order / colossal order:英)**
マニエリスム建築やバロック建築では、通常のスーパーコラムニエーションと異なり、複数の層を貫いてコラムが設けられ、最上部にコラムの比例に適した巨大なエンタブレチュアを頂いたものが登場した。マニエリスムの建築家ミケランジェロが発明した手法といわれるが、16世紀に追随したのはパラーディオなど少数で、17世紀以降のバロックの建築家たちが常用するようになった。スーパーコラムニエーションに比べ、建築に古代神殿のような壮麗な雰囲気を醸し出す。

**双子柱**
**(paired columns / coupled columns:英)**
通常、オーダーのコラムは等間隔に配置されるが、2本のコラムを接近させて組にし、インターコラムニエーションに長短のリズムを付与する手法のこと。ローマのマニエリスムの建築家バルダッサーレ・ペルッツィのパラッツォ・マッて内陣内部が見えないようにされることもあった。初期キリスト教時代には奥行きよりも幅の広い長方形平面をとり、中央奥に半円形平面の突出部「アプス」を備えることが多かった。このような内陣を「ベーマ」という。

**後陣(chevet:仏)、周歩廊(ambulatory:英)、祭室(chapel:英)**
周歩廊、その周囲の祭室等をまとめて後陣と呼ぶ。「周歩廊」は内陣の外側にめぐる廊下状の空間のこと。「歩く場所」を意味するラテン語ambulatoriumが語源。祭室は独自の祭壇を持つ小規模典礼のための空間。chapelは「礼拝堂」と訳されることが多いが、教会堂の一部をなす場合は建築用語としては「祭室」と訳される。

**トランセプト(transept:仏英)、交差部(crossing:英)**
教会堂が十字架形平面になる場合、十字架の腕に当たる部分をトランセプトという。交差廊、袖廊と訳されることもある。トランセプトの軸と身廊・内陣の軸が交わる空間を「交差部」といい、直上にドームや鐘楼が設けられることもある。

**外陣、身廊(nave:英)、側廊(aisle)**
在俗信徒たちの空間はわが国では「外陣」と呼ばれることもあるが、欧州各国語で正確に相当する用語はない。バシリカ式の場合は身廊、側廊等からなる(その場合はnavesという表現もある)。「身廊」は内陣の直前に延びる屋根の高い廊下状の空間、「側廊」は身廊の脇の、身廊よりも屋根の低い廊下状の空間のこと。元々、内陣、外陣とも仏教建築用語であり、内陣がchancel、choirの定訳となっている一方、外陣という用語の使用については様々な立場がある。

**ナルテクス(narthex:羅)、アトリウム(atrium:羅)**
「ナルテクス」は教会堂外陣の前方に位置するエントランス空間のこと。ナルテクスの前にさらに「アトリウム」とよばれる、回廊(cloister:英)に囲われた中庭が設けられることもあった。

リス式にはある。

**ドリス式オーダー(Doric order:英)**
古代ギリシア由来の3種のオーダーのうちで最も太いコラムを持つ。柱頭は簡素で、古代以来、男性の身体比例に擬せられてきた。

**イオニア式オーダー(Ionic order:英)**
古代ギリシア由来の3種のオーダーの中で中間の太さのコラムを持つ。ヴォリュートという渦巻装飾が柱頭の特徴であり、古代以来、女性の身体比例に擬せられてきた。

**コリント式オーダー(Corinthian order:英)**
古代ギリシア由来の3種のオーダーのうちで最も細いコラムを持つ。アカンサスの葉を意匠化した柱頭が特徴で、古代以来、乙女の身体比例に擬せられてきた。

**トスカナ式オーダー(Tuscan order:英)**
古代ローマの建築家ウィトルウィウスの『建築十書』第四書で記述されたエトルリア式神殿の円柱を基に、ルネサンス後期に加えられたオーダーで、ドリス式と同様の柱頭を備えるが、ドリス式よりも太い比例を持つ。

**コンポジット式オーダー(Composite order:英)**
古代ローマ建築の実例を基に、ルネサンス前期に加えられたオーダーで、コリント式と同じ太さだが、イオニア式とコリント式の装飾を複合した華やかな柱頭を持つ。

## 3 教会建築関連の用語

**内陣(chancel, choir:英)、ベーマ(bema:希)、アプス(apse:英)**
「ミサ」の焦点である「最後の晩餐」が挙行される「主祭壇」(high alter:英)を中心とした、教会堂の心臓ともいえる空間で、高位聖職者たちの席が設けられることもある。近世までは「内陣障壁」(chancel screen、rood screen:英)によっで多用される装飾要素。柱身（シャフト）がねじれている。

**ピラスター**(pilaster:英)
オーダーのコラムを壁面に薄く貼り付けたようなもの。最も立体感の薄いオーダーのコラムの使用法である。通常、エンタシスは付けない。

**トロンプ・ルイユ**(trompe-l'œil:仏)
天井や壁面に、寓意像などが配された空などの仮想の空間を描く手法のこと。透視図法が駆使されており、特定の地点に立つと実際の空間と一体化して見える。マニエリスムやバロックのインテリアで用いられることが多い。

**バットレス**(buttress:英)、
**フライング・バットレス**(flying buttress:英)
「バットレス」とは、壁体が外側に倒れないように、その壁体に対して上からみて垂直に建てられた、上下に細長い壁体のこと。三廊形式、五廊形式の教会堂の身廊の場合は、側廊があるので、側廊外壁のバットレスの上から身廊外壁上部にアーチ形の「フライング・バットレス」が架けられることになる。

**アーケード**(arcade:仏英)、**トリビューン**(tribune:仏英)、**トリフォリウム**(triforium:羅)、**クリアストーリー**(clerestorey:英)
バシリカ形式の教会堂の身廊内部立面には3層構成が多い。第1層は身廊と側廊を隔てるピア（支柱）とアーチからなるアーケード、第2層が側廊小屋組を隠すトリフォリウムとよばれる壁面、第3層が高窓が連なるクリアストーリーである。アーケード直上にトリビューンとよばれる2階廊が設けられて4層構成になることもある。

# 参考文献
## ――西洋建築史を学ぶにあたって

本書は西洋建築をみる視点をいくつか示しつつ、基本的には西洋建築史の記述でもありましたが、時代順に記述された建築様式の通史にはなっていません。しかし、19世紀に成立した「様式」を通した建築史観もまた重要な知識体系です。そのような観点から記述されたものとして、私自身のものを含め以下の和書を紹介します。


- 日本建築学会（編）:『三訂版 西洋建築史図集』, 彰国社, 1983
- 鈴木博之（編）:『図説年表 西洋建築の様式』, 彰国社, 1998
- グルッポ7:『図説 西洋建築史』, 彰国社, 2005
- 鈴木博之:『世界遺産をもっと楽しむための西洋建築入門』, JTBパブリッシング, 2013
- 佐藤達生:『図説 西洋建築の歴史: 美と空間の系譜』, 河出書房新社, 2014
- 中島智章:『図説 パリ 名建築でめぐる旅』増補


# 4 古典主義建築装飾の用語

**ペディメント**(pediment:英)
古代神殿のけらば（切妻屋根の山形の端部）等と妻壁（けらばと梁に挟まれた三角形の部分）の部分に由来する装飾。三角形が一般的だが、櫛形のものもある。頂部が破れた形のブロークン・ペディメント（broken pediment:英）もバロック建築でよく用いられた。パラーディオ主義建築のファサード正面上部に設けられることが多い。

**カリアティッド**(caryatid:英)
女性の身体像をコラムとして用いたもののこと。古代の作例としては、アテネのアクロポリスにある神殿エレクテイオンの西南隅のポーチが挙げられる。ルネサンスやバロックの建築ではインテリアで用いられることが多い。

**ねじり柱**(colonna tortile:伊)
マニエリスム建築とバロック建築のインテリア

# 図版出典


- ADAM, Robert: *Ruins of the Palace of the Emperor Diocletian at Spalatro in Dalmatia*, London, 1764…p.133 左 , p.134
- ALBERTI, Leon Battista: *De Re aedificatoria libri decem Leonis Baptistae Alberti*, Strasburg, 1541…p.40
- ANDROUET DU CERCEAU, Jacques: *Les plus excellents bastiments de France*, le premier volume, Paris, 1576…p.142, p.163, p.165
- BAURENFEIND, Georg Wilhelm (dessinateur) : Illustrations de *Voyage en Arabie*, Amsterdam, Utrecht, 1776, Tab. III.…p.68
- BELPREY, Nicolas : « Plan général des deux villes de Nancy et des nouveaux édifices que Sa Majesté le Roi de Pologne, duc de Lorraine et de Bar y a fait construire / levé et. gravé par Belprey, l'un des Brigadiers de ses gardes », 1754 (Source : BNF)…p.206 左
- BERTOTTI SCAMOZZI, Ottavio : *Le fabbriche e i disegni di Andrea Palladio*, Tomo I–IV, seconda edizione, Vicenza, 1786…p.224
- BERTY, Adolphe: *Topographie historique du vieux Paris*, Paris, 1866, p.128…p.186 右
- BING, Samuel (réunis par): *Le Japon artistique : documents d'art et d'industrie* N° 2, Paris, 1888.6…p.108
- BLONDEL : *Architecture françoise*, Tome I–IV, 1752–56（京都大学図書館所蔵）…p.188, p.195 上左・下, p.202, p.203, p.239 左上
- BOFFRAND, Germain: *Livre d'architecture*, Paris, 1745, Pl. LXIX, Pl. LXX…p.239 上右・中
- BOULLÉE, Etienne-Louis : *Coupe du Cénotaphe de Newton*, 1784 (Source : BNF)…p.146
- CAMPBELL, Malcolm: *Pietro da Cortona at the Pitti Palace: A Study of the Planetary Rooms & Related Projects,* Princeton University Press, Princeton, 1977…p.229 中・左
- Carnegie Institute of Technology: HABS ILL,16-CHIG,33- (sheet 2 of 10) - Frederick C. Robie House, 5757 Woodlawn Avenue, Chicago, Cook County, IL, 1962…p.119
- CONANT, Kenneth John: *Carolingian and Romanesque Architecture 800–1200*, New Haven, 1993, p.47…p.135 下
- DESGODETZ, Antoine : *Les Edifices antiques de Rome dessinés et mesurés tres exactement par ANTOINE DESGODETZ, architecte*, s.l., s.d.…p.127, p.129
- DEHIO, Georg; BEZOLD, Gustav von : *Die kirchliche Baukunst des Abendlandes, Atlas Erster Band, Atlas Zweiter Band*, Stuttgart, 1887–88…p.63
- FERGUSSON, James: *History of Architecture in all countries, from the earliest times to the present day*, Vol. I, second edition, London, 1874…p.38, p.78, p.191
- FERGUSSON, James: *History of the modern styles of architecture*, Third edition, revised, Vol. I, London, Vol. II, New York, 1891…p.94, p.103, p.170 右 , p.171 左 , p.200 左

新装版, 河出書房新社, 2019
- 伊藤喜彦, 頴原澄子, 岡北一孝, 加藤耕一, 黒田泰介, 中島智章, 松本裕, 横手義洋:『リノベーションからみる西洋建築史　歴史の継承性と創造性』, 彰国社, 2020
- 中島智章:『図説 キリスト教会建築の歴史』増補新装板, 河出書房新社, 2021
- 西田雅嗣（編著）:『カラー版 図説 西洋建築の歴史』, 学芸出版社, 2022


当初、本書では劇場建築やオペラ劇場についてもコラム等でまとめて触れる予定でしたが、紙面を割くことができませんでした。劇場史関連には重厚な研究の積み重ねがあり、詳しくは下記の書籍に委ねたいと思います。私もパリ・オペラ座の建築を概説したことがあります。


- フォーサイス, マイケル:『音楽のための建築　17世紀から現代にいたる建築家と音楽家と聴衆』, 別宮貞徳, 長友宗重（訳）, 鹿島出版会, 1990
- ティドワース, サイモン:『劇場　建築・文化史』, 白川宣力, 石川敏男（訳）, 早稲田大学出版部, 1997
- 澤田肇, 佐藤朋之, 黒木朋興, 安川智子, 岡田安樹浩, 中島智章, 他:『≪悪魔のロベール≫とパリ・オペラ座　19世紀グランド・オペラ研究』, 上智大学出版, 2019


一方、西洋建築といえば「石の建築」、「煉瓦の建築」というイメージが強いですが、西洋にも豊かな木造建築の歴史があります。本書でもパリのノートル・ダム大司教座聖堂の、「森」（forêt）とよばれる壮大な木造小屋組の存在に言及しましたが、「ハーフティンバー」（half-timber）とよばれる木骨構法（木造軸組の間を煉瓦などの充填材で埋めて壁体を作る構法）の建築には紙面を割けなかったので、下記の書籍を紹介します。


- 太田邦夫:『木のヨーロッパ　建築とまち歩きの事典』, 彰国社, 2015

- Vignola, Giacomo BAROZZI da: *La regola delli cinque ordini d'architettura*, 1562…p.25 下
- VIOLLET-LE-DUC, Eugène-Emmanuel: *Dictionnaire raisonné de l'architecture française du XI$^{e}$ au XVI$^{e}$ siècle*, Tome I–X, Paris, 1858–68…p.133 右 , p.172, p.173 左
- XIMENEZ, Andres: *Descripcion del real monasterio de San Lorenzo del Escorial: su magnifico templo, panteon, y palacio,* Madrid, 1764, p.414…p.200 右
- *Grand escalier du Château de Versailles, dit escalier des ambassadeurs*, Paris, s.d.…p.230, p.231

« Grundriss der Mailänder Kirche Santa Maria presso San Satiro (1481 ff.) von Bramante », Bauaufnahme eines unbekannten Zeichners aus der Mitte des 19. Jahrhunderts, circa 1840…p.222 左

« Plan de Belfort », 1740

« Nova Palmae civitas in patria Foroiuliensi ad mari Adriatici ostium contra Barbarorum incursum à Venetis aedificata », 1593

« Plan de la ville et citadelle de Tournay investie par les alliés le 29 juin 1709. », 1709

« Plan du Vieux et du neuf Brisach », 1720

Source : Bibliothèque nationale de France, département Cartes et plans…p.145

« Vue intérieur de l'Eglise Cathédrale de Notre Dame de Paris », 1770 (Source : BNF)…p.173 右


## 写真クレジット

(数字はすべて頁数を示す)

中島智章 撮影

12〜13、22〜23、26〜28、33、35、39〜41、43〜44、45上、46、49〜53、58〜59、66〜67、70、72、73下、75、77上左・下、81下、82、83上、84、86〜87、91、94〜95、99、101〜103、105、106右・中、107中、108〜110、112〜113、115〜117、119、121上、124〜125、127、129中・下左、130〜133、135〜137、139、141、143、147〜149、151下、159下、160〜167、175、177、182、185上、187、192〜194、197、199、201、203〜205、207、209上・下、210〜211、214、215中・下、216、218、220、223、226〜228、231、232左、233、234左、235〜237、239〜241

内野正樹 撮影

37、45下、47、54〜55、65、73上、81上、83下、85、88〜89、92、98、104、106左、107上・下、122〜123、126、129上・下右、151上、154〜155、157、158、159上、173、180〜181、185下、189〜191、198、209中、225上、234右、カバー表4

鈴木敏彦 撮影

80

©アフロ

77 上右、121下、213、215上、217、219、225下、232右、カバー表1


- FISCHER VON ERLACH, Johann Bernhard: *Entwurff einer historischen Architectur*, Wien, 1721…p.51, p.168, p.169
- FLETCHER, Banister; FLETCHER, Sir Banister: *A History of Architecture on the Comparative Method*, 5th ed., London, 1905…p.29, p.31, p.32, p.35, p.45, p.61, p69, p.71, p.73, p.81, p.135 上 , p.185 左
- FLETCHER, Sir Banister: *A History of Architecture on the Comparative Method*, 15th ed., London, 1950…p.72, p.79
- FRÉART, Roland, sieur de Chambray : *Parallèle de l'architecture antique et de la moderne , avec un recueil des dix principaux autheurs qui ont écrit des cinq ordres*, Paris, 1650…p.20, p.25 上
- GAILHABAUD, Jules : *Denkmaeler der Baukunst*, Hamburg, Leipzig, 1852…p.196, p.197, p.213, p.221, p.222 右 , p.223
- GAILHABAUD, Jules : *L'Architecture du V$^{me}$ au XVII$^{me}$ siècle et les arts qui en dépendent la sculpture, la peinture murale, la peinture sur verre, la mosaïque, la ferronnerie, etc.*, Tome I–IV, Atlas, Paris, 1858…p.192, p.195 上右 , p.218, 219
- GUADET, Julien: *Éléments et théorie de l'architecture : cours professé à l'École nationale et spéciale des beaux-arts,* Tome I–IV, Paris, 1915…p.24, p.43, p.46, p.96, p.97, p.99, p.107, pp.182–185, p.186 左 , p.206 右
- KOCZICZKA, Alexander: « Plan von Krakau mit Podgorze und der nächsten Umgebung », Olmütz, 1847 (Source : BNF)…p.85
- Le Corbusier: « Maison Dom-Ino, sans lieu », 1914 (Source : FLC/ADAGP)…p.120
- LEDOUX, Claude-Nicolas: *L'architecture considérée sous le rapport de l'art, des moeurs et de la législation*, Tome premier, Paris, 1804…p.147, p.149
- LEPAUTRE, Pierre : « Face de l'autel du costé de la nef où sera la chapelle de la Vierge », 1699 (Source : BNF)…p.194
- LE ROY, Julien-David : *Les ruines des plus beaux monuments de la Grèce*, Seconde édition corrigée et augmentée, Paris, 1770…p.100 左
- MARMI, Giacinto Maria : « Pianta della Seconda Habitazione, dove Habita l'inverno il Serenissimo Gran Duca », 1662 (Biblioteca Nazionale, Firenze, Magliab. II.I.284)…p.229 右
- MERIAN, Caspar: « Porta Martis, et Nigra Romanorum, Nunc in Templum Canonicale S. Simeonis Transformata », 1670…p.131
- PALLADIO, Andrea : *I quattro libri dell'architettura di Andrea Palladio*, Il quarto libro, Venezia, 1570…p.90
- PIRANESI, Giovanni Battista : *Della Magnificenza ed Architettura de'Romani*, Roma, 1761…p.182 右
- PUGIN, Augustus Welby Northmore: *The true principles of pointed or Christian architecture*, London, 1841…p.95
- ROSSI, Giovanni Giacomo : *Insignium Romae templorum prospectus exteriores interioresque a celebrioribus architectis inventi nunc tandem suis cum plantis ac mensuris*, Roma, 1683…p.199
- RUTTER, John: *Delineations of Fonthill and its abbey*, Shaftesbury, London, 1823…p.170 左 , p.171 右
- STUART, James, REVETT, Nicolas: *The Antiquities of Athens*, Vol. I, London, 1762…p.100 右

## 著者プロフィール


中島智章（なかしま・ともあき）

1970年7月福岡市生まれ。1993年3月東京大学工学部建築学科卒業。2001年3月東京大学大学院工学系研究科建築学専攻博士課程修了。博士（工学）。2002年4月工学院大学工学部建築学科専任講師着任、現在、工学院大学建築学部建築デザイン学科・教授、日仏工業技術会副会長。


近年の著書・訳書に、『図解 アメリカの住居　イラストでわかる北米の住宅様式の変遷と間取り』（単訳, マール社, 2021）、『パリ・ノートル＝ダム大聖堂の伝統と再生　歴史・信仰・空間から考える』（共著, 勉誠出版, 2021）、『新古典主義美術の系譜』（共著, 中央公論美術出版, 2020）、『図説 ヴェルサイユ宮殿　太陽王ルイ14世とブルボン王朝の建築遺産』増補新装版（単著, 河出書房新社, 2020）、『リノベーションからみる西洋建築史　歴史の継承と創造性』（共著, 彰国社, 2020）等がある。

# 西洋の名建築がわかる七つの鑑賞術


2022年5月9日　初版第1刷発行

著　者　中島智章

発行者　澤井聖一

発行所　株式会社エクスナレッジ
〒106-0032 東京都港区六本木7-2-26
https://www.xknowledge.co.jp/

問合せ先　編集　Tel 03-3403-1381
Fax 03-3403-1345
info@xknowledge.co.jp
販売　Tel 03-3403-1321
Fax 03-3403-1829